樊登讲论语

先进

讲论语

樊登 著

北京联合出版公司

Beijing United Publishing Co.,Ltd.

《论语》塑造了我

小时候从来没有觉得《论语》和我有什么关系，只记得我家墙上挂着一幅粗糙的装饰画，写着"曾子曰：吾日三省吾身……"。

上中学时，课本里收录了《论语》中的几篇，我才开始接触《论语》。依稀记得课本里还有《季氏将伐颛臾》这样难懂的篇章。作为一个孩子，我觉得孔子真是喜欢骂人啊。我就这样毫无敬畏心、嘻嘻哈哈地接受了《论语》最初的教育。

1995年，我上大三。学校安排我们参加了一个夏令营，和香港的一些大学生联谊。在活动期间，香港的一个学长问我："你读过《论语》吗？"我说："没有，怕是读不懂吧。"他说："南怀瑾的《论语别裁》不错，很容易读。"我心中种下颗种子，开学就到图书馆借了《论语别裁》。

至今我都记得，当时对此书的第一印象就是南先生的潇洒，此书开篇不是认真地讲解"学而时习之"，而是"天下由来轻两臂，世上何苦重连城"。原来《论语》还可以这样讲？从原文出发，典故、诗词、观点，信手拈来，毫不费力。后来我才知道，这本书这么好看是因为口语化，这是南先生演讲的实录。我想，也许正是这个缘故，这本书才会给人一种娓娓道来之感，似乎是作者兴之所至，将《论语》讲给朋友听，因此才如此灵动自然，妙趣横生。后来很多人抨击南先生，说他书里有很多错误，对此我特别能理解。口语的表达，说错人物、地点这类细节太常见了。《论语别裁》的优点在于它的潇洒和亲切，多少中国人是沿着这本书入《论语》之门，再沿着《论语》入了传统文化之门？

读书要懂得感恩。

研究生毕业，我进了中央电视台。这是一个大单位，大到你的努力常常会被不知道从哪里来的力量化解，让你有种深深的无力感。有一段时间，我很迷茫：我策划的节目开播遥遥无期，我的能力也得不到领导的肯定，甚至领导都不知道有我这个人；我常常无事可做，一个月里最多工作一两个星期，生活被巨大的空白占领；随之而来的是收入低、房租高、压力大。这些让我陷入了最现实的困境。我切实地体会到了深深的恐惧，那种无能为力的感觉从心底蔓延而出，让人抓狂。我经常会想：如果失业了怎么办？如果节目又被毙了怎么办？如果交不起房租怎么办？有时候甚至会焦虑到失眠。今天回过头来看，那似乎就是抑郁症的初期阶段了。

有一天，我灵光乍现：何不重读《论语》？反正有大把时间，与其这样胡思乱想，不如好好读书。于是我决定，把我能找到的关于解读《论语》的书都买回来，用一年时间，不读别的，只研究《论语》，把《论语》吃透。

每一个时代都会有不同的关于《论语》的解读。从汉朝开始，到魏晋，到唐、宋、明、清，再到民国、近代，各大学者、作家，都有与《论语》相关的作品流传于世。我读过很多人对《论语》的解读，南怀瑾、钱穆、李泽厚、李零、梁漱溟、杨伯峻、程树德、朱熹等。我找来这些人的作品，一本一本地啃下来，由浅入深，由易到难。慢慢地，孔夫子的面目似乎清晰了起来，原来他是那么坚定、那么勇敢、那么亲切，甚至那么可爱！

《论语》与每一个中国人的内心相呼应，无论你几岁、身处何方，只要你有需要解决的困扰，就一定能在《论语》中找到答案！作为一个自我感觉怀才不遇的北漂青年，当时对我最有力的支撑就是"君子谋道不谋食""君子忧道不忧贫"，以及"不患人之不己知，患不知人也"，看到孔夫子的这几句话，我有种瞬间被击中的感觉。原来我的痛苦和担忧，孔子也有过！这并不是我一人独有的痛苦，而是千百年来每个人都会有的痛苦。这种痛苦，于我而言只是房租和工作，在春秋时期恐怕是生死存亡。这种被理解的感觉太美好了！我和我的祖先用这样的方式连通了，我确信我体内流淌的是中华民族的血液，我的祖先理解我，我也开始理解他们！

从那以后，我几乎没有失眠焦虑过，乃至后来离职、创业、办读书会，都没有过无用的焦虑和痛苦。我的心定了，因为孔子说"朝闻道，夕死可矣"，因为孔子说"造次必于是，颠沛必于是"。

还记得2010年世界博览会时，我自驾去上海，途经曲阜，终于有机会去看看孔子，向他老人家表示感谢。进入孔林，看到孔子携子抱孙的墓冢，我的眼泪哗地流下来，我竟然像给亲人祭祀一样泪流满面，一直到走出来的时候都难以自己。

2014年，我成立了"樊登读书"。创业伊始，有太多不可控因素，我遇到了很多困难。外在变化太多，处处充满了不确定性，这些对我的心理造成了极大的冲击。比如我辛辛苦苦地做了一些事，突然外部环境发生了变化，很多努力都白费了，难免感到沮丧。这时候，我突然想到孔子的话："君子求诸己，小人求诸人。"一个人所能够支配的、使得上劲的范围，应该是在他的影响圈中。只有不修炼自己的小人，才会总是天天责怪别人有错，埋怨上天不公，抱怨世界不靠谱。想到这里，我又淡定了：无论外在的世界如何，我只要努力做好自己能够掌控的部分就够了。

"樊登读书"做出了一点小小的成绩。很多人说，感谢"樊登读书"为社会做出了贡献，帮助人们用读书改变了生活。这种赞美之词我自然喜欢听。但也会有人质疑和批评，说很多难听的话，这可能缘于误解，也可能缘于"樊登读书"做得不够尽善尽美。这时，我会想到孔夫子讲的"人不知而不愠，不亦君子乎"。每个人都是社会型的动物，人人都希望能够被别人理解，让别人知道自己是一个真诚的人。倘若别人不理解呢？这就到了修炼"人不知而不愠"的时刻。

从大学时代到如今，这么多年，我只觉得孔子对我的帮助太大太大，而我能回报的太少太少！我时常感觉自己欠了孔子不少。

没想到我现在竟然可以讲解《论语》！历朝历代，非饱学之士不敢讲解《论语》。在大家的鼓励下，我便头脑发热，想结合我读过的一些书，也把《论语》梳理一遍。因为我有时会觉得，我身边的朋友和会员们如果不能够全面了解《论语》，将是一件极为遗憾的事，因为你不知道你性格的底色是怎么来的，你不知道周围的人是怎样思考问题的。

成书于战国初年的《论语》还能起作用吗？《论语》在今天，应该如何被理解？如何被看待？尤其是如何被应用？只有我们在用它，它才是一个活的学问；如果我们仅仅把它当作文字，当作讲课时的教材，那《论语》就是死的、僵化的，而我们不需要"死"的知识。

我在网上搜索过《论语》。有的把《论语》当成文本，用白话文进行解释，这只是对其做浅白的、干瘪的，甚至不符合孔子本意的释义，忽视了它最为珍贵的内核。我想做的，是尽量去还原《论语》里每一句话在当年本来的意思，同时赋予《论语》在今天这个时代以新的生命。

我发现西方的心理学、现代的脑科学，都是对《论语》很好的验证。今天的创业者、焦虑的父母们，又都是在现代最需要《论语》的读者。所以，我讲解《论语》的每一句时都结合了当代的生活和今天最新的理论。有时候我自己看看，觉得也还有点道理。

最后，我要补充的是，《樊登讲论语》一定会引起很多争议，因为《论语》微言大义，每一句话都可能会有很多不同的解释，每种解释都能够追本溯源，找到一个大学者做背书。但不同的时代，对《论语》的理解是不一样的。

我讲《论语》的目的，不是要在学术上给《论语》定一个"标准版"。我不是做学术性的研究，也并不想参与学术上的辩论，我只是讲出自己的理解，把重点放在《论语》的应用上，讲《论语》跟我们今天这个时代到底有什么样的关系。我希望《论语》和我们今天的生活有更多的联结，能够给我们的工作、生活带来一些具有特色的启发。这便是我读《论语》的初衷和原则，目的和意义。

如果孔夫子泉下有知，应该会说一句："知其不可而为之，难矣哉！"这算是对我的鼓励吧！

希望大家喜欢《论语》。

目 录

先进第十一

颜渊第十二

子路第十三

宪问第十四

卫灵公第十五

季氏第十六

阳货第十七

微子第十八

子张第十九

尧曰第二十

先进第十一

后进于礼乐，君子也：从底层开始成长

子曰："先进于礼乐，野人也；后进于礼乐，君子也。如用之，则吾从先进。"

什么叫"先进"？

我们今天所理解的先进和《论语》中提到的先进，词义正好相反。比如我们提到"先进的武器"，意思是最新的武器，但按照《论语》中的理解，最古老的、最早的才能称为"先进"，"先进的武器"应该是指原始人的投石器。

汉语具有很强的包容性。经过漫长的发展，汉语中引入了很多外来词语，很多词语也不断地相互融合，不断地演化。在这个过程中，"先进"一词的含义逐渐发生了改变，变成了"最现代化"的意思。

在《论语》中，"先进"代表着早先的文化。

"先进于礼乐"，是说有一些人先学习了礼乐知识。这句话省略了后半句：后来他才开始做官，开始在社会上行走。

"先进于礼乐"的人，在孔子看来是"野人"。关于野人，有两种完全不同的解释。

一种解释认为，野人与君子，是文和质的对比。一个人外在的形象，称为"文"；内在的品格、涵养，称为"质"。"文质彬彬，然后君子"，意思是内外兼具之人，才能叫作君子。

野人可以对应"质胜文则野"，是指一个人内在丰富，但外在缺乏礼乐的约束。

"后进于礼乐，君子也"，说的是一个人先做了官，再慢慢地学习礼乐，是"文胜质则史"——他外在的状态很好，但内在不足，还需要慢慢地提升。

我觉得以上的解释都讲不通。

另一种解释认为，野人与君子，是指一个人的出身。孔子的学生身份多样，有的是贵族，比如季氏的很多子弟跟随孔子学习，这叫作君子；还有的人属于贩夫走卒一类，比如子路，这叫作野人。

在当时，贵族学生是含着金汤匙出生的，能够继承家族的荣誉和地位，直接当官。孔子说，这些出身高贵的人"后进于礼乐，君子也"，是先做事，再慢慢学习礼乐的。而出身寒微的学生，则"先进于礼乐，野人也"，他们一般是先学礼乐，再出来做事。

"如用之，则吾从先进"，孔子认为，如果让他做选择，问他倾向于用哪种人，他更愿意用那些从底层慢慢成长起来的人；或者说，他更愿意选择从底层开始慢慢学习，再出来做事的人。

对于这句话，我们可以进行延伸思考：为什么孔子倾向于选择从底层开始做事的人？

我觉得可能有两个原因。

第一，从底层慢慢打拼起来的人，是依靠学习而成长的，因此更懂得学习的价值。

第二，他有实践的经验，更加了解民间的疾苦，更具备常识，更接地气。

我们想一下晋朝的晋惠帝。老百姓都快饿死了，他却问"何不食肉糜"。这么荒诞的一句话从何而来呢？因为他没有在底层生活过，完全缺乏生活的常识，人民连饭都吃不上，他却问为什么不吃肉粥。

孔子曾经评价自己"吾少也贱，故多能鄙事"，他属于"士阶层"，较为贫寒，比不上世袭的贵族阶层，而且他出生时已经家道没落了，靠着自己的努力从底层一步一步地摸索出来。他做过许多鄙俗琐碎之事，懂得很多生活经验，所以对于很多知识都有涉猎。在别人看来，孔子一定是上天派下来的圣人，否则，他怎么会什么都了解呢？其实，是真实的、具有烟火气的生活，教给了孔子那么多道理。

从这句话中，我们能够借鉴的是如何培养孩子。很多家庭的物质环境已经很好了，孩子不但没有挨过饿，而且有大把的财产可以继承，属于"后进于礼乐，君子也"。在这种情况下，该怎么培养呢？我认为可以尝试将"君子"当成"野人"来培养，给孩子创造一些到底层打拼、磨砺的机会，让他一步一个脚印地沿着台阶走上来，拥有"先进于礼乐，野人也"的状态。

这段话代表着孔子对于人才出身的看法。我们今天的人，彼此交往时要有基本的尊重和界限，绝不能开口就问对方家里有多少资产。但是在孔子的时代，甚至是之后很长的历史年代中，社会都是极其在乎出身的，在结识之初，一定会看对方是贵族、门阀还是平民。

既然人们对此有诸多品评，孔子就表达了自己的态度。他站在底层年轻人的角度，认为"先进于礼乐"的人更值得被任用，更值得钦佩，要多给这些人机会。孔子的看法，意味着在任用人才方面的重要突破。

皆不及门：被遗忘的老师

子曰："从我于陈、蔡者，皆不及门也。"

这句话很有名，是孔子在晚年所发出的感慨。

在解释这句话之前，我们不妨先了解"绝粮于陈蔡"这个典故。孔子游历于陈国、蔡国的时候，遇上战乱，跟着他一块儿游历的学生都饿得起不来身了，孔子这时候还在弹琴。子路问孔子："君子也这么穷吗？"孔子说："君子固穷，小人穷斯滥矣。"君子穷途末路时，尚能坚守节操；小人遇到困难时，可能就会胡作非为了。

孔子和学生一路上受了太多的苦，而人们在共同经历磨难后，感情通常会很深。

我们与自己的老师，往往是非常顺利地度过了小学六年、初中三年、高中三年。春节回老家，能专程去看望老师的人，就算很尊师重道了。很多人都做不到，我自己也很难做到。但如果老师和学生共同经历过苦难，一块儿从战火中走出来，互相帮扶，出生入死，所有人都在为一个共同的理想奋斗，甚至可能有同伴不幸丧失了生命……这一段岁月就刻骨铭心了。

"从我于陈、蔡者，皆不及门也"很有可能是孔子在他去世前两三年说的。他说："当年跟随我在陈国、蔡国经历过苦难的那些人，现在都已经不来看我了。"

孔子到了晚年，年近七十岁的时候，他的很多学生正好到了四五十岁，是社会的中坚力量。

当年跟在孔子身边的，据说是颜回、子路、子贡、宰予、子张等人，他们很能干，在经过了孔子的教育之后，都在生活中找到了可以施展才华的舞台，大家如今都变得很忙。

这就是悲哀之处。师生之间的关系是需要维系的，尤其当老师年迈之时，很需要学生的关怀。在老师最需要关怀的时候，往往是学生最忙的时候，上有老下有小，还要兼顾事业，兼顾家国使命。哪怕曾经那么忠心耿耿的学生，也逐渐忽视了与老师的联系。

其实孔子与学生的关系是非常深厚的。他的学生没有固定的入学时间，也没有固定的毕业时间，是一生的学生，有一生的感情。师生之间共同遭遇过的逆境又加深了友谊，大家在风雨飘摇中结伴游历，成为一生的、拥有共同价值观的同行者。

读完这句话，我们能够提醒自己的是，就算再忙，也要抽出时间去看一看老师。逢年过节，给老师发一条真诚的、长一些的信息，回顾一下曾经跟随老师求学的经历，说声感谢。

我做了老师后，对此深有体会。每当收到早年间学生的慰问，心中就无比欣慰。

孔门的"四科十哲"

德行：颜渊，闵子骞，冉伯牛，仲弓。言语：宰我，子贡。政事：冉有，季路。文学：子游，子夏。

这段文字中没有"子曰"二字，说明这段话不是孔子说的。

孔子与学生之间是长辈对晚辈，他会直接称名字，不会称呼"颜渊"，而会直接说"回"。这段文字对孔子的学生使用的都是尊称，所以很明显，这是编著《论语》的人后来总结编进去的"德行四科"。

这句话在《论语》中的重要作用，在于它设定了《论语》的"四科十哲"。

如果把孔子所教的学生分成不同的系，可分为四个系：德行、言语、政事、文学。

德行是指一个人谨言慎行、安贫乐道、埋头苦干。孔子欣赏德行好的人，不喜欢夸夸其谈、巧言令色之人，入到德行科的人，往往沉默寡言。像子路这种动辄"率尔而对曰"的人，不属于德行科。

入到言语科的，是能够应答自如、适合做外交家的人。

入到政事科的，是能够打理政事，可以去收税、打仗的人。

入到文学科的，不是说能写小说的人，当时也没有小说这种文学体裁。文学科的学生，是能够做学术研究、编纂文学典籍的人，属于做学问的好苗子。

后人先把孔子的学生分成了四大类，又在四大类中选出了十个最有代表性的人。

德行方面的代表人物是颜渊、闵子骞、冉伯牛、仲弓。

颜回是孔子时常夸赞的。闵子骞的名是损，子骞是他的字，当《论语》中出现"损"这个字的时候，往往不是动词，而是指闵子骞。冉伯牛、仲弓，在《论语》中也有他们和孔子的对话。

言语方面的代表人物是宰我和子贡。

宰我擅长出使，但因为话多、疑问多，偶尔犯错，经常惹孔子生气。子贡是儒商，说话特别得体，他长期维护孔子的地位，在孔子去世以后，大力宣传孔子的学问和思想，为儒家的发扬做出了很大的贡献。

政事方面的代表人物是冉有和季路。

冉有和季路都做过季氏宰，这是当时平民出身的人所能达到的最高岗位。

文学方面的代表人物是子游和子夏，他们的年龄相对年轻一点。

通过分析以上人物，我们可以发现很有意思的一点：颜渊和子路的人物形象有着很鲜明的对比。

孔子最爱的人是颜渊，但是我们读《论语》时会发现，虽然他的名字出现频率很高，但面目却并不清晰，我们对他的印象是模糊的。颜渊在我们的印象中是一位道德楷模，出身贫苦但热爱学习，不太爱说话，没有特别多的观点，孔子说什么他都相信。他并不是一个生动的文学形象，对他有感情的读者并不多。

大家容易对子路产生较深的感情，子路好玩、有意思。如同宋江身边的李逵，刘备身边的张飞，他们身上"槽点"很多，但因为能被吐槽，才显得更真实、更有趣、更招人爱。何况这些槽点又是大家能够容忍的：率直、鲁莽、好勇、斗狠。这些特征是通过大量的故事展示出来的，令人感觉子路的面目非常清晰，形象异常生动。

"四科十哲"对于后来的历史有很大的影响。西汉末年，王莽篡位后实行新政"四科取士"，即根据四个科目来选拔人才。后来慢慢地发展下去，靠德行、言语取士已经很难了，只能靠文学、政事来取士。

我并不认为孔子会同意这种分类。孔子提倡"君子不器"，他会将自己的学生分门别类吗？孔子希望学生们都能全方位发展，不必定义哪些学生属于哪一类，不会给学生贴标签。况且，孔子的学生中，曾子、有若、子张，也都是非常重要、非常能干的，而在这段话里并没有被列出来，这也容易令人误解：孔子最具代表性的学生难道只有这"十哲"吗？这显然失之偏颇。

后人在此列出的"四科十哲"只是一个参考，因为它便于记忆。后来，在祭祀孔子的时候，这十个人与孔子一起配享祭堂：中间是孔子、孟子，两边是"十哲"。也有人逐渐地把曾子列了进去，让孔子、孟子、曾子位于中间。

于吾言无所不说：学习的最佳路径

子曰："回也非助我者也，于吾言无所不说。"

我们可以想象孔子说这句话时的表情。如果我们认为这是一句批评人的话，认为孔子终于批评颜回了，说："颜回不是一个能够帮助我的人，他对我说的话总是那么高兴。"那么整句话的味道令人感觉很不对劲。

孔子在说这句话时，心情应该是很舒畅的，也许是颜回又做了令他高兴的事。孔子说："颜回帮不到我。对于我说的话，颜回向来没有不高兴的，没有不听的。"

孔子对颜回的评价是"不违，如愚"，看起来笨笨的，不善言辞，孔子说什么他都听。孔子对此真实的感受是什么？是"退而省其私，亦足以发。回也不愚"。孔子说，颜回这孩子可真是一点都不笨哪。

颜回从来不会像子路、子贡那样提问，但只要观察颜回做的事情，就会发现他早已吸收了孔子讲的知识。

颜回当然不笨，而且是一个真正聪明的人。他善于思考，自己提出的问题经由自己回答，并且把知识内化。

我觉得此节展示了一位老师心中非常美妙的瞬间。有的学生遇到任何问题，第一反应就是将问题抛给老师，甚至在老师解答之后，还会进一步质疑。这是很多学生在学习新知识时的心理状态，通过不断发问，显得自己懂得独立思考，懂得思辨。

但是像颜回这样真正学到极致的人，当他接触到自己不明白的新知识时，不急于发问，而是自己先思考，琢磨其中的道理，直到理顺思路，豁然开朗。

如果颜回的"于吾言无所不说"是因为愚忠，那他就不需要"退而省其私"。愚忠的人是假装听懂了，老师说什么都赞成，但回家后根本就做不到。孔子说，颜回是真懂的，他总会自己思考，并且将道理用在实践中。

从颜回身上，我们可以找到学习的最佳路径。人们在学习某个新知识时，遇到了不懂的东西，不要着急反驳、质疑、发问，而是先自己思考。自己思考，大脑就会产生摩擦，产生痛苦，最后在彻底想通的那一刻，才能真正感受到喜悦，也才能够真正记得牢固。

这一段很明显是孔子带着笑容说的，这是明贬暗褒。

我们把这句话延伸到职场中。如果孔子是老板，颜回是一名员工，员工究竟该不该跟老板发生摩擦？或者说，员工跟老板发生摩擦的度到底该如何把握？

颜回的态度是完全不发生摩擦。老板提出一个想法，先接受，然后消化，按照自己的理解，找到最正确的方向在工作中落实。

《认同》这本书里提出了相反的观点：不要惧怕摩擦。如果两个人永远回避矛盾，不想吵架，那么无论其中一方说什么，对方都会举手赞同。没有摩擦，就意味着没有讨论，没有深入的探究。这样发展下去，公司里的很多事情就不会得到真正的执行，因为对于每一项的决策，大家都只是表面上赞同，实则并不在意、并不重视。

假如双方在会议上敢于对一件事情表达不同的意见，据理力争，甚至拍案而起，哪怕最后把所有人吓一跳，对整件事情的走向也是有正面影响的。大家都会认真思考双方到底在争论什么，最后达成一致的时候，这样的决策才更能驱动大家去执行。

从现代管理学的角度来讲，像颜回这样完全不发表意见，也未必是真好，因为矛盾和分歧必然会带来更深入的探讨，让双方都愿意承担起责任。

当然，《认同》这本书是从管理学的角度进行阐述的，而孔子所称赞的是颜回的学习方法，两者的视角不一样，应用面也不一样。

我从这句话中吸收了两点。

第一点，是不要刻意地通过质疑别人来"刷存在感"。在生活中，很多人喜欢靠提奇怪的问题，靠质疑、"抬杠"、反驳来显得自己与众不同。在我看来，当你遇到不了解、不赞同的事情，不妨先自己思考，很可能会得出新的观点。

第二点，是在工作中敢于提出建设性的意见。如同导航软件一样，它从来不质疑驾驶者的行车路线，无论路线开得多不对，都不会骂人，不会说"你到底有没有听我讲""我早就跟你说了应该走那条路，你为什么不听"。每当你走错了，它都会温和地告诉你"下一个路口掉头""下一个路口右转"，帮你走上新的路线，而这就叫建设性的意见。所以，即使跟领导有分歧，发生了摩擦，也未必一定要闹得不悦。当你觉得领导的想法非常不合理，也不需要大动肝火，可以带着建设性的意见，平心静气地和老板讨论问题，尽量帮助老板做出更加正确的决策。

情商的核心，在于控制自己情绪的能力，我们要做情绪的主人，而不是成为情绪的奴隶。公司在招聘员工的时候流行一种说法："我们要招的是成年人，而不是孩子。"区分一个人是成年人还是孩子，并不是从年龄上进行判断的，而是要看一个人与情绪的关系如何。当一个人容易被情绪掌控时，他就是个孩子；能够跟情绪和谐相处，他就是成年人。

成年人随时可以做到"无所不说"，无论老板说得对或错，都不会动气。

《论语》中的很多话，只要你愿意琢磨，就能挖掘出很多层含义。这并不算过度解读，作为读者，你选择对自己有益的部分就足够了。

孝哉闵子骞：不同的格局带来不同的视角

> 子曰："'孝哉闵子骞！'人不间于其父母昆弟之言。"

"孝哉闵子骞"，应该加引号，因为这并不是孔子说的话。如果是孔子说的话，他应该说的是"孝哉损"。

孔子引用别人对闵子骞的评价，然后说"人不间于其父母昆弟之言"。

"间于"的意思是，人们对这件事没有异议，不觉得是过誉了。

闵子骞是中国古代有名的大孝子。我在《樊登讲论语：学而》中讲到闵子骞时，提到过一出戏，叫《鞭打芦花》。闵子骞的继母给自己的孩子用棉花做棉袄，给闵子骞用芦花做棉袄。闵父无意中得知此事，决定休妻，被闵子骞拦住。闵子骞对父亲哭道："母在一子寒，母去三子单。"意思是，母亲在，只是我一个人受点冷；母亲走了，三个孩子没人照顾，更可怜。

"孝哉闵子骞"，可以理解为闵子骞的事迹广泛流传出去，大家都是这么说的。"其父母昆弟之言"，也有可能是他的父母和兄弟们跟别人说"闵子骞真是孝顺"。

孔子肯定了这个说法，他说"人不间于其父母昆弟之言"，没有人对闵子骞是一个大孝子有怀疑。

为什么闵子骞会有"母在一子寒，母去三子单"这样的想法？他的思维角度和普通人不一样。所谓的思维角度，就是格局和尺度。假如一个人将自己的格局和尺度定义为"我"，那么，他评判世界上的人好不好，不是看他人对社会的贡献，而是看对方对"我"好不好。

如果闵子骞看重"我"，他一定会想办法让父亲休妻，因为对"我"来说，继母是个绝对的坏人。但是闵子骞看问题的角度与众不同，他的格局是整个家庭，对于整个家庭来讲，两个弟弟需要照顾，爸爸需要照顾。为了家庭，他愿意承担继母对自己的不公，这就是格局和尺度。

不同的格局带来不同的视角，赋予我们不同的角色。如果我们让自己的格局跳出"我"的范围，能为乡里考虑，我们就是乡里的贤人；能为整个国家、民族考虑，我们就是一个民族主义者；能为整个世界考虑，我们就是一个世界主义者。

我们听到闵子骞的故事，可能会感觉很意外，讶异于一个人怎么会这样想问题。如果你也有这样的感受，不妨在以后的生活里提醒自己，想问题的时候，多找一些角度，找到不一样的出发点。也许对于很多事情，你都能找到新的答案。

南容三复白圭：小心自己的语言

南容三复白圭，孔子以其兄之子妻之。

"妻"在这里念qì，是动词。"其兄之子"中的"子"指的是女儿，"以其兄之子妻之"，就是把自己哥哥的女儿嫁给了他。

南容叫南宫适（kuò）。

"三复白圭"，曾有版本为"三复白圭之玷"。我们在解读《论语·乡党》时提到过，过去当官的人，在上朝时手里会拿着一个白圭的圭板，相当于提词器，上面写着自己要陈奏的事情。

《诗经·大雅·抑》里有一句诗："白圭之玷，尚可磨也；斯言之玷，不可为也。""玷"是玷污的意思，白圭上如果有了污点，可以把它磨干净，有了错误也可以修正，但是说出去的话，伤害了别人，是无法挽回的。所以，人一定要慎言，小心说话。

"三复白圭"，是说南容每天多次念叨这句诗，告诉自己要谨慎说话。

南容在《论语》中大概出现了三次，每次出现都是谨小慎微、爱惜羽毛的形象。他是贵族出身，品行又好，孔子就把自己的侄女嫁给了他。

此节可以让我们联想到《论语·公冶长》的开篇，公冶长被从监狱释放出来以后，孔子认为他是被冤枉的，并不是一个坏人，并将自己的女儿嫁给了他。

古人通过对比分析了孔子的境界。对于两个候选人：南宫适是贵族出身，有学问、有修养，手持白圭，每天念诗；公冶长是从监狱里被释放出来的平民百姓。两人的身份和地位有天壤之别，孔子却将女儿嫁给了各方面条件都不理想的公冶长，而把侄女嫁给了南宫适，这说明孔子大公无私、不争。

我觉得可以对这句话进行延伸思考：为什么南容每天要"三复白圭"，要将《诗经》中的一句话反复吟念？

如果有一句话能够一生诵之，就能终身受益。

我们在读《论语》时也是如此，不管是《论语》中的哪一句话，只要你发自内心地觉得对自己有帮助，就可以记下来，一生诵之，每天念三遍。这是非常有效的自我修炼的方式。

南容反复念《诗经》中的一句话，就是要提醒自己小心说话。官场上，祸从口出的事情太常见了，很多麻烦往往是因为管不住自己的嘴。

有人也许会质疑：如果大家都不敢得罪人，一切不好听的话都不敢说，那谁来建设公平的社会？

我觉得这句话的适用范围主要是在日常生活中。我们可以反思自己：在与人交往时有没有口不择言，说过伤害人的话？有没有随意地发泄情绪？是否曾因为没有掌握好沟通技巧，词不达意，让人无法领会你的好意，甚至将一件事变得越来越复杂、越来越糟糕？很多时候，如果不掌握一点表达技巧，所谓的"仗义执言"只会让局面变得失控。

我们不是提倡所有人不要说话，或者油嘴滑舌，专门说漂亮话，而是在说话做事之前，先学点科学的方法。《非暴力沟通》中提到的方法，跟南容的"三复白圭"有同样的效果：我们可以把非暴力沟通的公式写在手心上，或者写在一张小纸条上，当自己生气、想要发泄情绪的时候，先把公式拿出来看看，然后深呼吸，按照公式来表达。

我们也不是要求大家不再仗义执言，而是需要反思自己到底是在仗义执言，还是在发泄情绪。如果只是为了发泄情绪，那么即使你说的话再有道理，对方也不会被打动。

有颜回者好学：为什么孔子这么喜欢颜回

季康子问："弟子孰为好学？"孔子对曰："有颜回者好学，不幸短命死矣，今也则亡。"

"亡"在这里读wú。"弟子孰为好学"，这个问题鲁哀公也问过。我猜测有可能是编《论语》的人搞错了，让同样的话出现在两个人的口中。毕竟无论是季康子问孔子，还是鲁哀公与孔子说话，编《论语》的人都不一定在现场，有可能是编写的素材出现了谬误。

孔子对这个问题的回答是"有颜回者好学，不幸短命死矣，今也则亡"。颜回四十一岁就去世了，他比孔子小三十岁，所以说这句话的时候，孔子已经超过七十一岁了，很快就要去世了。

这段内容的解读也可以参考"鲁哀公问"的内容，在那部分内容中，孔子说"颜回者好学，不迁怒，不贰过"。"不迁怒，不贰过"基本上就是《论语》中对于好学的定义了。迁怒和好学之间有关联吗？你生活中遇到的每一次的挫折，都是最难得的学习机会，而当你迁怒于人，认定不是自己的问题时，这个学习机会就丧失了。

我们在生活中遇到了挫折，会产生认知失调。比如，我这么优秀的人怎么会做这么愚蠢的事？发生了这种认知失调之后，为了缓解心中的不舒服，就要对认知进行调整，最快的方法就是指责别人。比如在家庭教育中，很多父母动辄骂孩子，就是缘于认知失调，将自己的挫败感、无力感迁怒于孩子身上。在职场中，老板骂下属也是一样的，越是感觉无助，越是喜欢骂人，因为只有对自己无能为力的事，我们才会产生愤怒。

不恐惧的人不会生气，所有的愤怒都是来自对自己无能的恐惧。举个例子，《西游记》中的如来从来不发脾气，因为他知道，哪怕孙悟空闹翻天，也翻不出自己的手掌心。

迁怒导致我们失去了一个反思自我的机会。而只有愿意反思，做到不迁怒，才能改进自身，才能"不贰过"。

对于颜回，孔子是真的太爱了。颜回的过早离世，对孔子是一个极大的打击，接下来连续四节，都是讲颜回去世之后孔子对他的不舍。

颜渊死，颜路请子之车：颜回的丧礼

颜渊死，颜路请子之车以为之椁。子曰："才不才，亦各言其子也。鲤也死，有棺而无椁。吾不徒行以为之椁。以吾从大夫之后，不可徒行也。"

这一段很有画面感，它展现了孔子处理沟通时遇到的棘手问题的智慧。

棺椁是古代丧葬时装殓尸身的器具，最里面的一层叫作棺，棺外有一层木头做的椁，在棺与椁中间可以放陪葬品。一般有钱人都是棺椁齐备，而穷人下葬时，很多只有棺，没有椁。

颜回的父亲颜路也是孔子的学生，比孔子小六岁。颜回去世以后，颜路"请子之车以为之椁"。颜回家里很穷，只有棺，没有钱做椁。

颜路跑来找孔子，请孔子把自己的马车卖掉，给颜回做外层的椁。

我们不去评论颜路的做法是对还是错，也不去分析他为什么非要让老师把车卖掉给颜回做椁，我们能够确定的是，孔子是非常爱颜回的。我甚至觉得孔子爱颜回比爱自己的儿子更深，因为他的儿子孔鲤去世后，他的反应如何，《论语》中没有只言片语的记述，但颜回去世后，孔子心痛得无以复加。

颜路提出的要求，孔子拒绝了。

孔子说："才不才，亦各言其子也。鲤也死，有棺而无椁。吾不徒行以为之椁。以吾从大夫之后，不可徒行也。"

"才不才，亦各言其子也"，意思是，不管孩子才能高低，各人都爱自己的孩子。颜回是大家都知道的优秀才子，虽然孔鲤没有特别高的成就，但颜路家里有颜回，孔子的孩子是孔鲤。孔鲤是在孔子二十岁的时候出生的，去世时五十岁，给孔子留下了孙子子思。孔子给儿子命名为鲤，是因为孩子出生的那天，鲁君给他送了一条鲤鱼，这是多么美好的事。

"鲤也死，有棺而无椁"，孔鲤死的时候也是有棺而无椁，所以不能僭越。

"以吾从大夫之后，不可徒行也"，对孔子而言，他不能够随意在大街上徒行，这是礼制。孔子虽然现在不做大夫了，但依然是有大夫身份的人，出门坐车是礼制的规定，车再破也不能卖掉做棺椁，这是孔子的底线。

曾经有人批评孔子，说他表面上对颜回的去世那么难过，却不肯把车贡献出来给颜回做棺椁。但我们要能理解，难过是情绪上的真感情，而遵守礼制不仅仅是为了孔子自己，也是为了颜回。孔子不能让颜回生前无过，身后犯错，作为老师，不能为他破坏了礼制。

王阳明讲过什么叫作良知。良知是不是意味着你不能哭，不能有喜怒哀乐？当然不是。喜怒哀乐是人之常情，《传习录》里讲过，一个孩子生了病，父母忧心如焚，每天吃不下饭，做不了事。王阳明写信说，孩子生病了，父母心里难过是人之常情，但是如果太过分，就是有私意了。因为内心的私意太旺盛，你才会把难过的情绪无限放大。

《中庸》里说："喜怒哀乐之未发，谓之中；发而皆中节，谓之和。"一个人可以有喜怒哀乐，但都应当是适度的。这虽然很难，但要能做到这一步是很重要的。

颜回离世，孔子说他"不幸短命死矣"。"命"字有什么含义呢？颜回四十一岁就离开人间，孔子认为这是颜回的命，是天命之所归，虽然难过，却也不需要悲痛欲绝。有一本书叫《最好的告别》，也谈到对生命的自然态度，人在面对生死的时候，要有理、有智、有节，这样才能恰当地处理那些令人悲伤的事。

孔子的内心再悲伤，也不能因此而僭越，破坏礼制的规定。如果他真的答应了颜路，对颜回而言未必是好事。

天丧予！天丧予：孔子对颜回的不舍

颜渊死。子曰："噫！天丧予！天丧予！"

"噫"是一个感叹词，在今河南、山东一带，还有这样的口音，类似于"哎呀""哎哟"。

颜回去世之后，孔子发出感慨："噫，老天爷这是要我的命！要我的命！"孔子说这句话时是非常痛心的，这是一个老人家发自内心的感慨。

当时的孔子七十一岁，已经行将就木了。孔子为什么会认为颜回死了是老天爷要他的命？

我分析原因有三：

第一，颜回是孔子的衣钵传人。孔子教了这么多的学生，他说"吾未见好学者如颜回也"，没有一个人像颜回这么好学。能够做到"不迁怒，不贰过"，做到"三月不违仁"的，也只有颜回。

孔子是一心想把衣钵传给颜回的，甚至跟子贡说，"吾与女弗如也"，认为自己在某些方面都不如颜回。然而，这位理想衣钵传人在孔子还在世的时候走了。

第二，孔子把颜回当作学问上的知己。这种感受也容易理解。比如，当我们对别人说了一个观点，马上就被对方质疑的时候，即便我们最后把这件事解释清楚了，依然觉得对方不是自己的知己。对于很多学生的提问，孔子虽然可以解释明白，但他只能把对方当作自己的学生，因为对方并不愿意思考，只是让他给出答案。

那什么是知己？就像俞伯牙和钟子期那样。伯牙弹完了琴，钟子期听了，不会问"你在弹什么，你给我解释一下其中的意思"。如果这么问，那钟子期只是一名普通的听众而已。钟子期能轻易地听出曲子的高妙之处，听出哪段"峨峨兮若泰山"，哪段"洋洋兮若江河"，这就叫作知己。

孔子说"回也不愚""无所不说"，代表孔子把颜回当作学问上难得的知己。如今知己走了，孔子内心的痛苦无法用语言来形容，正如俞伯牙、钟子期分别之后，因为没有知音，伯牙就不再弹琴了。

第三，因为孔子把颜回当成孩子，对颜回视如己出。师生俩的年龄相差了整整三十岁，正好是父子之间的距离。在《论语》中，孔鲤只出现了几次，面目并不太清晰，言语也不多，我们并不知道孔鲤和孔子之间的情感状态如何，但是，我们能从很多描述中看出孔子对颜回的"父子之情"。

白发人送黑发人。孔子已经七十一岁了，他的衣钵传人、学问知己、视如己出的孩子先他而去。孔子的痛，锥心刺骨。

子哭之恸：颜回去世后，孔子的悲痛之情

> 颜渊死，子哭之恸。从者曰："子恸矣！"曰："有恸乎？非夫人之为恸而谁为？"

颜回去世以后，"子哭之恸"。恸字，是竖心旁加"动"，义为心内大动。"恸"这个字比"哀"的程度更高。一个人难过、哭泣，叫作"哀"；一个人放声大哭、捶胸顿足，叫作"恸"。

孔子提倡"乐而不淫，哀而不伤"，感情要克制。所以，当孔子为颜回"哭之恸"的时候，服侍孔子的学生说："老师，你难过得有点过度了，你已经到了大恸的状态。"

孔子说："真的吗？我真的难过得过分了吗？"

"非夫人之为恸而谁为"，注意《论语》中出现"夫人"的时候，很少是当作名词"夫人"来解释的。"夫"念fú，"夫人"就是"这个人"的意思。"非夫人之为恸而谁为"的意思是，不为这样的人难过，我还为谁难过呢？

人这一辈子，能够放声痛哭的机会也没那么多，像孔子这种修养极高的人，哪怕多次陷入绝境，都能表现得那么冷静——政敌打击他的时候，他没有哭；绝粮于陈、蔡的时候，他没有哭；被别人围住要杀死他的时候，他没有哭；桓魋推倒了树，想要砸死他的时候，他也没有哭；连他的儿子去世，在《论语》中都没有记载过他有极大的悲痛。

孔子这样一个修养深厚的老人家，在此刻说：不为颜回这样的人悲痛，还要为谁悲痛呢？既然人这一辈子能够放声痛哭的机会不多，那么为颜回而哭，

就是孔子的选择。孔子觉得，就算是极度悲痛，就算是超过了"哀而不伤"的标准，为了颜回也是应该的。

予不得视犹子也：为什么孔子不想厚葬颜回

颜渊死，门人欲厚葬之。子曰："不可。"

门人厚葬之。子曰："回也视予犹父也，予不得视犹子也。非我也，夫二三子也。"

颜回去世的时候，孔子的很多学生已经很有权势了，比如子贡、子路，他们希望能够厚葬颜回。

前文我们讲过，颜回去世后连棺椁都置办不起，因为那时候，颜回的同学都没来得及赶回来奔丧。

在古代，交通不便利，信息传递也很慢，当颜回去世后，其他学生知道消息，再从各地回到鲁国奔丧，需要很长的时间。

比如子贡很有钱，他愿意出钱厚葬颜回，但孔子说"不可"，他不同意。

一是因为颜回本身就是平民，家境不富裕，为什么非要厚葬他，为什么非要折腾这个已经去世的人呢？

二是孔子把颜回视为儿子。他为自己的儿子操办丧事，也是一切从简，对于颜回，他希望一视同仁。

孔子不同意，结果学生们还是厚葬了颜回。

孔子说："回也视予犹父也，予不得视犹子也。非我也，夫二三子也。"

这句话是孔子说给颜回听的。孔子的意思是："颜回啊，你把我当作父亲看待，我也很想把你当作儿子看待，但是我做不了主。不是我要厚葬你，是那些家伙非得这样做。"

如果孔子把颜回当成儿子，那丧礼的规格就应该同孔鲤一样，这才是他作为父亲的决策。

这句话可能是孔子含泪说的，但他未必是真的责备那些操办丧事的学生。从世俗的角度来说，孔子觉得学生们尽到了同学的义务，但从礼制的角度，孔子觉得不应该厚葬颜回，而且从情感的角度，他也希望简单操办，这符合他对儿子的葬礼规制。

未能事人，焉能事鬼：为什么要以人为本

季路问事鬼神。子曰："未能事人，焉能事鬼？"曰："敢问死。"曰："未知生，焉知死？"

如果将子路与颜回放在一起对比，我们就会发现，孔子对子路是真的不客气，经常直截了当、毫不留情地批评他，用现在的话，叫"硬撑"。此节中批评子路的话，还成了名言。

在当下，很多人虽然会祭祀祖先，但并不相信鬼神；很多人进庙烧香，去道观里跪拜，都是带着一种实用主义的目的，希望借助某些神秘的力量，解决一些实际的问题，比如出门保平安、早生贵子、事业顺利等。我们如今几乎不再对某个神有彻底的崇拜，跟孔子在此节说的两句话有着非常大的关系。

子路问了孔子一个高级的问题，他问："该如何对待鬼神之事？"

孔之"硬掉"回去了一句话，他说："未能事人，焉能事鬼？"

意思是，连人的事情你都没有搞明白，还研究什么关于鬼的事情啊？世界上有这么多需要我们帮助的人，那么多需要我们解决的问题，你却偏要想着鬼神那点事。

被孔子"掉"回去之后，子路又说，那不问鬼神，问死是怎么回事行不行？人死以后往哪儿去了？

孔子说："未知生，焉知死？"

意思是，你知道怎么活吗？连怎么好好活着都没有研究透，研究死了之后的事干什么？

"未能事人，焉能事鬼""未知生，焉知死"，这两句话非常有名，对我们对鬼神、对生死的看法，都产生了极大的影响。

这句话最积极的作用，在于让我们不迷信，不对那些装神弄鬼的事情感兴趣。

如果你读过《宋徽宗》这本书，就能了解宋徽宗为什么做那么多奇怪的事情。宋徽宗相信祥瑞，只要有人说某个地方有灵芝，某个地方有仙人，某个地方有白鹤出现，他就会特别兴奋。有一次，宋徽宗说自己看到仙人了，旁边的大臣附议道"我也看见了""我也看见了"，所有人一起说假话来哄皇帝开心。当一个皇帝真的迷信这些异端邪说时，国家就会出现问题。

在《论大战略》这本书中，讲到女王伊丽莎白一世和腓力二世打仗的情形。腓力二世迷信上帝，在他的概念里，只要对上帝忠诚，上帝就会帮他，所以他永远有做不完的工作，永远有对付不完的敌人，他只能被上帝考验。而伊丽莎白一世并不怎么相信神，所以她是用现实的问题来考验神的，她只看现实中的臣民过得好不好，看自己的国家治理得好不好，这就是我们说的实用主义的态度。

以上是我们理解的这句话中的积极的一面。我们也可以反过来思考一下：如果完全不考虑生死之事，只关注实用的东西，对看不到的事物完全不在乎，真的有益处吗？

中国古代的学问，主要的研究对象都是人：研究人与人的关系，人的修养，怎样与人相处，如何事君，如何奉父……这都是我们每天需要面对的事情。但是当时的人对于原子、电子、天气现象、地震等关注度就没有那么高了，因为这些是肉眼不可见的，是虚的。而大量的科学进步，都是基于对这些"不可见"事物的研究。

如果从这个角度来看这句话，那么孔子有可能打击了子路的好奇心。

以上是对这两句话所持有的不同的理解和态度。

不得其死：孔子对子路的预言

> 闵子侍侧，訚訚如也；子路，行行如也；冉有、子贡，侃侃如也。子乐。"若由也，不得其死然。"

此节一语成谶。

此节描述了闵子骞、子路、冉有、子贡几个学生在孔子周围侍奉着的场景。

"闵子侍侧，訚訚如也"，闵子骞在孔子的身旁，恭恭敬敬的样子。

"子路，行行（hàng hàng）如也"，"行行如也"是刚强的样子。大概是当大家围坐在一起轻松地聊天时，子路却站在旁边，雄赳赳、气昂昂的样子，给人一种不安定的感觉。在孔子周游列国时，子路几乎全程追随，充当着孔子保镖的角色，也许是性格使然，他永远都觉得好像有什么事要发生，总是"劲儿劲儿的"。

"冉有、子贡，侃侃如也"，"侃侃"是轻松自在的样子，有个词语叫作"侃侃而谈"，指随意、不拘谨地说话，冉有和子贡都是善于说话的人。

以上的场景描述，直观地表现出了孔子几位学生的性格：闵子骞是非常庄重得体、严肃恭敬的样子；冉有、子贡是从容不迫、轻松自如的样子；而子路既不严肃，又不放松，是一种紧张、放松不下来的状态，似乎永远"拧着劲儿"。

我分析，子路的这种状态与童年的经历有关。我身边也有一些类似的朋友，有的人现在已经四五十岁了，但无论走到哪里都是紧绷着的，做事情容易使特别大的劲儿。有位朋友每次喝矿泉水，都要把瓶子吸扁，我总是惊讶于他到底是用多大的劲儿在喝水。我想，一个人如果总是处于这种紧张的状态，一定是小时候发生过什么事情，让他长大以后也无法放松，这是一种心理上的障碍。

子路年轻的时候遭遇过什么，我们并不了解，但我们可以推测，子路童年的际遇并不好。哪怕如今已经年长，他也总是一副雄赳赳、气昂昂的，似乎要打架的样子。

看到自己的四个学生迥然不同的样子，孔子乐了，开了一句玩笑，说："像子路这个样子，最后怕是会死得很惨。"

我相信这是孔子在开玩笑，孔子虽然总爱批评子路，但他是很喜欢子路的。

《道德经》中有一句话，叫作"强梁者不得其死"，与孔子说的话意思类似。孔子与老子虽然分别代表儒家和道家，但他们都是老人家。老人家最大的特点是能够感受到"阈下信息"。

什么叫阈下信息？比如，孔子并不是相士，也不会算命，但他会看人。当他看到一个人，可能觉得有不对劲的地方时，他不能分明地指出到底是哪里不对，但是他能感觉到。这种说不上来哪儿不对劲的感觉，就叫作阈下信息。

不是所有人都能感受到阈下信息。我们的周围有各种各样的信息，而当我们用目光扫视的时候，只能看到目之所及的东西；能够进入我们意识当中的，只有一小部分，而大部分的信息进入了潜意识，我们无法看见。这些进入潜意识的，就是阈下信息。

有智慧、有人生经验的人，尤其是经历过许多事情的老人家，最擅长捕捉阈下信息。

"樊登读书"团队的一个伙伴有一次回家看望他年逾八十的奶奶，虽然好久没见，但奶奶一见他就说："孩子，你最近太累了，你太要强，这辈子都得受累。"

听完，他的眼泪都流下来了。奶奶虽然年事已高，深居简出，不闻外界之事，但只一眼就能看出孙儿的症结所在，这就是老人家的智慧。

孔子当时随口说了一句"若由也，不得其死然"，不料竟然一语成谶。最后，子路在卫国打仗的时候丧生。孔子说"危邦不入，乱邦不居"，子路没有听从孔子的劝告，在卫国内乱的时候冒死进入卫国，最后被一群人围住，剁成了肉酱。从那以后，孔子就再也不吃肉酱了。

子路死后，孔子说"天祝予"，意思是，老天爷在诅咒我。

孔子为什么能准确地感应到子路的结局呢？他并不是会看相，只是人生经验丰富。

上大学的时候，我和几个同学到一座寺庙里拜访一位高僧。与高僧聊天的时候，我们请他对我们指点一二。高僧指着我说"你性格很好，没有问题"，对一个同学说"你朋友多，没问题"，对另外一个同学说"你麻烦事多，整天跟人吵架"。

我们当时是第一次去拜访，高僧却一下子就能看出谁是什么性格。这当然不是迷信，更不是算命。我请教高僧是如何看出来的，他说："看你们走路的样子就看出来了。"对于这位高僧而言，他能够敏感地接收阈下信息。如同一些老警察，他们见多了各类罪犯，对犯罪分子有着敏锐的嗅觉。

关于阈下信息，亟待心理学再去发掘研究，把阈下信息更多地开拓出来。

在这段话中，孔子的学生们状态各不相同，也许我们能够从中学习如何调整自己面对生活的状态。

我们是不是一定要活得这么紧张呢？如果你活得过分认真、严肃，总是绷紧了神经，在这种状态下，你对待整个世界就会是强硬的。

但我们如果能像冉有、子贡一样"侃侃如也"，轻松地、平等地与人沟通，不再急匆匆，不再与人吵架，不再和世界对抗，那么肯定会越活越开心，因为整个世界也会温柔地对待你。

举两个最常见的小例子，有时候我们急匆匆地想脱掉身上的毛衣，但越着急，反而越脱不下来；有的人每天起床时，是腾地蹦起来，几乎要调动全身的肌肉。连脱衣服、起床这样简单的事情，当你处于紧绷着的状态时，都无法轻易地做好，何况其他复杂的事情。

如果我们做任何一件事情之前，能够让自己保持放松的状态，让肌肉松弛下来，也许事情的走向就大不一样了。人的精力就像弹簧，如果绷得太紧，超过了极限，总是像子路一样"行行如也"，那人是很痛苦的，也是很危险的。

言必有中：学会有效而恰当地提出反对意见

鲁人为长府。闵子骞曰："仍旧贯，如之何？何必改作？"子曰："夫人不言，言必有中。"

这里很有名的一句是："夫人不言，言必有中。"是夸奖一个人话说得并不多，但每次都说到点上。

关于这段对话，有一个背景故事。长府是鲁昭公的一个"据点"，可能是用来存放兵器和货物的地方，有时候鲁昭公会到那儿去休息。鲁昭公曾经以长府为据点，展开过一次对季氏的讨伐。

鲁国被三桓长久把持，其中季氏最大。鲁昭公想励精图治，带着兵讨伐季氏，就是从长府出发的。鲁昭公讨伐失败，反倒被人给赶走了，逃到晋国，最后也死在晋国。

"鲁人为长府"，就是鲁人打算要重修长府。

这里的鲁人没有特指，人们对此有三种解读。

第一种解读，鲁昭公要重修长府，很有可能这件事情发生在鲁昭公攻打季氏之前。假设如此，闵子骞说："仍旧贯，如之何？何必改作？"长府本来就挺好的，为什么非要重修？闵子骞是在委婉地劝鲁昭公，不要在没有把握的情况下进行军事行动，否则后果可能很严重。

"夫人不言，言必有中"，孔子认同闵子骞的观点，并认为他很会说话。闵子骞以小事反映大事，用不要去翻修长府这件事，来劝鲁昭公不要掀起战争。

另外两种解读，鲁人是季氏。鲁昭公已经被季氏赶走了，季氏决定翻修长府。一种可能性是季氏想把这里改造得没有攻击性和防卫能力，让此地不再具有重要的军事用途。如果这样理解，"仍旧贯，如之何？何必改作？"的意思就是，你们何必着急改动，国君都已经被赶走了，还要做这样多此一举的事情吗？

另一种可能，季氏重修长府的目的是遮掩这次战争，擦干血迹，假装没发生，让大家遗忘他把国君赶走的事实。闵子骞说，既然发生过这样的事，为什么要遮掩呢？放在那儿当个历史教训，让大家看到不也挺好的吗？

我们不知道史实，仅凭只言片语推测，至少能够推导出这三种不同的剧情。而这三种不同的剧情，又都可以对应闵子骞所说的这一句玄妙的话。

孔子认同闵子骞说的"仍旧贯，如之何？何必改作？"。无论出于三种解读中的哪一种，闵子骞对鲁人要重修长府这件事都不赞同。孔子认为闵子骞的政治观点很正确，"夫人不言，言必有中"，很欣赏闵子骞说话的方式。闵子骞并不是直接地批评当政者，而是用反问的方式委婉地表达政治意见，这就是惜字如金、言之有物的闵子骞。这样表达意见，是境界、修养很高的一种表现。

门人不敬子路：领导者如何约束自己的言行

子曰："由之瑟奚为于丘之门？"门人不敬子路。子曰："由也升堂矣，未入于室也。"

孔子又批评子路了，而且话说得比较狠，导致了让孔子未曾意料的后果。

孔子热爱音乐，崇尚乐教。他给学生上课时，总会让人在一旁弹琴、鼓瑟，作为伴奏，这就叫作"我有嘉宾，鼓瑟吹笙"。

有一天，可能轮到子路弹琴，但子路对此并不擅长，毕竟他是"野人"出身，早年没有学习过乐器。因为性格刚直，子路弹琴时可能还有刀光剑影、兵器铿锵交错之感，琴音大概很嘈杂，而作为上课时的伴奏，如果不够流畅优美，就容易打断孔子说话。

也许是屡次被铿锵激烈的琴音打断，孔子实在不耐烦了，说："子路，你这个弹琴的水平，也能够在我门下弹琴？"

孔子是弹琴的高手，他的很多学生也很擅长弹琴，而孔子却当着大家面说子路弹得很糟糕，让子路下不来台。

发生这件事之后，其他学生就开始不尊敬子路。

孔子知道了，内心有点不安。孔子是一个很有良知的人，也很善于自我反省，何况他内心是很爱子路的，于是出来打圆场，说："由也升堂矣，未入于室也。"

这里衍生出了一个成语，叫登堂入室，是形容一个人的学问或技能由浅入深，到了很高的境界。这个成语很形象，"登堂"是指一个人已经走入了院子，进到了客厅；"入室"就是真正进入了内室，掌握了要领。

孔子解释说，子路弹琴的水平其实还是不错的，他已经算得上是登堂了，只是还没有入室而已。孔子是在给子路找补，他一方面指出子路弹琴水平的不足，另一方面肯定子路弹琴的水平还可以，只是没有达到"入室"的境界。由此可见，孔子是一个实事求是的人。

值得我们思考的是，为什么会有门人不敬子路？因为当时孔子的门人众多，性格、水平、修养参差不齐。如果当时孔子身边只有七十二贤人，如子贡、颜回、冉有等，学生之间彼此都很熟悉，孔子再怎么打趣子路都没关系。但是，当门人越来越多，甚至达到了"弟子三千"的程度时，每个人的脾气、秉性、出身、思维方式都不一样，孔子再不留情面地打趣子路，难免会有学生把老师的话当真，不尊敬子路。

这件事情提醒了孔子，同时也提醒了我们，无论是做老师还是做领导，都要小心自己权威性的发言，要意识到自己所说的话传播出去会产生怎样不可预计的"化学反应"。

作为领导，也许你的出发点只是开一个不痛不痒的玩笑，觉得当事人不会放在心上。但是说者无心、听者有意，那些不了解情况的人可能会产生误解，毕竟层级过多，人数过大，上级领导一表态，到了下面就会层层放大，这就是"乘数效应"。

在现代社会，因为有媒体，领导们可以对着摄像机直接说话，免去了层层传达的弊病。但在孔子那样的年代，当孔子身边的人一层一层地把老师的意思传出去时，门人就会曲解老师的意思。

因此，作为老师也要格外小心自己的言语。有的校园霸凌跟老师的态度有很大的关系，所谓霸凌，并不一定是被殴打，也可能是被同学们孤立。当所有人都开始孤立某个学生，不理他，不跟他说话，甚至鄙夷他时，会给他的心理上造成多大的伤害？而追根溯源，大量的孤立事件都是跟老师的发言有关的，当老师不断地指责、挖苦某个孩子时，其他学生自然会看不起他。

总之，当你拥有了某些权威性的身份时，一定要谨慎说话，因为每一句不当的语言，都可能经过层层的传播，变成伤人的利器。

好在孔子意识到了这一点，赶紧进行弥补，说子路已经登堂了，只是尚未入室而已。孔子的表态，会让子路重新获得大家的尊敬。

过犹不及：努力做到中庸之道

子贡问："师与商也孰贤？"子曰："师也过，商也不及。"曰："然则师愈与？"子曰："过犹不及。"

这是非常有名的对话，体现了孔子的哲学高度。

"过犹不及"是孔子对中国哲学最大的贡献之一，是中庸之道的核心。

我们理解它的来源，是子贡和孔子的对话。子贡问孔子："子张和子夏这两个人谁更好一点？"

子张叫颛孙师，子夏叫卜商，师和商都是他们的名。子贡比他们入门早，比他们两人年长，所以能够直接称他们的名。这两人等于是年轻一辈的新秀，也就是后起之秀。

孔子说："师性子急，做事肯使劲，但用力过大；商是一个慢性子，不太刻苦，需要别人带动，没有那么主动积极。"在孔子看来，两个人一个"过"，一个"不及"。

我们区分一下"过"和"不及"。比如说学习，肯定是个好事。"不及"的状态就是对于学习这件事没有那么积极，需要学就学一点，不需要就不学。"过"的状态是爱学习爱到盲从，别人讲什么自己都轻信，别人让自己喊口号就喊，别人让自己交钱就交，这就类似于被洗脑了。我见过有的人说，创业成功了以后，突然发现学习很重要，一年挣的钱全都交了学费。一年花几百万元去上各种各样的学，学到最后公司倒闭了。

比如说努力，这当然是优点。"不及"就是不努力，毫不进取；"过"则是进取到不择手段，aggressive（好斗的）到不择手段。

以上就是"过"和"不及"这两个状态的解释。子贡问："师是不是更好一点？"子张属于"过"，就是更努力、更使劲。子曰："过犹不及。"也就是说，过和不及一样，都是有问题的，无法简单地衡量哪个更好。

既然这两个都不够好，那好的地方在哪里？在中间，要追求合适。人这一辈子，最重要的就是在各种各样的事情中，去不断地寻找合适的度，做什么事都能合乎"度"。

生活没有趣味，当然不合适；玩物丧志，也不合适。对孩子特别好，没有问题；好到溺爱，肯定不行；整天批评教育他，也不行。所以要找到一个中间、合适的度。

这种"合适"，有个成语叫恰如其分，人们很难掌控，当然也没有绝对的"中庸"。但正是因为很难掌控，都在追求这种处世境界，反而有趣味。如果生活中，各种各样的事都恰好掌控、丝毫不差，那便少了很多巧合、拼搏和趣味，生活就变成了公式，也就太无趣了。

每个人都在不断地摸索、不断地调整，尽量地靠近中轴线。在中轴线左右来回地摇摆，一会儿过，一会儿不及，尽量把过和不及的幅度不断地减小，最终活到中庸之道，孔子说的"从心所欲，不逾矩"的境界就达到了。

鸣鼓而攻之：经营关系也要有原则，不能结党营私

季氏富于周公，而求也为之聚敛而附益之。子曰："非吾徒也。小子鸣鼓而攻之，可也。"

我们讲过颜回、子路、子贡，此时登场的人是冉有，就是冉求。

这次孔子很生气。

孔子对"季氏富于周公"这件事看不惯。周天子统御各诸侯国，虽然当时周天子对下边各个国家的控制力严重下降，但是大义名分仍然在。虽然没指出周公是谁，但季氏只是鲁国的一个贵族，其不但比鲁公富，还比周公富，就已经是僭越得不像样了。

季氏请了冉求做他们的宰，请他做宰的目的是管好自己家族的事，比如收税、征兵等事情。冉求是一个能干的人，具有很高的管理才能，孔子给过他很高的评价。他还特别善于挣钱，"为之聚敛而附益之"，帮季氏收更多的税，让他更富裕。对此，孔子非常生气。

孔子说："这个家伙不是我的学生，大家可以敲锣打鼓地去找他算账。"甚至有人讲，孔子让大家去揍他，把他赶出师门，再也不要理他了。

从现代经济学的角度来看，孔子的想法肯定不对。马太效应告诉我们，越有钱的地方越能聚集财富。没钱的人连本钱都没有，还怎么挣钱。

从今天现实来看，也是这个情况，有钱的人资产更稳定。比如一个人有了大量资产以后，可以购入很多反脆弱的配置，比如黄金、五星级酒店、游轮、地产、石油等。这样一来，无论世界发生什么样的问题都不用担心。油价跌了，还有运输产业支持；房价跌了，自己还有黄金。反脆弱的配置能力很强，所以他的资产越来越稳定，当经济形势好的时候，必然会有不菲的投资回报。这就是马太效应成立的重要原因，有资产者可调用更多的资金来进行投资，以规避风险、获取收益。

当然，看问题不能只从经济角度出发，要考虑得更加全面一些。孔子可能认为，冉求使得季氏的野心变得越来越大，这是不能明辨是非，不够正直。冉求也许有点无奈，他被聘为季氏之宰，肯定要在不作奸犯科的情况下，尽己所能，做好本职工作，体现自我价值。

按理说，冉求是孔子最有出息的学生之一，能够做到这么大的官，在任表现也非常优异，孔子应该高兴。但是我们能看到，孔子对冉求提出了相当严厉的批评，甚至说这样的冉求不配做自己的弟子。这是因为孔子遵循自己的原则：君子群而不党，小人党而不群。如果孔子不是因为自己的原则，他不高兴的时候最起码可以做到不说话，也不应该跟冉求撕破脸。

君子群而不党，小人党而不群。虽然在孔门是一家人，都在努力地学习，但是做错了事，该骂就要骂，该把谁赶出去就要赶出去。这就是孔子做人的原则。

实际上，孔子与冉求的师徒关系很不错。孔子并没有与冉求一刀两断，老死不相往来，而是不断地引导冉求改正自己的问题。冉求也没有因为孔子的批评而怀恨在心。孔子晚年时，在冉求的斡旋之下被请回鲁国，之后冉求也力所能及地帮助孔子。孔子也问过冉求上朝都听了些什么，从冉求那里获得了高层的很多信息。可见师徒二人都是正人君子，这个故事能从侧面反映出二人的良好品行。

我国社会历来忌讳结党营私。宋朝的时候，皇帝一听说谁跟谁是一党就非常生气。有人举报欧阳修跟范仲淹是一党，两个人都在互相写信议事，关系搞得很近。范仲淹出什么事，欧阳修就保他；范仲淹当了大官，就要提拔欧阳修。皇帝问欧阳修，到底是不是这样。欧阳修说是，他们是一党。这多吓人！

欧阳修说他们结成的是君子党，党也分君子党和小人党。小人党在一起沆瀣一气，谋的是私利，最后分赃不均，一定会闹起来，为了一己之私利，可以牺牲天下人。君子党基于彼此认同的价值观，愿意为国家做事。君子团结起来在一起做事，如果对方违背了君子之道，就立刻跟他划清界限。因为君子之党，不为私利，是有原则、有底线的。欧阳修跟皇帝解释这件事，还专门写了一篇文章，解释君子党和小人党的区别。皇帝也接纳了，并没有对他治罪。

团结在一起，本身没有错。一个组织、一家公司，如果高层规定不要结党，大家互相不见面、互相不聚餐，完全没有任何私交，那怎么可能把一件艰难困苦的事干起来？

人际关系是非常重要的，但要把握原则。正如欧阳修所说的，君子团结在一起，是为了做事，不是为了谋取私利。如果只是为了谋取私利找个靠山，那就变成了小人党。孔子如果在晚年把冉求当作靠山，他绝对不会说这样的话。

孔子能够义正词严地批评冉求，代表了他人生的底线和操守。

柴也愚：用成长性思维辩证地看待人的缺点

柴也愚，参也鲁，师也辟，由也喭。

以上四句话，定性了四个人的缺点。

"樊登读书"所提倡的成长性思维，认为人生其实是可以改变的。在以上的这句话中，由于老师久负盛名，可能是平常随口这么一说的点评，就被别人记下来了。记下来还写在《论语》里，导致两千五百年来，人们对这四人的印象很固化。

高柴叫子羔，被认为愚笨；曾参就是曾子，得到的评价是迟钝，学东西慢；颛孙师就是子张，他的特点是偏激、易怒，容易跟别人闹矛盾；子路的特点是莽撞、鲁莽。孔子给这四个学生的问题，各用一个字做了评价。

我们不知道这句话是孔子在什么情况下说的，甚至是不是孔子的原话，毕竟这句话中并没有出现"子曰"。这句话的称呼中，用的都是人名，依照常识应该是年长者称呼晚辈，所以也有可能是孔子年长的学生给这四个人的定性评价。

老师指出学生性格上的缺点，是一个好的教育方法吗？我们是否愿意让老师用一个字来评价和概括自己，或者主动去请老师用一个字说出自己是一个什么样的人？我觉得这种简化的方法，当作娱乐、游戏还可以，如果真把这样的评价当真实情况定性，就非常不科学、不严谨，打破了我们一直提倡的成长性思维。

老师指出学生性格上的缺点，带来了如下的问题。第一，会容易形成刻板印象。刻板印象就是当子路和莽撞关联之后，子路做什么事，在别人看来都是莽撞。第二，会给学生带来心理暗示，学生被权威点评为"愚笨"，他就容易给自己做心理暗示，认定自己很笨。但如果换成成长性思维，就会知道人是可以通过不断地刻意练习改变的，可以变得更加优秀。就算是性格很难改，也要相信性格有弱点的人一样可以成才。

有一本书叫《内向孩子的潜在优势》。在这本书中，作者分析了很多人认为不是优点的内向性格，其实也能带来成功，内向也能带来潜力。比如，自闭症肯定不好，但自闭症的人对数字、图案、音乐敏感，这些就是天赋。

所以，即便你被老师批评有某种性格弱点，也不要形成刻板印象，不要给自己形成心理暗示，要学会与自己的缺点和谐相处，慢慢地改掉缺点。即便改不掉，也不影响你可以成为一个更好的人。借《论语》中的句子，我们在此简要引申一下"樊登读书"推崇的教育方法。

孔子曾经与曾参打过哑谜，说："吾道一以贯之。"

曾参说："唯。"

孔子走了以后，别人问曾参："何谓也？"

曾参说："忠恕而已矣！"

他认为忠和恕就是孔子一以贯之的核心所在。

后来很多人就评价，说曾参浪费了一次大好的机会，为什么当时不再请教一下孔子，一以贯之的到底是什么，而是靠自己去猜？

曾参猜的"忠恕而已"肯定不对，忠和恕是外在的表现。如果用这个作为一以贯之的核心思想，肯定不是孔子的境界。可惜，曾参没有给孔子机会详细论述。

由此可见，"参也鲁"这个缺点是客观存在的，就是因为他反应迟钝，才浪费了这么一个好机会。

赐不受命：适合创业的人具备哪些特点

> 子曰："回也其庶乎，屡空。赐不受命，而货殖焉，亿则屡中。"

孔子讲颜回和子贡的区别。他说颜回"其庶乎"。关于"其庶乎"有一种解释是他的德行修养真的已经很好了，"庶"是富裕的意思。颜回肯定不是物质富裕，因为他没有钱。孔子说颜回的德行修养已经到达了极高的境界，已经非常好了，可惜的是"屡空"，两手空空，家里一贫如洗。

"赐"是端木赐，就是子贡。"不受命"说的是他不安分，虽然出身并没有那么高，但是他不断地折腾、不断地努力、不断地创业。关于"货殖焉"，在《史记》中有《货殖列传》，专门讲商人的故事。子贡爱折腾，整天做买卖。"亿则屡中"，"亿"通"臆"，是猜测、臆想的意思，每次一猜就能中。古代社会不重视商人，孔子也不做生意，便把这些做生意的策略看作猜测，如同赌博、押宝、看涨看跌。经济繁荣稳定的今天，大家都知道做生意不是靠猜测的，也不是低级的事情。做生意是反脆弱，要能够找到非对称交易的机会，并下重注在其上赚钱。在孔子所处的那个注重农耕的社会，只有极个别人能掌握赚钱的原理和方法。

孔子认为子贡是运气好，总能猜对，而颜回总是猜不对，令他十分感慨。

关于"其庶乎"，李零教授认为"庶"写错了。古代人写竹简写错，"庶"应该是"度"，念 duó，就是猜的意思。

如果按照这个发音，这两句话就对仗起来了。"度乎屡空"正好对应"亿则屡中"，"屡空"和"屡中"，一个总猜不准，一个一猜就对，这样解释也讲得通。

《穿越寒冬》这本书讲什么样的人适合创业。不一定打工的时候就一定不能创业。打工的时候要想创业，最好的方法是不停地折腾。只有闲不下来，遇到事情喜欢反着想，创新而不守旧，尝试用不同方法解决同一个问题的人，才是比较适合创业的。子贡就是这类人，看到孔子做什么事，都喜欢研究、琢磨、反着问，用各种各样的手法去探究，希望能够得到一个新的答案。

但是颜回不同，孔子说完，他就不再问了，自己琢磨、消化，总是在继承孔子的思路。颜回是一个很好的继承者，子贡是一个很好的创新者。创新者更容易创业成功。

如果愿意过安贫乐道的日子，愿意用读书、喝酒、弹琴度过自己的人生岁月，就学颜回。愿意折腾、创新，愿意增加社会就业率，用创业改变命运，就学习子贡。子贡天生是个穷小子，但他不安于现状，努力地学习、折腾，所以最后"亿则屡中"。

不践迹：走别人老路，最终可能无路可走

子张问善人之道。子曰："不践迹，亦不入于室。"

有的古本中，将本节和上一节连在一起。孔子评价完颜回和子贡以后，子张问善人之道。

善人的境界可能接近于仁者，因而也可以理解为子张问仁。善人之道以上的境界是圣人之道。几乎没有当世之人到达圣人之道，因而子张不问圣人之道，而是问怎么能够到达比圣人低一点的善人的境界。

孔子说："不践迹，亦不入于室。""践迹"，踩前人的脚印。孔子说不随大溜，不按照风俗来走，并不是别人怎么做，你也怎么做。不要跟别人走到同样的屋子里去，从字面上理解是这样的意思。

后人对这两句话，有特别多不同的解释。

有一种解释是孔子赞同践迹，那赞同践迹的好处是什么？如果不践迹，就进不了房子，无法登堂入室。如果你想做一个善人，最好是学着其他的善人怎么走，其他的善人怎么做，踩着他们的脚印，慢慢地就走到善人的境界上去了。

另一种解释是善人是不践迹的。不践迹是一个好事，能够创新、不随大溜。如果整个社会随大溜，就会出现很多糟糕的事。这叫平凡之恶，像一个俗人一样跟别人争执，像一个俗人一样追求金钱，像一个俗人一样踩着别人的肩膀往上爬。这些世俗的手法，不要学它，就是不践迹。但是这种状态也不算特别高级，没有到达圣人的境界，"入于室"代表孔子心目中的更高的圣人境界。

你可以用自己的方式去理解"不践迹，亦不入于室"。我的理解是，孔子提

醒我们要能够学会打破一些凡俗的套路，有自己独立的想法，不需要跟别人走一样的路，得一样的归宿。

如果大家都朝着同一个目标前进，走一样的路径，得到同样的成果，就像同一个模子印出来的一样，这么简单就能达到，还是善人吗？我们可曾见过成长路径一样的善人？每个人条件不一样，很难走别人的路子。这跟创业一样，别人创业成功了，你按照他的路子走，却很难成功。你需要有一点特立独行，需要有自己的操守和坚持。

论笃是与：怎样分辨结交之人的品行

子曰："论笃是与，君子者乎？色庄者乎？"

"论笃"，言辞恳切的样子；"笃行"就是非常认真、忠厚、诚实。"论笃是与"，"与"是赞许的意思。孔子说一个人如果言行恳切、很诚实，是值得称赞的。但是你要分清楚这个人是君子，还是色庄者。"色庄者"，就是装模作样的人，他是假装出来的。君子则是发自内心地真的论笃，而不是一个伪君子。

《雍正王朝》中的八王爷，演员演得很好，给人们留下了非常深刻的印象。八王爷和九王爷、十王爷明显不一样，九王爷、十王爷一看就是反派分子。八王爷每次出场，讲话都看着像好人，说的话非常在理，也替对方考虑，跟其他人关系处得很好，在江湖上人称八贤王，所有人都喜欢跟他结交。

但是从雍正的角度来看，八王爷是最坏的，是潜藏在人群中的幕后大主谋。这样的人用孔子的词语描绘，就叫"色庄者"。他们着重于装扮自己，让自己的外在完全符合论笃的状态，但是本质上并不是论笃的人。

人不好考察分辨，因为人性是很复杂的。很多人看外在表现都挺好，但是你很难分辨其本性是好是坏，是君子乎还是色庄者乎。怎么搞清楚，孔子也说过评判方法：视其所以，观其所由，察其所安。要考察一个人，看他做事是凭什么来做的，看他的出发点是什么，看他最乐于追求的东西是什么，把这些搞清楚了，一个人怎么能够隐藏本质？从而能够看清他到底是为名、为利，还是为国、为民。

把这两句结合起来，其实就是评判人、识别人的一种方法。

闻斯行诸：学会根据实际情况来学习和行事

子路问："闻斯行诸？"子曰："有父兄在，如之何其闻斯行之？"

冉有问："闻斯行诸？"子曰："闻斯行之。"

公西华曰："由也问闻斯行诸，子曰，'有父兄在'；求也问闻斯行诸，子曰，'闻斯行之'。赤也惑，敢问。"子曰："求也退，故进之；由也兼人，故退之。"

这段话中，出现了一个词"退之"，韩愈字退之，就出自这里。

这一段，孔子回答两个学生提出的同一个问题，给出了两个完全相反的答案。"因材施教"这个成语，就是出自这个典故。

子路问："我听到了一个道理，是不是应该立刻去做？"此处关于是什么道理，并没有说，可以泛指各种各样的事。

孔子说："你家里还有父亲和哥哥，怎么能听了就去做呢？应该问问他们的建议和想法。"别人叫你拼命，你就出门去拼命，有没有想过家中父兄同意不同意。"三年无改于父之道，可谓孝矣"，一个人的父亲去世，三年不能改其道，现在父兄健在，怎么可以听到道理就行动呢？要先跟他们沟通。

冉有也找孔子问了同样的问题。我们猜想一下，在孔子的学生中，有段时间可能流行探讨学习力和行动力的关系，大家各执一词，呈现出截然不同的两种见解和学习方法。有一种学习方法是听了以后就去做，做完遇到困难，再回来想。另一种学习方法是听了以后先别做，等思虑周全以后再去做。这都是可以探讨的教育话题，可能长时间讨论都没有统一思想，便向孔子求教。

当冉有问同样的问题时，孔子说："听到道理要赶紧去做，付诸行动。"

孔子的学生公西华，名赤，了解到这个事情，就有点不理解，便跟孔子说："子路问的时候，你说有父兄在，要征求他们的意见；冉有来问，你说觉得有道理就去做。我很疑惑，所以大胆地请教老师，到底'闻斯行诸'该怎么做？"

孔子给他解释，冉有想得过多而可能行事比较保守，做事缺乏决断，这种总是犹豫、退缩的人，需要给他加把劲，把他往前推。子路的胆子大，一个人顶两个人用，勇武、莽撞，他一天到晚惹的祸就不少了，得要让他冷静一点。

孔子面对两个人同样的提问，给出的答案完全不一样，这便是因材施教。在这里，我特别想强调的一点，就是被教育者的参与度问题。

所有的教育到最后能够有效果，一定是被教育者有了高度的参与，被教育者身上产生了应激，他自己加入了思考、加入了实践、加入了反思、加入了批判性思维。否则，即便有人把《论语》从头到尾全部背下、理解通透，但丝毫不用在自己身上，不做反思，也不做批判，最后的结果一定是毫无益处。

我在"樊登读书"App上讲书，有一个深刻的感受。每次讲完一本书之后，就有很多同学提问。有的提问让我很高兴，我就愿意回答，但有的提问，很明显就是不愿意思考、不愿意动脑子，把问题赶紧提出来，甚至还特意用挑衅、抨击的口气，如"你看，讲错了吧""你这个不对吧""你讲的矛盾了"。

比如讲销售的一本书《销售就是要玩转情商》，里面讲到跟客户谈判的时候，永远不要先说价格，甚至客户忍不住问价格的时候，都要摁下不说，一定要等到最后差不多有把握的时候再说。

另一本讲销售的书《销售洗脑》，里面提到，客户进来看商品，你要让他知道价格。他如果没有做这个预算，可能就不要，如果有预算还愿意接着谈，成交率就很高。

很多人说，樊老师出错了，这前后讲的不一样。两本书的作者不一样，研究理论和侧重点也不同，讲的必然也不一样。这些我们都应该分享，每本书各有各的观点，全都呈现出来给读者自己思考。另外，其实只要稍微做一下思考，就能理解其中的不同。

《销售就是要玩转情商》针对的是大客户销售，讲的是 To B 的方法；《销售洗脑》讲的是 To C 的方法，研究的是对个人的销售。这两个行为的销售成本、销售周期、销售场景，投入的成本、资源，完全不一样，所以方法不一样也很正常。

学习者如果愿意动一下脑子，有一点参与度，认为有矛盾的时候，自己想想看，琢磨一下，收获会更大。要能够自己主动地解决矛盾，而这个思考的过程，就叫作被教育者的参与度。反过来，如果被教育者没有参与度，那么孔子说的所有话几乎都可以被看作错的，因为《论语》是"片面"的、语录式的、一言以蔽之的文字，总能被找出反例来。

核心在于，我们到底想学好还是想学坏。要想学坏，就往坏的方向想、往坏的方向用，把劲使在错误的方向上。但如果想学好，就要思考一下这句话对自己有什么用，如何让好的思想在自己身上起作用。

孔子讲"学而时习之"，学了以后要去用，要不断地打磨、不断地反思，才能把知识变成自己的东西。如切如磋、如琢如磨，才是学习和做事情的方法。所以当老师说出了一些东西，你觉得有矛盾、有些奇怪的时候，不排除老师有可能是说错了，但更多的时候需要我们参与一下、思考一下、内化一下，也许就能悟出其中的奥妙。

对不同的人采用不同的教学方法，在教育中是再正常不过的事了。

我希望大家能够对这个故事有印象，这是《论语》中有关教育学的很棒的一段话。

子畏于匡：偶尔要用人生难料的心态来直面困境

子畏于匡，颜渊后。子曰："吾以女为死矣。"曰："子在，回何敢死？"

孔子与学生周游列国，经过匡地的时候，被当地人团团围住，抓了起来。

这一段是很著名的典故。当时有一个人叫阳虎，是季氏的一个家臣，后来反叛了季氏，是《论语》中著名的大反派。孔子和阳虎长得特别像，都很高，浓眉大眼。阳虎曾经欺压过匡地的人，所以当孔子路过匡地的时候，大家以为阳虎来了，把孔子围起来，要打他、要杀他。

虽然孔子他们百般解释，但依然沟通不顺畅，场面还是乱得一塌糊涂，有生命危险，最后好不容易逃了出来。颜渊，也就是颜回，在后面掩护，不见了。

孔子很着急，担心颜回会不会有生命危险的时候，颜回从后边赶上来了。孔子说："颜回，我以为你死了。"颜回这时候说了一句很贴心的话："您还在，我怎么敢死？"颜回说的这句话饱含感情，他活着就是要为孔子服务的，哪敢去死。

我觉得这句话真的好暖心，有一个人能够全心全意地为自己，这是非常美好的感觉。他们师徒感情之深，我们能够从这段对话中感受得到。

同时我们也会感叹，人生难料。但是人们永远都不知道明天和意外哪一个先到，人的生死是难以预料的。颜回比孔子小三十岁，颜回一直以为自己能够给孔子养老送终，没想到却英年早逝，最后是孔子白发人送黑发人。

所以我们要过好每一天，把眼前的事做好，把每天都当作生命的最后一天来过，会快乐很多。

面对人生的很多矛盾，很多想不开的事，这样想想："如果今天是我人生的最后一天，我至于那么生气吗？""如果今天是我人生的最后一天，我能不能活得开心一点？"思索后，就能好多了。我经常用这样的态度来教导自己。

以道事君：无论做什么事都要坚守原则和底线

季子然问："仲由、冉求可谓大臣与？"子曰："吾以子为异之问，曾由与求之问。所谓大臣者，以道事君，不可则止。今由与求也，可谓具臣矣。"

曰："然则从之者与？"子曰："弑父与君，亦不从也。"

季子然在《论语》中出现得比较少，大概就这一次。季子然是季氏的一个子弟，是贵族的子弟。

他问孔子："仲由和冉求能不能算作国之栋梁？子路和冉有这两个人是不是大臣？"

孔子与季子然的对话一反常态，让人有点意外的感觉。孔子说："我以为你问什么奇怪的事，原来并不是什么大事，只是问由和求这两个孩子的事情。所谓大臣者，就要以道事君，不可则止。"

孔子曾经提倡要做君子儒，不做小人儒。君子儒以弘扬大道为己任，小人儒则以养家糊口为目的。如果一个人做事是为了养家糊口，学道理和文化是为了能够赚那么一点点钱，那就是小人儒。小人儒不能够被称为大臣。大臣要能够以道事君，不可则止。比如孔子，在鲁国做到了大司寇，后来发现道不同，他立刻就走了。又比如孟子，到处推行自己的王道，跟所有人谈仁义治国，遇不到同道中人，他也不会为了混口饭吃而留下。这是要做大臣的人所必须持有的秉性。

"今由与求也，可谓具臣矣"：这两个孩子是具臣。具臣是办事的能手，是处理问题的高手。用我们现在的话来说，是做事麻利、有操守的职业经理人。

听完孔子的回答，季子然问了一句比较阴险的话："那这些人是不是让他干啥就干啥？"

我们从中可以看到，季氏想找唯命是从的人，能为他们做一切事情的人。

孔子一听不高兴了，你能听出来下面的口气明显严厉了。孔子很了解自己的两个弟子，所以直截了当地说，如果让他们去弑父、弑君，犯上作乱，他们是不可能听从的。

当时，季氏的野心很明显，他们想把鲁君推翻以自立。如果势力再扩大，他们甚至想推翻周王朝。

所以季子然的问题，被孔子立刻就堵回去了。孔子表明知道自己的学生是什么样的人，这两个人都是有原则、有底线的人，即便到不了圣人的境界，也不会坏到小人的低俗中。

在世上生活，很多人只是为了养家糊口去工作，这当然没有问题。但是，做人要有基本的底线，违背原则和底线的事情，绝不能做。

何必读书：爱学习的人才更懂读书的意义

> 子路使子羔为费宰。子曰："贼夫人之子。"
>
> 子路曰："有民人焉，有社稷焉，何必读书，然后为学？"
>
> 子曰："是故恶夫佞者。"

子路说话有时候过于直白，老师听了会生气。

子路做了季氏宰，有权有势。子羔，就是曾被点评为"柴也愚"的高柴，被认为不聪明、笨笨的。有人考证过当时的子羔大概二十四岁，是一个非常年轻的儒生。

季氏管着一个名为"费"的县，"费"古音念 bì，现在山东还有费县。子路为了提携后辈，就想举荐子羔，让他去管费县，当个小领导。

孔子说："贼夫人之子。""夫"依然是念 fú；"贼"是动词，有损害之义。整句话的意思是，你这是害人家。

子路大大咧咧地说，那里有老百姓，又有土地和谷物，为什么非要守在这里读书学习呢，管好民人社稷不就行了吗？

子路觉得读书的目的是找份好工作。既然好工作都找着了，还读什么书？

在过去的年代，有的家庭让孩子中途退学，去接替爸爸的工作；或者不顾孩子的天性，只想让孩子上个技校、读个中专，以便早点去工作。孩子想上大学，家人说读大学不就是为了找工作吗，既然工作都找好了，待遇这么好，何必读大学。这与子路的思路如出一辙。

其实子路的想法，到今天还没有消亡，依然有很多人持有这样的观点，来对待自己的孩子。

孔子根本没有跟子路解释这件事，他直接骂子路"是故恶夫佞者"。"佞者"就是油嘴滑舌、歪理多，什么事情都能辩论一番的人。人们往往讨厌那些喜欢狡辩的人，面对狡辩者会拂袖而去。对孔子而言，他是气坏了。

大家在生活中，平平淡淡、好好说话即可，不用每次说话都慷慨激昂。对一件事情高声辩论，其实也是在调高整个社会的情绪，不是什么好事。

如果整个社会，以那些慷慨激昂的人为楷模，认可那些说话动辄泪水涌在眼眶中，恨不得什么事都关乎生死存亡的人，那就会促使佞者横行。

子路的观点到底有什么问题，以至于孔子懒于应对？

子路的第一个错误是目光短浅。只看到了当下立刻就能够获得的东西，没有看到长远学习对一个人的改造。

第二个错误是过于实用主义。比如觉得读书只是为了找到工作，忽略了求知本身的乐趣，忽略了提高修养的功用。一个人太过实用主义，就找不到纯粹求知的乐趣。有很多人读了不少书，但工作以后就再也不读了。

第三个错误是他并不识人善用。假如子路举荐了一个真的能够做费宰的人，孔子是不会说这样的话的。最怕的是一个人德薄而位尊，本来没有那么高的德行和能力，非被放在一个不匹配的位置，被置身于巨大的风险中，这就是将人放在火上烤。

孔子提醒子路不懂得用人，如果因为跟子羔关系好，想要提拔他，出发点就错了。

子路根本没有给老师解释的机会。如果子路懂得沟通，不这样直接顶撞老师，他可以请孔子接着讲下去，这样孔子就能够跟子路讲出更多的道理。可是子路很佞、刚强，总是直接"撑"老师，导致他学习的机会也少了很多。

我们要学会少"撑"老师，多学东西。这里再谈谈我对于学习的看法。

有的人抱有错误的观念，觉得自己不用读书，可以在社会大学毕业；有的人觉得读书不如看人，找人多交流，从人的身上学习，相当于读了万卷书。有一句话叫作"读万卷书不如行万里路，行万里路不如阅人无数，阅人无数不如高人指路"，这话特别庸俗。能够在生活中见到的人，都跟自己差不多，在同一个层次、同一个地方，想法往往大同小异。虽然旅行能够见到不同地域的人，陌路相逢，语言、文化、见识有很大的差异，但无法深度交流。有人说，那就努力地去认识那些更厉害的人。且不说能不能接触到更高层次的人，就算你认识了这个时代最厉害的人，他也跟你局限在同样的时代。你能够见到的人，跟你存在着同样的偏见，存在着同样的文化背景，都基本上被同样的时代和时空做了筛选。

人们容易被身边最接近的六个人的认知影响。一个人的认知水平往往就是自己最接近的一些人的认知水平的平均数，仅此而已。即便你觉得从周围人身上学到了很多，多数也只是简单的重复，仅仅是你在不断地验证自己的观点是对的，而你的认知水平不会得到突破。

只有读书，能够让一个人穿越时间去与更多的人交流，和两千多年前的人交流、一千多年前的人交流、五百年前的人交流、三百年前的人交流，还能够穿越空间，与不同地域的人、不同国家的人，展开思想上的交流。

这就是为什么子路说"有民人焉，有社稷焉，何必读书，然后为学"，而让孔子不齿。

有一本书《思辨与立场》，里面提醒我们，读书不能只读一个时代的，如果只读先秦，只读孔子、老子，慢慢地，你的说话、风格、做派就被打上了某个时代的烙印。我们不仅要学习《论语》，也需要慢慢地读一读魏、晋、汉、唐、宋、明等时代的书，读一读近现代、国外的作品。

跨越时空，思想才能打开，才能够形成更加丰富的神经元联结，才能够找到更加合适、中允的角度来解决问题。

这便是我对读书的看法。

吾与点也：美好的结果离不开努力的过程

子路、曾皙、冉有、公西华侍坐。

子曰："以吾一日长乎尔，毋吾以也。居则曰：'不吾知也！'如或知尔，则何以哉？"

子路率尔而对曰："千乘之国，摄乎大国之间，加之以师旅，因之以饥馑；由也为之，比及三年，可使有勇，且知方也。"

夫子哂之。

"求！尔何如？"

对曰："方六七十，如五六十，求也为之，比及三年，可使足民。如其礼乐，以俟君子。"

"赤！尔何如？"

对曰："非曰能之，愿学焉。宗庙之事，如会同，端章甫，愿为小相焉。"

"点！尔何如？"

鼓瑟希，铿尔，舍瑟而作，对曰："异乎三子者之撰。"

子曰："何伤乎？亦各言其志也。"

曰："莫春者，春服既成，冠者五六人，童子六七人，浴乎沂，风乎舞雩，咏而归。"

夫子喟然叹曰："吾与点也！"

三子者出，曾皙后。曾皙曰："夫三子者之言何如？"

子曰："亦各言其志也已矣。"

曰："夫子何哂由也？"

曰："为国以礼，其言不让，是故哂之。"

"唯求则非邦也与？"

"安见方六七十如五六十而非邦也者？"

"唯赤则非邦也与？"

"宗庙会同，非诸侯而何？赤也为之小，孰能为之大？"

这段对话很长、很美好，也是在中国美学史上耐人寻味的话题。

这段故事也产生了一个典故，诗词中写"吾与点也"就是出自这里。

有一天，子路、曾皙、冉有、公西华四个人陪孔子坐在一起。

曾皙是曾子的父亲，他们的性格截然相反。曾皙是一个非常潇洒自在的人，曾子则是一个非常严谨、老实的人。

孔子说："我不就是比你们大几岁而已，不要把我太当回事。你们平常总说别人不了解你们，如果你们想让我知道的话，你们觉得我应该知道些什么呢？今天各言己志，大家都说说自己的想法吧。"

看来孔子这天心情不错，想和学生们聊聊天。

孔子话音刚落，子路就立刻挺身，第一个表达自己的想法："给我一个千乘之国，这个国家旁边群敌环伺，周围大兵压境，国家里还有饥馑，人民没有饭吃，年成也不好。只要让我管，三年之内，我可以使得这些人有勇气，愿意打仗，内心的刚猛之气能够调动起来，做事也会遵守很多规矩。"在春秋时期，每一辆战车，大概要配备一百个士兵。千乘之国，拥有一千辆战车的国家，光部队就有十万人，是一个非常大的国家。

子路的口气很大，要在三年之内将一个大国变成一个强国。

孔子笑了一下，我估计孔子没有笑出声。孔子接着说："冉求，你呢？"

冉求说："一个长宽六七十里，或者五六十里的小国家，如果让我管的话，三年，我可以让这个地方的人民富足。至于这个国家中的礼乐，要把这个地方教化得很好的工作，我可能还做不到，需要等到更厉害的人来实现。"冉求一直爱挣钱，为季氏做宰也很善于理财。他自己的理想，也是能够把一个地方变得富足，让老百姓过上好日子。这其实很好。

我们猜测，因为孔子对子路的夸大表示不满意，所以冉求就表现得谦虚了一点。冉求说如果是礼乐这些事，自己的能力还达不到，这很可能是谦虚的说法。

孔子没有表态，接着问："公西华，你怎么样？"

公西华比其他人年轻一些，他说："我说的不是我现在能做到的事，我只是愿意朝这个方向去学习、去努力。学祭祀、典礼，为两个国家盟会（孔子曾经主持过夹谷之会）制定礼仪，我愿意做一个小小的傧相，或者做一个主持人，把帽子戴得整整齐齐。"

孔子说："曾皙，你呢？"

精彩的部分来了！按照我们平常的理解，孔子问话，学生应该立刻就答，但是曾皙此刻正在弹琴。这里我们能了解到，孔子和学生聊天的时候，一直伴着曾皙的琴音。

孔子问了问题，曾皙并没有立刻停下手中的事情，而是弹得越来越慢，他要让音乐完美地收尾。最后铿的一声，把琴放下，站起来说："我跟三位同学说的还不太一样。"

孔子说："说出来也不要紧，不同也无伤大雅，大家都是随便聊聊各自的志向，你就说吧。"

接下来，有关美学思想的重要论述出现了。

曾皙说："暮春三月的时候，大地回暖，大家把春天的衣服刚刚穿在身上，开始出行。成年人五六个，带上六七个没有长大的孩子，乡里乡党，或者是知己好友，一起出门到沂河（沂水是山东非常重要的一条河，在《论语》中多次出现）洗澡。洗完澡以后到舞雩台上吹吹风，等凉风把身上吹干，我们一路唱着歌回家。这就是我的理想。"

我小时候，有过很短暂的一段时间，住在妈妈在华山脚下的老家。那是二十世纪八十年代，村的东头就有一条大河，名字很简单，叫东河。东河很大很宽，是孩子们的乐园。我回农村，心心念念的就是到东河去玩，捉螃蟹，捉小虾米。我不爱钓鱼，但就是捡起石头打水漂，也快乐得不得了，能在那里玩一天。

曾皙的理想，冠者五六人，童子六七人，到河里玩，然后吹着风、唱着歌回来。

曾皙说完，孔子觉得找到了共鸣，长叹一声说："我跟你一样，我的理想也是这样。"

这段对话从一开始，就被子路把节奏给带偏了。本来在轻松的环境之下，孔子想聊点舒服的、开心的，但子路一上来就说打仗、民生社稷之类的事。这些不符合当时轻松的情景，孔子不爱听。直到半沉浸在轻松环境和优美音乐中的曾皙发言，孔子才终于听到让自己满意的答复。曾皙给出了一个田园牧歌、安居乐业、百姓和睦的美学归宿的生活场景，令孔子很欣慰。

孔子希望能够生活得特别美好，这种状况实际上是每一个人所追求的理想生活。

对话结束以后，子路、冉有、公西华走了出来。曾皙留在后边，跟孔子接着聊，说："这三位同学说的，您觉得怎么样？"因为孔子只表明认同曾皙的说法，并没有说到其他人。

孔子不想多说，说："这就是每个人随便聊聊志向。"

曾皙问："您为什么笑子路？"

孔子解释说："想要治理好邦国，靠的是礼，礼的核心是谦让。子路言语中却一点都不谦虚，所以我才笑他。"

关于礼的核心是让。举个例子，出电梯的时候，女士先请，这是让；吃饭的时候，请老人先动筷子，这是让。

子路说话的时候，自我感觉非常良好，孔子才会发笑。在孔子的眼中，没有礼让的态度是无法治国的，子路能够保命就不错了。虽然子路很有能力，能做事，也热心，但子路每天都处于紧张的状态，总是怕孔子不了解自己。当孔子问话的时候，子路第一个站出来回答，永远冲在最前面，想要获得孔子的一点爱、一点关心、一点认可。然而正因为他做什么事都紧张得使太大劲，孔子就认为子路如果能够好好地活到晚年，就已经很好了。谈到治理大国，让一个大国变得强盛，并不是子路的才能所能做到的事情。

曾晳接着说："那冉求说的事不是国家大事吧？"

因为说国家大事的子路被孔子笑了，所以曾晳接着问冉求。

孔子说："难道六七十里或五六十里大的地方，就不是一个国家吗？"很明显，冉求说的也是国家大事。孔子的意思是，虽然冉求看起来谦虚，但谈论的事情却很大，志向并不小，话语中透露的也不是谦虚谨慎的态度。

曾晳说："公西华说的祭祀会盟，这样的事应该不是治理国家的事了吧？"曾晳的意思是赤是比较谦虚的。

孔子说："宗庙会盟并不是寻常的事情，如果不是诸侯，就没有这样的事。所以，这肯定也是邦国大事。"

关于"赤也为之小，孰能为之大"有不同的解读。

第一种解释：赤说要做一个小相，那谁来做大相呢？在我看来，这是解释不通的。如果这样理解，那就意味着孔子认为公西华能力很强，公西华要做小相，谁也不能做大相。孔子肯定不是这个意思，这样理解，语气转折得不对。

第二种解释：公西华说的小相的小是谦辞，并不是大傧相、小傧相的意思，那个小是"我"做个小小的主持人就好了。孔子的这句话，对公西赤是有批评的态度的。在孔子看来，公西赤认为这样的事都算小事，那还有什么事才算大事？

孔子觉得前三个学生说的志向都有点大。到这里我们才发现，在孔子看来，人的终极理想不需要有那么大的野心。我们做一切事的目的是让百姓能够过上田园诗意的生活，而这才是应该持有的理想。

所以曾晳的几句话，看起来轻松、美好，甚至有点没出息，只是洗澡、唱歌而已，但这对于孔子来讲，就是大同社会。

孔子的理想更大，他不希望只有自己一个人这样做，而是希望所有人都能够每天心中无事，就去洗澡、唱歌、吹着凉风回家。这就是大同社会，也是马克思说过的"上午打猎，下午捕鱼，傍晚从事畜牧，晚饭后从事批判"。这多美好，心无挂碍，不需要打仗，不需要强兵，不需要去搞什么会盟礼仪，日子过好就行。

从这个角度来理解，我认为这一节反映了孔子的终极梦想，也就是大同社会的梦想。

孔子说的所有话，在经过两千五百多年的发酵后，都会产生大量的反应。有人读完这段话，认为孔子赞成的是曾皙，所以孔子反对的是子路、冉有和公西华这样的野心家。朱熹就做过评判，认为孔子是褒曾皙，贬其他三人。朱熹在晚年的时候说"留为后学病根"，为什么孔子只是在褒奖曾皙，就会成为后学的病根？

因为很多人变成出世者了，曾皙的所作所为很像道家。老师说话的时候，他自在地弹着琴；老师问话的时候，他也不着急回答，而是先让美好的东西缓慢地停下来。和老师对话，讲的又是那些不着边际的内容，别的学生讲富国强兵，他偏偏要说洗澡、唱歌。导致的结果是后世的很多人学《论语》，学到"吾与点也"，就觉得自己不要去打仗、不要去当官，过好自己的生活就可以了。这在朱熹看来，就是后学的病根。

还有这样的理解，四位学生代表了四个境界和层次。

子路讲的是强兵。一个国家必须强兵，弱国无外交，老百姓也过不上好日子。比如清末，中国老百姓想过好日子，但身不由己，国家不强，任人宰割。

冉有讲的是富国，让国家经济发展繁荣。

公西华讲的是礼乐，一个国家不能只有物质，还要有礼乐、文化、知识，让人们丰富自己的精神。

最后，当一个国家能够做到强兵、富国、尊礼时，才能够实现曾皙说的那种美好的生活。

四位学生所代表的人，都在不同的层面做贡献，所以我们不能够因为孔子讲"吾与点也"，向往大同社会，就直接跳过前三步，说前三类人没有做贡献。

我们在生活中，该做事还是要努力做事，付出与收获成正比。白天上班努力，晚上回去享受生活才能心安理得。国富民安的今天，我们完全可以过上曾皙描绘的生活。

这是一段非常美好的对于未来生活的描述。红尘归来，还是平淡，平平淡淡才是真。这是孔子的美学追求。

颜渊第十二

天下归仁：换一种方式看待这个世界

> 颜渊问仁。子曰："克己复礼为仁。一日克己复礼，天下归仁焉。为仁由己，而由人乎哉？"
>
> 颜渊曰："请问其目。"子曰："非礼勿视，非礼勿听，非礼勿言，非礼勿动。"
>
> 颜渊曰："回虽不敏，请事斯语矣。"

《颜渊》的大部分内容是孔子和学生之间的问答。

第一个登场的是颜回，颜回问孔子，什么是仁。

孔子回答学生的提问是因人而异的，每一个学生的性情、秉性、经历不同，孔子给的答案也不一样。

在回答颜回的问题时，孔子给出了关于仁的一个非常高级的定义，叫作"克己复礼为仁"。在有些人眼中，克己复礼是一件很虚伪的事，但如果深入地理解人类的大脑，就会发现克己复礼是一个人进化的过程。

我在"樊登读书"讲过一本书，叫《怪诞脑科学》。书中讲到，人的大脑是一台刻录机，但这台刻录机相当于在进化的过程中不断拼凑而成的半成品，存在着大量的漏洞。比如，我们容易冲动，有强烈的欲望无法抑制，思考问题的时候总流于表面，容易被情绪驱使，总是感到恐慌；又比如，我们对他人的行为会进行主观臆测，会做简单化的归纳，得出不符合事实的结论……总之，人的大脑经常会犯很多错误，如果不加以克制，在遇到矛盾的时候，第一反应就是自我保护。

我们的大脑有时是自私的、焦虑的，而当我们被不够理性的大脑主导全部的生活时，我们体内的动物性特征就会更加明显。

克己复礼的根本，其实就是管好大脑，实现孔子说的毋意、毋必、毋固、毋我。在遇到任何事情时，不要任凭大脑冲动地做出决定，在"产生反应"和"即刻行动"的中间，要能停下来思考一下这件事情该不该做、符不符合礼。

礼的作用，归根结底就是为人的行为做出相应的规定，让人更接近于仁的状态。

孔子接下来说的话情绪很强烈："一日克己复礼，天下归仁焉。"

王蒙先生写过一本点评《论语》的书，书名就叫《天下归仁》。孔子的这句话夸张吗？并不夸张。孔子的意思是，人哪怕只有一天能够做到克己复礼，那么全天下就都能回归到仁德的境界。

实际上，生活中的大部分烦恼，都来自我们的内心。我们眼中所看到的世界，就是内心的投射。希望整个世界变好，不是费力地去改变世界中的每一个人，而是去改变自己的心境。当自己能够做到克己复礼时，整个天下就复归于仁爱的境界。

在《思辨与立场》这本书中，作者着重介绍了批判性思维对人的积极作用。作者在研究批判性思维多年之后，得出一个结论：如果一个人在生活中总感受到烦恼，那么一定是思维方式错了。

东方的哲学家与西方的思想家最终得出的结论是一样的：只要你能够把自己的内心管好，你看待世界的方式就会发生改变，就能够感受到"天下归仁"。

也许有人会疑惑：如果你变好了，但其他人依然很坏怎么办呢？别人继续做坏事，又怎么可能天下归仁呢？

这里存在一个误区。其实，仁不是指秩序，而是指个人修养的境界。天下归仁并不是说世界上从此没有不合理的事情了，不代表世界上的一切都是完美的，而在于一个人自己所认知的世界发生了改变。

当我们能够换一种方式去看待这个偶尔有些混乱、有些不合理的世界时，我们的内心就会变得宁静，这就是"一日克己复礼，天下归仁焉"。孔子秉持"君子思不出其位"，就是说一个人要观照自己的内心，把自己的事做好，整个世界就好了。

"为仁由己，而由人乎哉"，这句话是孔子对前面一句的解释：为什么我敢说"一日克己复礼，天下归仁"？因为你想要实现仁德的境界，只与你自己有关，与他人无关。很多人在生活中感受到无奈，说"我想做一个好人，但是现实情况不允许。世道险恶，是环境逼迫我变坏的"，将自己修为不高归结在他人身上。

孔子提醒我们"为仁由己，而由人乎哉""我欲仁，斯仁至矣"，只要你想要仁，任何人都不能阻挠你。

颜渊对孔子所说的话，向来"无所不说"，不会质疑。颜渊很快就理解了孔子的意思，说："请问其目。"

有一个成语叫"纲举目张"，"目"是撒网捕鱼时的网眼。"请问其目"，其实是问孔子："想要实现克己复礼，我的'抓手'是什么，我应该做些什么，能不能给一点操作层面的建议？"

孔子接下来说的这句话非常有名，言简意赅且充满力量。他说："非礼勿视，非礼勿听，非礼勿言，非礼勿动。"

中国古代有一些讽刺孔子的文章，其中有一篇说，孔子告诉颜渊要"非礼勿视，非礼勿听，非礼勿言，非礼勿动"，颜渊听后马上跑回家，把门关起来了。别人问颜渊怎么了，他说："夫子说了，非礼勿视，非礼勿听，非礼勿言，非礼勿动，我又做不到，只好躲起来，哪儿都不敢去了。"

这是对孔子的讽刺，歪曲了孔子的意思。

什么叫"非礼勿视，非礼勿听，非礼勿言，非礼勿动"？

想要理解这四句话，我们不妨先分析一下人为什么会做一些不符合礼的事情。很重要的一个原因是礼没有硬边界，人们一不小心就会越过它。人们在做很多不恰当的事情时，是缺乏自我觉知的，我们常常不知不觉地说错话，不知不觉地伤害人，不知不觉地去看无聊的八卦……

很多人并不是故意去做不好的事情，只是因为没有觉知，感受不到礼的存在，自然无法清晰地判断自己是不是遵循着礼在做事情。

孔子所说的这四句话，依然是在提醒我们在行动之前停一下，思考该不该这么做。

西方的心理学认为，要改变一个人的行为，第一步是觉知，第二步是接纳，第三步是改变。如果一个人对自己所做的错事，没有觉知，就不可能改变，更不可能做到克己复礼。孔子强调觉知的重要性，与西方心理学的理论是不谋而合的。

要做到克己复礼，就要对自己的行为有敏锐的觉知力，不以恶小而为之。虽然有的行为只是逾越了一点点界限，但不要小看微习惯的力量。一个人的整个状态，本身就是由微习惯决定的。

颜渊说："回虽不敏，请事斯语矣。"孔子的很多学生都说过类似的话，意思是"我虽然不聪明，但老师说的话我一定遵照实行"。

很多学生都曾请教孔子：有没有一句话可以让我一生行之？他们都希望能够从孔子这里得到一句最适合自己的座右铭。

释迦牟尼有一个弟子叫周利槃特，他天资不足，总是记不住经典。释迦牟尼就对他说，当别人都嘲笑你，说你记不住的时候，你就扫地，边扫地边念"扫尘除垢，扫尘除垢"，反复诵念。由于他心念专注，竟然比其他人更早地证悟了。这就是"有一言而可以终身行之"。

颜回很谦虚，他说："我虽然天资有限，但是我愿意将老师说的话一生诵之。"

在此节，孔子给出了实现克己复礼的方法，告诉我们自我觉知是非常重要的。希望诸位读者能结合对于大脑的认知，重新理解"非礼勿视，非礼勿听，非礼勿言，非礼勿动"的含义。

己所不欲，勿施于人：理解自己，才能真正理解世界

仲弓问仁。子曰："出门如见大宾，使民如承大祭。己所不欲，勿施于人。在邦无怨，在家无怨。"

仲弓曰："雍虽不敏，请事斯语矣。"

仲弓即冉雍，是德行科的学生。冉雍也来问孔子什么是仁。

孔子给仲弓的建议与给颜渊的不一样。

孔子说："出门如见大宾，使民如承大祭。"

"出门如宾"，意思是你每天出门，都要像是去见非常重要的客人。很多人可能不认同这一点，觉得自己可以休闲一点、轻松一点，不需要总端着。

有一次，我和苏芒老师一起做直播。苏芒老师说，可可·香奈儿曾对周围的人讲，每天出门一定要打扮得漂漂亮亮的，穿戴要得体、要精致，因为你根本不知道今天有可能会遇到谁，说不准命运的某个好机会，就要在今天降临。

这和孔子说的境界不同，但是行事的方法是一样的。

带着要去见一位重要客人的心态出门，那么你的行为举止就一定会端庄很多。孔子并不是让你穿名牌，但至少应该衣着得体，考虑到自己经过时会给他人带来怎样的影响。心中有他人，视他人如大宾，别人才会敬你如大宾。

"承事如祭"就是在做事情时，要像去参加祭祀一样虔诚而认真，先将自己

的状态调整好。

孔子很喜欢认认真真做事情的人。当年子路问他"子行三军，则谁与"，意思是，夫子如果要去打仗，想带谁去。孔子回答他"暴虎冯河，死而无悔者，吾不与也"，就是说，像子路这样胆子大到敢空手去跟老虎搏斗的人，他不选择同行。"必也，临事而惧，好谋而成者也"与"使民如承大祭"是同样的道理，让我们做事情的时候要认真、严肃，比如在职场中，上级交给你的事情，哪怕再不起眼，也要认认真真地去实行。

"己所不欲，勿施于人"，这句话承接上文做事的方法，教我们如何待人，意思是要换位思考，不愿意别人加诸自己身上的事情，也不要把它加诸别人身上。

这句话在《论语·卫灵公》中也出现了，是孔子回答子贡的提问，说："其恕乎！己所不欲，勿施于人。"也许读者会觉得奇怪，"己所不欲，勿施于人"是指"恕道"，为什么在这里又变成了追求仁道的方法？实际上，恕道和仁道是相通的，做到忠和恕，本身就是通往仁德的一种路径。

这句话极具力量，是整个东方文化的核心之一。在一次西方的伦理学大会上，背景板上写的就是"己所不欲，勿施于人"，甚至有人认为整个伦理学都可以被浓缩成孔子的这句话。

其实这句话实践起来并不难，它的关键并不在于讨好别人，而是理解自己：我做好我自己就行了，别人信服我我高兴，别人不理解也没关系；我能理解自己的需求，就能同样地推测到别人的需求；我不希望别人用强迫的手段令我屈服，所以我也不会将这种强迫施加给别人。

以上是孔子在回答仲弓如何做到仁。接下来，孔子描述了做到这三件事以后的效果——一是"在邦无怨"，二是"在家无怨"，这分别归于不同的级别。"在邦"是为诸侯、为鲁君服务；"在家"是作为卿大夫，为季孙氏、孟孙氏、叔孙氏工作。仲弓当时在给季桓子做宰，孔子是告诉他在做官时应该问心无愧，不要怨怼。

拥有仁，便能安之若素，内心安定，做事情既对得起自己的内心，也能够
遵守礼的要求，并且从来不把自己的意志强加给别人。

我们在工作中难免会遇到很多委屈，比如领导不理解，同事难沟通，此时
能够做到无怨，就接近于仁德了。很多人都能做到前三步，待人诚恳恭敬，做
事严肃认真，也能尊敬他人的需求，不将自己的意志加诸他人，但往往会卡在
最后一步，也就是心中怨气难平。

有怨气往往是境界不够，所以孔子嘱咐："在邦无怨，在家无怨。"

仲弓说："雍虽不敏，请事斯语矣。"意思是，我虽然不聪明，但是愿意把
老师的嘱咐作为座右铭，一生实行。

仁者，其言也讱：说话做事要沉得住气

司马牛问仁。子曰："仁者，其言也讱。"

曰："其言也讱，斯谓之仁已乎？"子曰："为之难，言之得无讱乎？"

孔子的学生众多，大家出身不同，性格各异，每个人对学问的接受能力也
不一样，孔子与之对话的角度也都不同。

司马牛是司马桓魋的弟弟。孔子在宋国时，司马桓魋曾经想要谋杀孔子。
后来，司马牛离开了司马桓魋，跑到鲁国向孔子求学。

《史记》里有孔子学生的列传，司马迁评价司马牛"多言而躁"，意思是话

多，性格躁动，情绪容易激动。

司马牛问孔子什么是仁，孔子说："仁者，其言也讱。"

"讱"的大意是要沉得住气，要忍住表达欲，不要一想到什么就立刻说出口。俗语有云，"祸从口出"，如果一个人说话很随意，管不住自己的嘴巴，就说明没有做到克己复礼。

颜回、仲弓、司马牛三人都来问仁，但孔子的回答各异，这是典型的"孔门对话模式"。孔子回答学生的提问时，从来没有标准答案，而是针对性地提出建议。孔子在回答司马牛的时候，并没有告诉他"仁就是讱"，而是说"仁者，其言也讱"，这是从实践层面给出具体的方法。司马牛对于仁的理解还没有到达很高的层次，但他可以先知道仁者通常会怎么做，仁者有一个基本的特点，就是"其言也讱"，说话慎之又慎。

司马牛的反应与颜回不同。颜回听完孔子的回答，说的是"回虽不敏，请事斯语矣"。司马牛是接着问："其言也讱，斯谓之仁已乎？"他对孔子给出的方法提出了疑问："不乱说话，这就叫作仁吗？"也许司马牛认为这个逻辑是不对的，也许是觉得孔子给他的答案太简单了。

孔子说："为之难，言之得无讱乎？"孔子没有正面回答司马牛的质疑，而是给了他反思的空间，对他说，如果我们知道做事情是有难度的，那么我们在说的时候难道不应该慢点，把嘴巴管得严一点吗？

生活中，很多人都意识不到"做比说难"这一事实，往往喜欢逞口舌之快，以为说了就等于做了，爱用吹牛来满足自己炫耀的欲望。

人与动物最大的区别之一，在于各自大脑对于外界的反应是不一样的。比如，在绝壁之上有一条半米宽的小路，下面是万丈深渊，当人走上这条小路时，一定会吓得两腿发抖，但如果让猫去走，少见猫的腿会发抖。

我们观察猫，它无论是走在墙脚还是房顶，哪怕在十几层大厦的窗户边，都能从容自若。而对于人来说，如果我们在地上画出一条半米宽的道路来行走，当然没问题，但是当这条小路出现在山顶上时，那就没有人敢走上去了。并不是我们不具备在上面行走的能力，而是我们的大脑会联想，会预设情景，会判断结果——我们具有想象力和创造力，这就是人脑和动物脑的根本区别。

自从人类社会有了语言、文字，人脑就开始把语言、文字与现实相融合，当我们想到某个词、某句话时，可能会感觉某件事已经发生在自己身上了，我们会因此产生兴奋、恐惧、忧虑等情绪。动物没有人类的联想能力和创造能力，正因为如此，动物也没那么多烦恼，它们不会为未来而忧虑，不会一想到"饿"字就担心下一顿饭在哪里，也不会一想到"死"字就感到绝望和无助。动物世界遵循着残酷的丛林法则，很多动物过着朝不保夕的生活，但它们还是可以怡然自乐地在世间行走。

动物和人的这种区别，既是人类创造力的来源，也是烦恼的来源。

这也可以解释为什么有的人会"其言不讱"，想到什么张口就说，不管自己能不能做得到，随口承诺。因为语言、文字能够给人带来幻想的快乐，当我们把内心的期望说出口，就会联想到自己已经实现了。我们不经意间把语言和现实融合在一起，这就是很多人爱说大话、爱逞口舌之快的重要原因。

对应孔子之前所说的"克己复礼为仁"，我们可以得出修炼自己的一个关键方法，即管好自己的大脑，不能任由大脑支配。人人都免不了想要吹牛，当我们希望别人高看自己一眼，想要把自己吹嘘一番时，应该停一下想想看，自己正要说出口的这句话，将来能不能真的做到。

司马牛并不觉得"其言也讱"有什么了不起，孔子也没有正面反驳他，孔子只是告诉他，"其言也讱"是仁者的基本行为，即便做到了这一点，还远远达不到仁的境界，但至少可以在通往仁的路上前进一步。这也是孔子针对司马牛的性格提出的劝诫，毕竟司马牛"多言而躁"。

希望我们在下次忍不住夸下海口、轻易许诺之前，先想想孔夫子的这句提醒。

君子不忧不惧： 此心光明，亦复何言

司马牛问君子。子曰："君子不忧不惧。"

曰："不忧不惧，斯谓之君子已乎？"子曰："内省不疚，夫何忧何惧？"

既然仁的要求那么高，司马牛就想先学会怎么做君子。

孔子说："君子不忧不惧。"

这时，司马牛习惯性地追问道："不忧不惧，斯谓之君子已乎？"意思是，只要做到不忧虑、不畏惧，就是君子了吗？

生活中，很多眼高手低的人往往就像这样，当被告知要去做某一件事情时，他们总会把这件事情的目的拔高，第一时间追问做好这件事的意义是什么，能不能达到自己的目标。但我们不去做，又怎么能切实地看到成果呢？

司马牛继续追问孔子，可能是觉得孔子的回答有些敷衍，觉得孔子给出的方法太简单了。

孔子真的是在敷衍他吗？当然不是。

我在"樊登读书"分享过一本书叫《扫除道》。作者键山秀三郎就是用"扫厕所"这一招，实现了对公司进行全面而细致的管理，并且一扫就是五十年。

扫除这个行为可以说再简单不过了，但它带来的影响是巨大的：创立公司最初的十年，扫除是键山一个人在干；快二十年时，很多员工开始帮键山打扫卫生，并且还顺便打扫了公司邻近的道路；二十年后，扫除成了一项特殊的研修活动，很多外部人士也参与进来了；三十年、四十年后，日本全国各地设立了"扫除学会"，整个社会兴起扫除之风，甚至扫除还成了日本一种维护治安的治国之策。

其实，我们要解决生活中一个看似很宏大的问题，有时候只需要一个小小的抓手就够了。

我有一次被邀请参加一家世界五百强的石油公司的年会。这家公司的抓手很简单，就是安全。年会上，从总经理到基层员工，每个人上台讲的都是关于安全的话题。我当时不理解，为什么不讲KPI、不讲销售额、不讲产品运营模式、不讲未来的蓝图，只讲安全？安全有什么可讲的呢？但实际上，对于这家体量庞大的企业来说，只要公司的安全指数不断上升，品质和销量就会不断地上升，所以追求安全，就是最重要的抓手。

我们不必在一开始就追求太高、太远、太复杂的目标，往往单一指标的改善就会带来全局的改善，"天下大事，必作于细"就是这个道理。

如果一个人的脑海里全部都是大目标，意味着这个目标是缥缈的。当你每天只想着做一个了不起的人，只想改变世界，你该从哪儿着手呢？所有伟大的目标，都要先找到一个小的切入点，再一寸一寸地往前推进。

孔子给了司马牛一个切入点，但司马牛觉得这个点太小、太简单了，于是产生了疑问。

孔子为什么希望司马牛"不忧不惧"？因为司马牛内心不安定，经常惶恐而忧虑。司马牛命途坎坷，他有三个兄弟都在宋国作乱，他不认这些兄弟，孤身跑到鲁国跟随孔子学习。去国怀远，兄弟反目，他有忧惧的情绪，也是可以理解的。

孔子先提醒他要不忧不惧。当司马牛再次质问后，孔子还是没有正面回答，只是说："内省不疚，夫何忧何惧？"当一个人在自我反思时，问心无愧，他还有什么可忧惧的呢？

这就如同王阳明在临终前，有人问他："先生，还有什么话要交代？"王阳明说："此心光明，亦复何言。"我的内心是光明的，坦坦荡荡地来，坦坦荡荡地走，再没有其他要说的话了。

想要做到坦荡荡，就要"内省不疚"。想想看，我们每天所忧惧的事情：别人会怎么对我，别人会怎样评价我，别人会不会怨我……

所谓"内省不疚"，就是哪怕我在做事情的过程中，有可能会伤害到一些人，有可能会顾虑不周，有可能会犯错，但我有我的底线，我有我的道德准则，我愿意承担这样做的结果。"内省不疚"绝对不意味着完全不犯错，而是代表着你心中有良知，能够知道自己的出发点是善意的，并且愿意为自己所做的事情负责。

当一个人在做事情时能对得起自己的良心，就不至于每天担惊受怕。担惊受怕的根源在哪里？源于内心缺乏原则，缺乏自我评判的一杆秤，对事情的看法都取决于外界的反馈：领导怎么看，同事怎么看，客户怎么看，朋友怎么看……忧惧就会无穷无尽。

建立自己内心的道德准则，这也是批判性思维的核心。《思辨与立场》认为，批判性思维的核心并不是批判他人，而是拿一套工具来审视自己的思维，审视自己的良知，审视自己所做的事。

我觉得孔子如果生活在今天，一定会非常喜欢《思辨与立场》这本书，因为这本书把孔子提出的思想和原则变成了可以操作、可以量化、可以一步一步实践的工具。西方的工具可以帮读者达到东方的境界。

综上，"不忧不惧"不是"我胆子大，什么都不怕"，而是带着批判性思维去内省，让自己问心无愧，半夜敲门心不惊。

君子何患乎无兄弟也：以豁达的态度面对人生

司马牛忧曰："人皆有兄弟，我独亡。"子夏曰："商闻之矣：死生有命，富贵在天。君子敬而无失，与人恭而有礼。四海之内，皆兄弟也——君子何患乎无兄弟也？"

司马牛非常忧愁地感叹："大家都开开心心地和兄弟在一起，而我一个兄弟都没有，孤身一人。"

司马牛的三个兄弟在宋国造反，他没有参与其中，独自跑到了鲁国跟着孔子学习。很多时候，他都会感觉到忧虑，既羡慕别人兄弟有爱，也怀念自己的家乡。

子夏就是卜商，他说："我听过（有人猜测应该是听孔子说），死生有命，富贵在天。"一个人总满腹忧虑是没有用的，这是由天命决定的，天命给你多少，你就能得到多少。

我们看一些比较早的香港电视剧时，经常听到一些闯江湖的人把"死生有命，富贵在天"挂在嘴边，而这其实是一种误用，将这句话用到了极端，有了"毫无顾忌，想干什么就干什么"的意味。"君子居易以俟命，小人行险以侥幸"，这些以歪门邪道追求利益的人，并不懂什么叫"生死有命"。

这里涉及对度的把握，子夏并不是真的认为一切都由天命决定，而是希望司马牛的心中稍微有一点天命的概念，明白有些事情是我们自己不能左右的，就可以把心放宽一些，减少焦虑。

其实，孔子说的很多话，我们都要加上应用的尺度，如果尺度把握不好，就会过犹不及。一个人过度小心谨慎，终日喟然叹息，什么都不敢尝试，就是"不及"。但如果变成了黑社会的那种随时敢去拼命的状态，就是"过"，两者都不对。

我们要知道世界上有些事是个人不能完全掌控的，忧虑是没有用的，能够理解到这一层，让自己豁达一些，这句话就能对我们产生正面的影响。如果我们过度解读这句话，认为一个人做什么事都是理所应当的，都是上天安排的，从因果循环的角度来说，你所做的一切，终将回报到自己身上。

"敬而无失"的"敬"是谨慎的意思，就是尽量不出错；"与人恭而有礼"，就是交朋友要能够更加细心一点，讲究周到的礼数，推己及人。

我们可以联系上文来理解子夏的话：虽然"死生有命，富贵在天"，但我们个人能做到的是"君子敬而无失，与人恭而有礼"。

"四海之内，皆兄弟也——君子何患乎无兄弟也？"只要一个人能够做到"敬而无失"，与人"恭而有礼"，那么"四海之内，皆兄弟也"。

《他人的力量》一书中讲到，友情在这个世界上是非常重要的一样东西。孔子经常强调"君子求诸己"，他希望我们能努力向内找，把自己做好。但如果一个人只是一味地在自己身上找问题，其实会错失很多能让人真正得到提升的机会。

我们的生活有着很大的随机性，这种随机性很大程度上就源于你交到了一个好朋友，他可以把你带入一个你未曾接触过的世界，让你了解一个新的领域。朋友是我们立足于社会的重要支柱，有时候，能够给你最大帮助的人，未必是联系紧密的兄弟、发小，而是稍微疏远一些的朋友，他们可以为你带来新的思路，让你的人生有更多的可能性。

"君子何患乎无兄弟也"，一个人能够真正做到君子的状态，怎么会担心自己没有兄弟呢？这是子夏对于兄弟的看法，他希望能够帮到司马牛。

也希望这句话能够帮到大家，让我们以更开阔、更豁达的态度来面对外界。

浸润之谮，肤受之愬，不行焉：小心"枕边风"

子张问明。子曰："浸润之谮，肤受之愬，不行焉，可谓明也已矣。浸润之谮，肤受之愬，不行焉，可谓远也已矣。"

这句话虽然很拗口，但真的非常重要。

子张曾经问过"干禄"，他特别想当官，所以问孔子从政、挣俸禄的方法。

有一天，子张又来问孔子什么叫明智，或者说，一个人怎样才能变得更加明智。

孔子说，如果你能够做到，受到"浸润之谮，肤受之愬"，也不轻易地做决断，不随便地去行动，这就叫作"明"。

"浸润之谮"，指的是像水一样渗透在你身边的谗言。

人和人之间极难控制的一件事情就是主观的推理。为什么"枕边风"特别可怕？因为吹"枕边风"的是我们最亲近的人，他会对我们的决策产生潜移默化的影响。比如，老板的太太总说"你公司的小张真不行"，一开始老板可能觉得"你懂什么，你又不是我们单位的"。如果太太还是经常有意无意地对小张做负面评价，用一件件小事来描绘小张的负面形象，这就叫作"浸润之谮"，像水一样，一点点地渗透到老板的大脑里。老板时常听到小张的坏话，很难不受影响。假如有一天，小张在工作上出现了一个失误，哪怕这个失误很小，老板都会觉得"还真像我太太说的，这人不行"。这就是"枕边风"的厉害之处。

"肤受之愬"，是指贴近肌肤、让人能够有感受的诬告。

比如有人对领导说，小张的人际关系不行，然后揪住小张的行为细节，说他跟您相处都能这样偷奸耍滑，他对别人更不可能真诚，这就是"肤受之愬"。即便这个领导平时对小张的印象还不错，也难免被误导，因为我们的大脑本身就喜欢进行简单的推理和归纳，哪怕对方是用一些完全经不起琢磨的例子去诋毁小张，领导也会受到影响，似乎是自己亲身感受到了小张的种种不好。

关于这种简单的归纳和推理，在《弹性》一书中有详细的论述。书中有一个实验：实验者给被实验者展示了一种颜色，然后对第一组被实验者说这是蓝色，对另一组被实验者说这是绿色。接下来，实验者给被实验者一种介于蓝色和绿色之间的颜色，再问他们这是什么颜色。有趣的事情发生了，当看到一个模棱两可的颜色时，刚刚被告知是蓝色的被实验者更多地选择了偏蓝，刚刚被告知是绿色的被实验者则更多地选择了偏绿。

这是一个心理学的实验，这个实验说明，我们的决策会受到外界信息的影响。我们也可以以此推论，对于你曾经并不相信的话，如果有人总在你耳边重复，终究会影响你的判断。

我们可以从正面来理解这句话，你每天多听点不同的意见是有好处的，从各个角度获取丰富的信息，会让你避免偏听偏信。

但放在《论语》这段话的语境中，这句话是很可怕的。我们不妨问问自己，你能受得了"浸润之谮"和"肤受之愬"吗？一个领导再明智，都不可能把自己的大脑武装得"密不透风"。我们难免会受到谣言的影响，无法让自己的大脑不再进行主观推理，也无法停止臆想。

我觉得孔子的表达实在是精妙，"浸润之谮"和"肤受之愬"这两个词准确而生动地描摹出了我们被他人的语言所影响的内心状态。

我在讲关于领导力的课时，会建议领导者在做出任何一个决策之前，一定要问自己一个问题：这有没有可能只是自己的一个推理？只要向自己提出这个问题，就会减少一大半的决策风险。在生活中，我们也可以常常把这个问题抛给自己，因为我们生活中大量的烦恼，都是推理出来的，比如觉得某个人是坏人、觉得领导是针对自己、觉得合作方心怀鬼胎、觉得朋友话里有话……

"浸润之谮，肤受之愬，不行焉，可谓远也已矣"，孔子又强调了一遍，做到这一点，不仅仅是明智，还意味着有远见。

大善是无情的，把情感里掺杂的东西去除，不要让自己脆弱而情绪化的大脑那么容易受到周围风吹草动的影响。作为一个领导者，要格外小心你身边的司机、秘书、太太对人、事、物的评价。周围人的态度像水一样浸透在你身边，很有可能会影响你对一个人、一件事情的判断。

自古皆有死，民无信不立：信任是管理的基础

> 子贡问政。子曰："足食，足兵，民信之矣。"
>
> 子贡曰："必不得已而去，于斯三者何先？"曰："去兵。"
>
> 子贡曰："必不得已而去，于斯二者何先？"曰："去食。自古皆有死，民无信不立。"

这段对话中有一句名言，叫"民无信不立"。

子贡问孔子怎样治理政事，如何管理国家。

孔子说："足食，足兵，民信之矣。"一个国家要想治理好，粮食得充足，让大家有饭吃；军队要强大，这样才能维护国家的尊严，保护好老百姓的利益。做到这两点之后，还要保证老百姓对政府有足够的信任。做到以上三条，政治就算得上清明了。"足食""足兵""民信"是一个国家得以稳定向前发展的"三驾马车"。

子贡接着问了一个限制性条件的问题：如果一个国家因为现实条件不允许，无法同时做到"足食""足兵""民信"，在迫不得已的情况下，需要减少这"三驾马车"中的一驾，哪一个可以去掉？

孔子说，可以先去兵。如果国家经济条件不允许，必须缩减经费，那就缩减军备的经费。无论如何，也要让老百姓吃饱饭，让老百姓相信政府。

子贡又问，假如真的穷途末路，连这两者也要舍弃一个呢？

孔子说，宁肯吃不饱，也要让老百姓相信政府。因为"自古皆有死，民无信不立"。

有人解读这句话，觉得太残酷了，孔子说哪怕饿死，也一定要保护政府的信用度，这未免太不顾及老百姓的生死。

其实不然。想想看，当一个国家面临危难时，可以先"去信"吗？

如果先去掉政府的信用，并不能对局面有任何改善。因为"去兵""去食"是物质层面的，是可以节约成本的，但"去信"不能够节约成本，不能改善经济上的困局，这是第一个方面。

第二个方面是，"去信"必定会导致人民内心惶恐，天下大乱，民变四起，群盗蜂拥而至，即便此时有兵有食，老百姓的日子也是过不下去的。

因此，孔子给出的建议，哪怕从现在来看，也是没有问题的。

我们可以联想2008年全球爆发金融危机，大量的银行即将倒闭，老百姓产生了彻底的恐慌，因为银行一旦倒闭，就意味着大家存在里面的钱得不到保障了，那就天下大乱了。

当时的美国，很多银行到了倒闭的边缘。虽然大量的人提出反对，但当时担任美国总统经济复苏顾问委员会主席的著名经济学家保罗·沃尔克还是站出来，极力说服国会，让国家出钱救银行。从道理上说，银行自己经营不善，为什么还要拿纳税人的钱去救银行？因为银行主要的产品是信用。人们为什么不把钱放在家里，而放在银行？因为银行值得信任。假如银行宣布倒闭，就意味着整个国家的银行信用体系崩塌了，之后所引起的连锁反应是其他金融机构都无法承受的，最后甚至可能令整个国家破产。这是美国当时的情况。

子贡的问题比较极端，这是一个思想实验。孔子认为，如果必须删除一个条件，可以减少军备的投入，这样也不够，那就在食物上减少一些；但无论如何，国家的信用不能没有，否则，有再多的兵，有再多的粮食，也没有用。

"自古皆有死，民无信不立"，这是一句多么有力量的话。

虎豹之鞟犹犬羊之鞟：论外在修养的重要性

棘子成曰："君子质而已矣，何以文为？"子贡曰："惜乎，夫子之说君子也！驷不及舌。文犹质也，质犹文也。虎豹之鞟犹犬羊之鞟。"

棘子成是卫国的大夫。有一天，棘子成与子贡聊天，他说："君子质而已矣，何以文为？"

我们曾讲过"质胜文则野，文胜质则史。文质彬彬，然后君子"。"文"是指一个人的外在表现，比如谈吐和举止是否得体，讲不讲礼貌，穿着是否整洁；"质"是指内在，看一个人有没有内涵，有没有丰富的知识、学养，道德修养如何。关于文和质的讨论，在《论语》中始终是一个重要的命题。

棘子成说，一个人只要有足够好的内涵，外在就不用装样子了，外在的装饰都是浪费。在当时很多人的心中，儒家的形象就是这样，戴着帽子，穿着礼服，讲究作揖，一言一行、一举一动都格外谨慎。比如在《论语·乡党》中，孔子上殿时怎么走，退朝时怎么走，乘车时要注意什么，怎样吃饭，居家和外出如何着装……衣食住行全都有细致的规定。当时的很多知识分子觉得这样太烦琐了，老百姓更觉得烦，除了婚丧嫁娶要找作为"小人儒"的儒生之外，平常不爱和儒家打交道。

子贡的修养没有孔子那么好，说话没有孔子客气，他回应棘子成的这句话有些狠，他说："惜乎，夫子之说君子也！驷不及舌。"

子贡对身为大夫的棘子成说："可惜啊，像你这样的夫子，竟能够这样说君子。""驷不及舌"类似于我们常说的一个成语——"一言既出，驷马难追"，意思是你的舌头随便一弹，把一句话说了出来，四匹马拉的车都追不上，后悔都来不及了。

子贡的意思是，你不用再解释了，因为你的境界他已经知道了，多说无益。这确实是骂得有点狠。

但子贡还是接着解释外在修养的重要性，他说："文犹质也，质犹文也。"如果把文当作酸文假醋，内在空虚却一味地追求外在，那可能真的没什么意义。但是子贡认为，文不是假装，而是一个人由内而外所生发出来的良好素养。文跟质其实是一回事，是紧密关联的。外在的表现，是一个人内在的反映。文跟质本身并不是矛盾和对立的，而是共生的。

一个人举止谨慎，语言适宜，着装得体，都是缘于内心对别人的尊重。我们如果重视与他人的交往，去拜访别人的时候总不会衣衫不整吧？子贡的讲法是很有道理的。

最后一句"虎豹之鞟犹犬羊之鞟"，"鞟"是指去毛的兽皮。虎豹的皮毛当然比犬羊的皮毛昂贵，但是如果两者都把毛去掉，当它们被放在一起时，就分辨不出哪个是虎豹的皮毛，哪个是犬羊的皮毛了。虎豹皮毛上的斑纹可以向人们展示它的内在，谁能说这个纹路是没有价值的呢？

如果虎豹的皮毛和犬羊的皮毛我们无法分辨，结果会怎样？会导致社会的交易成本陡升。我们没法判断一个人是什么来路，有没有学问，能否接受重要的任命，因为他只有质，没有文，内在跟外在不一致，我们很难通过某个具体的方式来衡量他的品质和能力。那么，这个社会运转起来将会非常困难。

除非一个人并不想融入这个社会。比如庄子，他是一个隐士，他不在乎外在的纹饰，只喜欢与自然相处，甚至比起被供奉在庙堂，更愿意做一只在泥巴里自由自在打滚的乌龟。当一个人不想踏入社会，不愿意跟别人交流时，有质无文也无妨。

但我们需要去跟别人合作，而且要让别人认识你、了解你，你才有机会好好做事。

如何做到这一点？虎豹之鞟与犬羊之鞟必须有区分，而最简单的分辨方式就是看皮毛，看它外在的斑纹。

棘子成的说法，代表着世人对儒家的质疑。子贡在这一点上非常敏感，一提起这件事，子贡就生气，因为对儒家不理解的人太多了。他不留情面地批评了棘子成。

我要补充的一点是最后一句话的标点，我个人认为句号可能会更加合适，因为这句话是子贡的陈述。当然，中国古书没有标点符号，这只是我的猜测。

百姓足，君孰与不足：管理国家的底层逻辑，是藏富于民

哀公问于有若曰："年饥，用不足，如之何？"

有若对曰："盍彻乎？"

曰："二，吾犹不足，如之何其彻也？"

对曰："百姓足，君孰与不足？百姓不足，君孰与足？"

有若是孔子的弟子，长得跟孔子有些像。鲁哀公有一天问有若："年成不好，

大家没饭吃，用度不足，这时候该怎么办？"

"用不足"之前没有主语，鲁哀公没特指是谁用不足。

有若对曰："盍彻乎？""盍"是古语中很常用的疑问词，同"何不"，有若是给鲁哀公出主意，说何不用"彻"这样的税法呢？

"彻"是一种税法，指的是十分抽一税，也就是百分之十的税收比例，比如打下来1000斤粮食，交100斤粮作为税。有若说，如果有年饥，那就减少赋税，收一成税就够了。

鲁哀公说："二，吾犹不足，如之何其彻也？"

到这里，我们才知道有若把鲁哀公的意思理解错了。鲁哀公说："我平常收两成都不够用，你怎么能让我只收一成的税呢？"

原来，鲁哀公说的"用不足"不是针对老百姓，而是他自己的钱不够用。

如果是孟子听到这句话，一定会据理力争，孟子的思想跟有若其实是一样的，他经常劝国君少收税。

有若脾气还比较好，他说："如果老百姓能吃饱饭，手里的钱多了，国君怎么会没钱花呢？假如老百姓手里没钱，国君的钱又从哪儿来呢？"

这就是"藏富于民"。

国家和百姓的关系是儒家经常会讨论的一个论题。减税对于刺激经济是有好处的，钱到了老百姓手里，它的周转速度会比藏在宫廷里快得多。百姓富起来了，君王又怎么会没钱呢？

比如社会上的巨富，他们拥有大量的金钱，而这些钱个人是消费不完的，他们如果把钱变成一个账户的数字存起来，整个社会的"景气指数"就会降低。尤其在古代，没有发达的金融业，比如宋徽宗有那么多的钱，全都用来建他的园林了，老百姓之间没有钱可流通，更没有途径赚到钱。如果这些钱留在小商小贩手里，钱的利用率会高很多倍，而金钱的流通会带来经济的繁荣，大家有了更多的方式去做交易，去赚钱。

拿当时的鲁国来说，一旦老百姓收成多了，手头宽裕了，国家的"蛋糕"就更大了。虽然国家今年的税减少了，但是只要给老百姓休养生息的机会，明年大家的收入就可能翻上几倍，哪怕这时税收比例再低一些，整体的税收也会更高。

这个道理很容易理解，只是很多国君急功近利，不肯如此做。

有若从一个纯朴的经济学家的角度与鲁哀公对话，而鲁哀公的问法，则显示出他是一个自私自利的君王。

这是特别有趣的一段对话。"用不足"没有主语，所以引发了一系列的矛盾。假如这个对话是对于真实事件的记录，那我们就知道当时的很多诸侯国为什么灭亡了，因为国君心中根本没有想过老百姓怎样才能够活得更好，他心中想的是自己如何过得舒坦，如何建立"酒池肉林"。

《丝绸之路》里讲到美国为什么要搞独立战争，导火索其实很简单，就是因为英国人在殖民印度时，把印度治理得一塌糊涂，导致印度开始闹大饥荒，收不上来税了。在印度收不上来的税，英国人要从美国身上补回来，结果导致美国人闹独立。

如果一个领导者自私而短视，只是觉得国库需要多少钱，就要收多少税，最终的结果是整个国家的"饼"变得越来越小，甚至会出现社会的动荡。

无论何时，一定要照顾到老百姓的利益，这是作为一个国君最起码的责任。

爱之欲其生，恶之欲其死：情感偏激会带来什么后果

子张问崇德辨惑。子曰："主忠信，徙义，崇德也。爱之欲其生，恶之欲其死。既欲其生，又欲其死，是惑也。'诚不以富，亦只以异。'"

子张问孔子，什么叫"崇德"，什么叫"辨惑"。

"崇德"是与自身修养有关的，即一个人如何遵崇德行，或者如何带动更多的人遵崇德行。"辨惑"是指如何去分辨人生中令人疑惑的问题。当有些事分辨不清时，就会让人频繁地陷入痛苦中。

子张的性格特点是做事雷厉风行，说干就干，但他有时候思想会有些偏激。

孔子说："主忠信，徙义，崇德也。"

"主忠信"，是以忠信为根本，将忠信作为做事的原则。

"徙"是转移的意思，"徙义"就是依据义来进行改变。孔子曾说"义之与比"，也是类似的意思，就是人不能僵化，如果一个人崇德，但只是完全照本宣科、僵化地崇尚德行，是不可取的。比如在古代，男女自由相爱，但没有经过媒妁之言，家族感觉蒙羞了，甚至要把这对年轻人处以死刑。这样极端而僵化的礼法，根本不是孔子所提倡的。

很多人把礼变成了教条化的宗法，变成了约束人的枷锁，正是因为忘记了"徙义"。我们不仅要坚持忠信的原则，还要按照实际情况尊重它的变化，要判断一件事是否合乎于义。孔子从来不会斩钉截铁地认为自己是绝对正确的，哪怕忠和信这样的美德，如果不考虑是否适宜，在孔子看来也是小人行径。比如，一个人如果去跟土匪、强盗讲忠信，那他就是小人。

真正崇尚忠信的人，既要有基本的立场和底线，同时也需要有灵活性，要因时而变，因地制宜。

接下来，孔子说："爱之欲其生，恶之欲其死。既欲其生，又欲其死，是惑也。"

这句话揭示了人们痛苦、拧巴的原因。爱一个人的时候，爱得要命，觉得对方哪里都好，希望把最美好的祝福都给对方。但一旦恨起来，就想立即叫他死，恨不得要毁了他。很多恋人爱的时候死去活来，一旦分手，就要将对方的一切曝光，当初爱得多么激烈，分手时就会多么不堪。

在同一个人身上呈现出这种"既欲其生，又欲其死"的矛盾，是因为你在判断一个人时，只是以自己的情感为中心。你判决一个人的生死，根本不是取决于他对社会的价值，而是取决于你喜不喜欢。你高兴就让他活，你不高兴就让他死。他对你好，他就是好人；他对你不好，他就是坏人。当你以自己的情绪和情感为出发点，来决定自己对待他人的态度时，就远离了批判性思维，远离了公正和公允。

如果这样，一个人就会陷入困惑，陷入哭闹，因为他没有原则，只是自私地考虑自己的喜好。

最后一句"诚不以富，亦只以异"看上去与前文关系不大，因为这句话引自《诗经·小雅》中的一首怨妇诗的最后两句。这两句诗的意思是，你离开我、抛弃我，不是因为她家比我有钱，只是因为你的心变了。

孔子为什么在说完"爱之欲其生，恶之欲其死"之后，引用了两句怨妇诗？因为我们对一个人由爱到恨的变化，就如同弃妇怨恨前夫一样。好恶太深就容易迷惑，判断一件事情没有基本的公允标准，全是来自自己的情绪。

孔子说这句话，其实映射了子张的性格。子张容易偏激，情绪一上来，就不顾后果地去行动，这使他很容易陷入迷惑之中。等到情绪平静下来，或者对某个事物、某个人有了不一样的感受，他就可能出现与之前完全相反的行为，这就叫作"惑"。

在生活中，有很多人总是在关系中纠结、痛苦，导致反目成仇、同床异梦、爱恨交织……核心就在于人们不能够公允地对待自己和他人。

如果我们对他人的判断，不是完全建立在自身好恶的角度上，或许这一切都能避免。

君君，臣臣，父父，子子：正确的关系，是各安其位

　　齐景公问政于孔子。孔子对曰："君君，臣臣，父父，子子。"公曰："善哉！信如君不君，臣不臣，父不父，子不子，虽有粟，吾得而食诸？"

　　孔子在《论语·季氏》中说"齐景公有马千驷，死之日，民无德而称焉"，意思是齐景公财力雄厚，马匹很多，但老百姓依然不喜欢他，不觉得他有什么可被称颂的。齐景公的形象在孔子眼里并不好。

　　齐景公问政于孔子，被考证大约是在孔子三十五岁的时候。

　　孔子的回答是"君君，臣臣，父父，子子"，这就是过去"三纲五常"中的"君为臣纲、父为子纲"。"君君，臣臣，父父，子子"，第一个"君"是名词，第二个"君"是动词，"臣""父""子"与此相同。

　　这句话的意思是，君要像君的样子，臣要像臣的样子，父要像父的样子，子要像子的样子。

　　用一句话概括，叫"各安其位"。在我们的生活中，家庭关系就该遵照这个规则。很多读者经常苦恼地和我倾诉，说父母很多事情都做得不对，不知道怎么才能改变他们。我总会告诉他们，不要管父母的事，因为如果孩子去管自己的父母，这个家就会陷入"君不君，臣不臣，父不父，子不子"的状况，家的秩序就错乱了。

　　如果孩子像批评一个小孩子一样去批评自己的父亲，父亲就会变得越来越弱。父亲会逐渐变得跟小孩子一样，想成为一个被照顾的对象，就会犯更多的错误。健康的家庭秩序是父亲有父亲的位置，孩子有孩子的位置。父亲应该是

大的，孩子应该是小的。作为晚辈，我们要做到"父母唯其疾之忧"，父母只要不生病，孩子就不要那么操心，不要总是去干涉父母的事。

孔子为什么要跟齐景公讲"君君，臣臣，父父，子子"？齐景公已经失政了，出现了"田氏代齐"的端倪，即齐国的大权即将旁落在国君的家臣田氏的手里。

虽然在齐景公之时，齐国的权力还是在姜姓手里，但齐景公已经感受到了这方面的危机。所以听到孔子说"君君，臣臣，父父，子子"，齐景公觉得了不起，觉得孔子是知音，因为他内心深有感触。他说："如果君不能够坐在君位上，臣不像臣子应该有的样子，父亲不能像父亲那样，儿子不能够像儿子那样，就算国家再富有，有再多的粮食，我也吃不着啊！"

他已经预见了自己家族的未来，同时，他在父子关系上也遇到了类似的问题。齐景公没有嫡子，他的儿子都是庶出的，所以他迟迟不立继承人。没有太子的结果就是多个庶子不断地争斗。齐景公切身体会到了什么叫君臣的关系不对位，父子的关系也不对位。

我们现代人听到孔子的这句话会觉得他有点迂腐，我们在生活中一定要这样规规矩矩的吗？但如果你读过一些心理学的书籍，尤其是了解过家庭关系的规律，你就会发现这句话有一定的道理。

在家庭中，每个人都要扮演自己的角色，要待在自己应该待的位置上，而这是非常重要的。父亲要让自己拥有父亲的威信，就要做到父慈子孝。如果一个父亲天天发脾气，就是把自己变成了小孩子，因为大喊大叫绝不意味着权威，相反，他意味着一个人内心像孩子一样不成熟，容易失控。当"父不父"的时候，"子就不子"了，所以儿子长大了以后就会叛逆，跟父亲对着干。

"君使臣以礼，臣事君以忠"，代表着良好的君臣关系。如果君不像君，不做一个领导该做的事，而是去跟下边的人争利，沉迷于玩办公室政治，热衷于搞派系斗争，他就无法树立领导者的威严。那接下来，臣子也不可能好好地做臣子了，他会以私利为重，受野心的驱使，想要谋反，想要篡位，想要另立门户……一切混乱局面，都是双方互相激荡的结果。因此，君臣父子的关系是很重要的。

这个道理，在今天家庭关系和公司管理中，都有着一定的积极意义。

子路无宿诺：子路的断案能力

> 子曰："片言可以折狱者，其由也与？"
> 子路无宿诺。

这段故事里产生了一个成语——片言折狱。

直到今天，我都没有确定片言折狱到底是好事还是坏事，我们只能依据不同的情况来判断，或者，可以从不同的角度去理解它。

什么叫"片言"？两方争论请你评理，如果你只听了几句话，这几句话就叫作片言。

"折狱"就是断狱。片言折狱，指的是只听一面之词，或者听两方说几句话，就把案子断了。

孔子说"片言可以折狱者，其由也与"，意思是能够做到片言折狱的人，可能也就是子路了，子路总是只听一半的话就把案子给断了。

"子路无宿诺"，这句话不加在引号里是对的，因为孔子提到子路时，只会称呼他"由"。"子路无宿诺"的意思是，子路说一不二，承诺别人的事立刻就能够办到。

这里存在两种可能：一种可能是子路承诺别人的事，立刻就会去做，行动力很强；另外一种可能是子路的威望很高，任何矛盾只要由子路来调停，大家就会立刻照做，当晚就能得到解决。

由"子路无宿诺"这句话往前推论，片言折狱是一件好事。因为孔子是一个以息讼为目标的人，希望大家都别打官司，因为打官司会占用大量的公共空间和社会资源。如果有一个人可以通过较少的信息，只听一半的话，就能把案子断了，说明此人能力很强。并且，子路能够做到"无宿诺"，说明他威信高，他所断的案子双方都愿意接受。

但是从我们今天法治社会的角度来看，片言折狱肯定是不行的。如果你遇到的是子路、孔子、狄仁杰、包拯，这似乎是可以的，但假如我们把片言折狱作为评断一个法官是否明智的标准，那每一个法官都会去追求片言折狱，只听片面之词就把案子给断了，那未免太轻率了。

我们读《白鹿原》就能够理解，在过去的宗法社会中，一个像子路这样断案子的人判断一件事，靠的是信任，是威望，是良心。因为当时人少，地方小，矛盾少，大家的诉求简单，人与人之间的矛盾形式也都很单一，前面有大量的案例。在这种社会环境下，一些有名望的老人家说的话一般是管用的。

但是到了今天，人与人之间的矛盾更为复杂，新情况层出不穷，此时，如果法官还是片言折狱，就会出问题。所以，我们才提倡依法治国，现在的每一个案子，都要一层一层、抽丝剥茧地厘清事实真相。另外，片言折狱是一个不太好用的词，用它来造句也不太容易，在现在的法制社会也很难行得通。

孔子在这里想表达的，也许是子路办事能力很强，决断力很强，威望也很高。尤其是最后一句"子路无宿诺"，让我们能够明确这是一句夸他的话。如果没有这句，那么孔子的话到底是褒是贬，我还是存疑的。

必也使无讼乎：学会进行"第3选择"，减少矛盾和争辩

子曰："听讼，吾犹人也。必也使无讼乎！"

前文孔子说子路片言折狱。此节，孔子说到自己。

孔子当过鲁国的大司寇，大司寇相当于当时的最高法院院长，是很高的一个级别。孔子每天要"听讼"，听别人来他这里吵架、辩论，争哪方有理。

孔子说："关于'听讼'这件事，虽然我做过大法官，但我断案能力一般，跟普通人相比并没有什么出奇之处。在做大司寇的时候，我的目标是没有人打官司。"

孔子的愿景是天下息讼，整个世界的官司越来越少才好。

这太难了。尤其在当代社会，不太可能做到无诉。孔子提出的这句话，也体现了他的人生选择，这是他作为教育家与法家的不同。如果让韩非子来面对"听讼"，他会凭规矩办事，不看人情，只讲法条。秦国就是靠法家，如商鞅、韩非子、李斯这样的人治理起来的。

孔子希望天下无讼，所以他成了教育家。法家凭法律办事，而教育家选择规劝。在《第3选择》这本书中，我们看到了作者史蒂芬·柯维的愿景。史蒂芬·柯维在书中讲到，联合国有一个大使曾对他说，假如全世界所有的大使都读过他的这本书，联合国里就不会有人吵架了。所谓"第3选择"，就是让每个人都能够站在对方的立场思考，都能够后退一步，达成一个更公允的目标。彼此认可后，自然就不会再争辩了，这就叫作"必也使无讼乎"。

如果我们想成为一名教育家、一名外交家，或者任何一个以沟通、谈判为

事业的人，甚至一家企业的CEO，我们的目标当然是希望少打官司，虽然这很难做到。

无讼，是孔子的理想，也是我们应该努力追求的。希望我们可以尽量减少与他人的矛盾和冲突，哪怕做不到无讼，也至少不要动不动挑起官司。

居之无倦：警惕"思维的惯性"

子张问政。子曰："居之无倦，行之以忠。"

这是一句很简洁的话。

子张来问孔子如何为政，孔子只说了八个字："居之无倦，行之以忠。"

"居之"就是为官，"居之无倦"就是为官不疲倦、不懈怠。为什么无倦很重要？一个人刚刚当官的时候，状态是非常积极的。初入官场，手里有了责任和权力，心中有抱负，他会很认真地去对待每一件事情，会带着批判性思维，理性地做决策。但是一个人当官太久，一生在官场里，见的事情太多了，就可能凭着惯性去做事。

我们如何定义一家公司或者一个组织有官僚体系？其最关键的体现就在于组织里的成员完全依照僵化的流程做事，不敢加入自己的理性思考。如果员工只认流程，只依照惯性做事，而不思考一件事情怎样做才是最优的，甚至哪怕明知道会给公司造成损失，还是按照流程办事，眼睁睁地看着公司陷入困境。这就是"倦"。

孔子说"居之无倦"，就是为官者能够不懈怠地主动思考。《论大战略》是一本很有意思的书。书中讲到，像拿破仑这样的人，称得上天纵英才，军事上几乎没有犯过错，甚至与亚历山大和恺撒齐名。在整整十年时间里，拿破仑率军吞并意大利和罗马帝国，占领德意志，攻下奥地利……战功辉煌，一时无两。

然而他最终还是失败了。《论大战略》中认为，导致他失败的，正是他在军事上一路凯歌之后的惯性。拿破仑明知道天寒地冻不适合作战，而且后备军需也跟不上，竟然还是执意攻打莫斯科，导致在冰天雪地之下冻死了那么多的人。

为什么拿破仑会犯这么简单的错误？因为辉煌的战绩让他忽略了现实中存在的种种问题，他开始凭惯性做决策，丧失了对常识的敬畏：到俄罗斯得准备多少粮食？供给线是否跟得上？到了之后天冷下雪该怎么办？……这些都不在他的考虑范围内。

如果是年轻时的拿破仑，肯定知道这些常识。年轻的时候，拿破仑在每一场战役前都会精密谋划，连翻越阿尔卑斯山到意大利一共有多少座谷仓，每一座谷仓能容下多少粮食，他都了然于心，甚至炮兵阵地要布一门炮，还是一圈炮，哪个炮车少了一颗螺钉，他都能够看得到。

年轻的时候，他有着敏锐至极的洞察力，愿意积极地思考，重视每一个关键的细节，但是在经历了无数次战争的胜利之后，他陷入了惯性中，不再谨小慎微，不再殚精竭虑。

这就叫作"居之倦"。

"不忘初心，方得始终"，这句话说得真好。不忘初心就是"居之无倦"。不管一个人在自己的岗位上工作了多少年，换过了多少领导，做了多少事情，完成了怎样的成绩，在做每一件事情的时候，都应该像第一次接触它一样，保持认认真真、恭恭敬敬的态度，谨慎地去完成。"使民如承大祭"，事情才能做好。

"行之以忠"："行之"是做事的原则；"忠"是忠心，是表里如一的意思。这句话与"君使臣以礼，臣事君以忠"的原则是一致的。

在这段话中，孔子告诉子张，在当官的过程中，要能够减少惯性的思维和行为，减少机械化、流程化、官僚化，做事的时候秉承一颗忠心，认认真真地对待每一件事情，而这就是为政之道。

如果你在工作中也时常有倦怠感，希望这句话能对你有所启发。之所以倦怠，往往意味着一个人是在僵化地按照流程做事，而不是用自己的思想和判断力在做决策。

博学于文，约之以礼：做学问的方向

子曰："博学于文，约之以礼，亦可以弗畔矣夫！"

这句话与《论语·雍也》中的一句是一模一样的。后人认为，可能是编竹简的时候出错了，造成了重复。

这句话的意思是，一个人如果只是博学，没有外在条件的约束，很有可能流于放荡，但是如果只是约束而没有博学，又可能会导致太过谨慎，畏首畏尾。

如果能够把这两者很好地结合起来，才是做学问的方向，也是中庸之道。

君子成人之美：美与恶的分界到底在哪里

子曰："君子成人之美，不成人之恶。小人反是。"

这句话的一种理解是："君子成人之美"，是君子要多看到别人好的、进步的地方；"不成人之恶"，就是不要总去批评别人、指责别人。

按照以上的理解，很有可能会曲解孔子的意思，变成类似于"乡愿"的态度，只赞美、恭维别人。但实际上，孔子对于别人做得不好的地方，一向是直言不讳的。

孔子不喜欢"乡愿"，因此这个理解并不合理。

我个人认为"成人之美"的意思是成全、促成。君子要能够促成别人的好事情。举例来说，有个孩子考上了大学，没有钱交学费，如果你有点余力的话，帮他交一笔学费，让他能够上学，这就是成人之美。帮助一个人适应工作，帮助一个人求学，帮助一个人向善……帮助别人去实现美好的事情，都是成人之美。

有人庸俗地歪曲了"君子成人之美"的意思，实际上是没有理解美和恶的区别。比如有人找你行贿，让你帮忙搭线送钱办事情，如果你觉得帮了忙是成人之美，这就是对这句话的误解。如果没有原则，在送礼、行贿、赌博之类的事情上去促成别人，就是成人之恶！

做任何事情，都要分清楚，我们到底是在帮人变好，还是助人作恶。

生活中，有些事情不像我举的例子这样容易判断。比如，经常有人问我："你认识很多人，能不能帮忙给我的孩子找个工作？"我会劝他们说："孩子刚大学毕业，虽然眼下的确艰难一点，但是我们不能帮他找工作。"

为什么呢？因为一旦大人帮他安排了工作，把他塞进一家公司，就是剥夺了孩子对于人生的选择权。在大人的"帮助"下，孩子的主动性会丧失，他会感觉到，他的命运是被你们安排的，他不需要努力，不需要思考和决策。有的孩子甚至会陷入被动攻击的状态中，故意不好好工作，以此去反抗父母对他的控制。

当孩子失去了动力后，就会出现放弃整个人生、放弃自主奋斗的可能性。他在早期失去了体会痛苦的机会，就无法感受到什么是工作，什么是奋斗。父母帮孩子"扫除障碍"看似是帮孩子，实际上是害他。这就能让我们理解什么叫"君子不成人之恶"，哪怕对方是用恳求的态度让你帮忙，如果你发现这件事对彼此都不是真的好，那就要果断地拒绝，不要碍于面子去做，而且要把你的原则讲清楚。

对于亲戚朋友提出来的"给孩子找工作"的需求，我的回应就是鼓励孩子去自己奋斗。如果暂时不顺利，我们可以在经济上救急，但是将选择工作这一抉择留给孩子，不要剥夺一个孩子奋斗的过程。

美和恶之间的分界有时是难以度量的，是需要我们权衡的。

"小人反是"这四个字太有力量了。小人取得一个人的信任的方法是什么？是拉着别人打牌、一起干坏事，用行贿把人拉下水。他们的手段是，只要成为别人做坏事的帮手，关系就搞定了，这就是小人的行径！

如果你对小人说："我们应该一起去做一件了不起的事，做一件有伟大意义的事。"他听到后会畏难、会排斥、会拒绝。

我们要朝君子的方向努力，在对他人伸出援助之手时，要把握的原则是成人之美，而不是成人之恶。

子帅以正，孰敢不正：正直公允是身为管理者的必要条件

季康子问政于孔子。孔子对曰："政者，正也。子帅以正，孰敢不正？"

季康子是当时季氏家族的掌门人，也是把孔子迎接回鲁国的人。

此时，孔子德高望重，但也已经很老了，他在生命的暮年回到鲁国。季康子问他，怎样把政事搞好，孔子说"政者，正也"。为政者，首先要正派。

正派意味着一个人公正、正直，没有多余的私心杂念。达到以上的要求，就能够立得住了。如同孔子说的"为政以德，譬如北辰，居其所而众星拱之"。身为领导，要像北极星一样，稳稳地坐在自己应该处的位置上，周围的人自然会环绕着他有序地运行。

"子帅以正，孰敢不正"，意思是打铁还需自身硬，如果一个领导者想要基层的人都能保持正直、公正，首先自己就得做到正直、公正。

孔子对季康子说的话，听起来有点讽刺的意味，我想季康子肯定是做了一些令孔子不太满意的事情。

我品味这句话的时候，觉得这个答案太过简单。如果一个领导只信服这一个道理，认为只要自己刚正不阿，一切问题都能解决，这未免也太理想化了。实际上，无论是领导一个国家，还是管理一家企业，仅仅靠刚正不阿是远远不够的。一个体系要想变好，靠的是整个体系的力量，而不仅仅是领导的正直。正直和公正，只是领导者将团队管理好的必要条件，并不是充分条件。

管理团队的第一步是建立团队，你需要号召一些成员，让他们信服你。第二步是建立体系，意味着你不再仅仅依靠自己，还依靠一个成熟的体系、制度

来管理团队。第三步是建立文化，意味着你不是只靠体系的力量在管人，还用整个文化氛围在影响和改变大家。这三步，在建立领导力的过程中是很重要的。

如果领导自身不正，那么就算建立了体系，甚至建立了文化，公司也很难真正立得稳。一个人如果内心不正直，是很难隐藏的，他必然会做很多不规范的事情，也无法真正让人信服。

综上，孔子对季康子说的是为政的一个必要条件，他希望季康子做一个正派的人。

苟子之不欲：做好欲望管理

季康子患盗，问于孔子。孔子对曰："苟子之不欲，虽赏之不窃。"

季康子又向孔子请教，他苦于盗贼太多，问孔子怎么办。在古代，盗与贼是两种不同的职业，偷财产的叫作盗，伤人的叫作贼。孔子对季康子说，作为领导者，欲望不要那么强烈。因为领导是老百姓行为的风向标，如果领导的欲望过于强烈，一层一层地渗透，百姓自然也会有不合理的欲望，会争抢不属于自己的东西。

导致这种情况的原因有两个。第一个原因是君王剥夺得太多，比如像鲁哀公那样，觉得自己收两成税还不够用，就会与民争利。与民争利的结果是上下交征利，整个国家会变得混乱，老百姓生活越来越艰难，就会去偷东西，导致盗贼四起。第二个原因是君王的欲望太多，激发了百姓的欲望，人们不再像以前那样纯朴，不再满足于当下，认为只有温饱不够，还想要生活得更奢侈。

在人类历史的发展上，有这样一个案例。古罗马时期，恺撒要求大家不要穿丝绸。因为皇宫里开始穿丝绸，会激发社会上老百姓对于丝绸的渴望，大家都觉得这种来自东方的服饰太美了，也想拥有。白银就会大量地通过丝绸之路流到东方。恺撒只能站出来禁止皇宫穿丝绸。到了大英帝国时期，茶叶、精美的器具随着大英帝国的传播在全世界不断地流行，也使得大量的白银开始流入东方。

这样的历史案例也说明了，君王的行为和态度会引得百姓争相效仿。如果君王欲望太过强烈，自然会激发百姓不合理的野心，最终导致盗贼四起、民生混乱。

君子之德风：美好的品德像风一样抚慰人

季康子问政于孔子曰："如杀无道，以就有道，何如？"孔子对曰："子为政，焉用杀？子欲善而民善矣。君子之德风，小人之德草。草上之风，必偃。"

我经常引用的"君子之德风，小人之德草"这句话就出自此节。

季康子还真是尊敬孔子，他在孔子这里受了那么多的批评，还跑过来问孔子："我想做一个有道之君，那么，我把坏人杀掉，是不是就能跟好人亲近了，这样做怎么样？"

季康子太想获得孔子的肯定了，也太想获得一个好的名声，甚至想出了杀人这招。结果孔子说："你作为当政者，干吗老想着用杀人的方法来解决问题？如果你自己追求善良，追求美好，老百姓也会追求善良和美好。君子的德行像风一样，小人（此处的小人不是骂人，而是指被管理者）的德行像草一样。风刮过来，草自然会随着风的风向倒过去。"

这就是孔子的理念，如同他说的"子帅以正，孰敢不正""苟子之不欲，虽赏之不窃"，孔子对季康子自始至终讲的都是一个道理。

为什么季康子会想到杀人这样极端的手段，而孔子却能云淡风轻地用风和草去比喻这件事情？

当一个人做事情向外用力，总希望改变周围的人和环境时，就会越来越偏激和严苛，也许杀人尚且不足。而当一个人向内用力时，才有可能做到无为而治——做好自己，让自己成为德行的楷模，身边的人自然就会改变。接着，所有人都会潜移默化地受到正面的影响。

这是孔子对领袖人物在道德修养层面的要求。

士何如斯可谓之达：有名气不等于有实力

子张问："士何如斯可谓之达矣？"子曰："何哉，尔所谓达者？"子张对曰："在邦必闻，在家必闻。"子曰："是闻也，非达也。夫达也者，质直而好义，察言而观色，虑以下人。在邦必达，在家必达。夫闻也者，色取仁而行违，居之不疑。在邦必闻，在家必闻。"

子张问了孔子一个很复杂的问题，他说："士怎么做才能够称得上通达？"

"达"也是儒生都追求的标准，如同仁、义、君子。孔子问他："你所说的通达是什么意思？你先给我描述一下你的理解。"

子张说："在邦必闻，在家必闻。""邦"是指鲁国这样的诸侯国。"在邦必闻"是说在诸侯这里有名声，"在家必闻"是说在卿大夫那儿也有名声。

孔子对子张的回应是："你说的这个叫作'有名'，不叫通达。"那么在孔子看来，什么叫"达"？

孔子给出了他的理解："夫达也者，质直而好义，察言而观色，虑以下人。"这三句话需要连起来理解。

"质直而好义"，"质"是指内在，这句话说的是一个人的内在是正直的、有原则的。

"察言而观色"，这是指"外圆"。一个质直而好义的人，假如像子路一样刚强气盛，绝不能称作通达。因为子路的下场是非常凄惨的，孔子也曾担心子路"不得其死然"。子路的性格就是典型的"内方而外方"，孔子并不是不喜欢子路，只是认为子路没有做到通达的境界。

孔子理解的通达，是一个人内心有原则、有立场，但是对外需要察言而观色时，也能懂得变通。如果没有外圆，就无法通达。在与人交往时，我们不能指望其他人都能与我们的内在"兼容"，因为人与人的差异性太大了。

接近于通达的人是谁？是子贡。子贡的内心是"直而好义"的，他认同孔子，认同儒家学说，他是有底线的。但是他在外却很懂得权衡，与各国的诸侯、大夫都能够打成一片，成为富可敌国的商人。这就是一种通达的状态。

我们真的有必要做到外圆内方吗？只坚持自己的原则还不够吗？其实，这个世界是需要我们做一些妥协的，需要我们多替别人着想，试着去理解他人，以他人能够接受的方式去和人打交道，减少沟通成本。通达绝不是巧言令色，不是牺牲自己的利益和原则，随意地去逢迎别人。

除了做到外圆内方，还要"虑以下人"，也就是把自己排在别人后面，多替别人考虑。

能够做到以上三点，那就能"在邦必达，在家必达"，无论是在诸侯国，还是在卿大夫的家中，都能够做到通达。

"夫闻也者"是说一个人有知名度。

"色取仁而行违","色"是指外在,"色取仁"就是一个人看起来好像要做一个仁人,而行为却不一致,内外两张皮,表里不一。

"居之不疑",一个人明明不是一个仁者,但是自我感觉特别好。

有一类人我们相处起来很难受,不论你对他说什么,他总觉得自己特好,自己没有做错任何事,一切都是缘于别人不公正,因而满腹委屈。对于这样的人,我们可以送给他四个字:"居之不疑"。

明明自己造成了失误,却不自知;表面上看起来像好人,实际行为却为人所不齿,并且自我感觉良好,这种人"在邦必闻,在家必闻"——名声也能传出去,都在情理之中,而且这种坏名声还传得更快。

所以,孔子说的"在邦必闻,在家必闻",对应子张的"在邦必闻,在家必闻"完全不是一个概念。孔子的意思是,闻名和通达是两回事。如果一个人想出名,办法多的是,做个坏人出名更快,但那不叫作通达,只能叫作"被人知道了"而已。

先事后得:莫问结局如何,但求落幕无悔

樊迟从游于舞雩之下,曰:"敢问崇德,修慝,辨惑。"子曰:"善哉问!先事后得,非崇德与?攻其恶,无攻人之恶,非修慝与?一朝之忿,忘其身,以及其亲,非惑与?"

樊迟做过孔子的车夫,也做过一个小的地方官,他的特点是求知心切、勇

武果断，有点像子路。他经常因为问一些太过实际、没什么太大思想价值的问题而被孔子"刺"，比如他问孔子怎么种地、怎么种菜，孔子就"怼"他说"吾不如老农""吾不如老圃"。这就是樊迟，我的老祖先。

"樊迟从游于舞雩之下"，"舞雩"是鲁国求雨的地方。孔子的人生理想就是跟着童子六七人、冠者五六人，在河里洗完澡以后回到舞雩台上唱歌。这一次，樊迟又给孔子驾车了，两人在舞雩之台游玩的时候，樊迟又问了孔子问题。与以往不同的是，这次的提问得到了孔子的认可。

他问了三件事。

第一，崇德。怎样能够把自己的品德修养得更好？

第二，修慝。如何改正自己的过失？

第三，辨惑。怎么辨别是非而不纠结、痛苦、迟疑？

孔子先是表扬了樊迟问得有水平，然后做了如下回答。

"先事后得，非崇德与"，要想成为一个有德行的人，最起码要做到"先事后得"，即吃苦在前、享乐在后。很多人是先谈好条件再做事，但孔子告诉樊迟，想要崇德，要做到努力在先，所得在后，不要让自己的欲望走到了前面，以免变得贪婪。

"攻其恶，无攻人之恶，非修慝与"，要想改变自己的问题，就要多反思自己，而不是整天挑别人的毛病。

挑他人的毛病是最容易的事情。每一个人都可以说出无数个对他人不满的地方，给自己找到逃避责任的理由：我是没错的，都是别人的问题。没有一个人是尽善尽美的，要想找出别人的毛病太容易了，但这对你没有任何帮助。不进行自我反思，你不会得到任何好的改变，也就谈不上修慝。

"一朝之忿，忘其身，以及其亲，非惑与"，"一朝之忿"就是突然发怒。有时候我们看网上的文章，写得简直是"刀下见血"，能瞬间调动读者的情绪，但实际上，发言之前，人们搞清楚事情的全貌了吗？有没有进行批判性的思考？有没有获得足够多的信息？在信息不对称的情况下，就怒不可遏，这就叫作

"一朝之忿"。

每个人生气都很正常，但不能因为生气而连累自己的身心性命，不能连父母的安危都不管了。如果一个人冲冠一怒、"忘其身，以及其亲"，这难道不是迷惑吗？

孔子擅长因材施教，他所说的这些现象中，可能有樊迟的影子。樊迟就是一个果敢勇武的人。果敢勇武绝对不是一件坏事，但如果不加限制、不掌握尺度，就有可能"一朝之忿，忘其身，以及其亲"，所以孔子在提醒他，告诉他这就是辨惑的方法。

樊迟这一次的提问得到了孔子的肯定。值得一提的是，孔子所说的概念和道理，我们不能僵化地理解，比如孔子说要提防"一朝之忿"，不代表让我们遇到什么事都不表态。不敢表达自己的态度，是"乡愿"，是畏首畏尾，是树叶掉下来怕打破头，而这些不是孔子所倡导的。孔子的这句话是针对樊迟说的，樊迟性子刚直，喜欢往外冒头，所以孔子叮嘱他要注意收敛。

我们要结合师生之间对话的特点，来理解孔子的话，这样才能理解孔子的中庸之道。

举直错诸枉：领导者要打造公司的"一致性"

樊迟问仁。子曰："爱人。"问知。子曰："知人。"

樊迟未达。子曰："举直错诸枉，能使枉者直。"

樊迟退，见子夏曰："乡（xiàng）也吾见于夫子而问知，子曰，'举直错诸枉，能使枉者直'，何谓也？"

子夏曰："富哉言乎！舜有天下，选于众，举皋陶，不仁者远矣。汤有天下，选于众，举伊尹，不仁者远矣。"

樊迟问孔子什么是仁。孔子说爱人。有一个词叫"仁者爱人"，就出自这里。

樊迟理解了"仁者爱人"的意思，即人应该推己及人，去感受别人，所以没有再追问。接下来，樊迟问孔子什么是"知"，此处的"知"同"智"。怎样才算是有智慧呢？孔子说"知人"，就是看得懂别人，能够识别他人。

樊迟没理解。毕竟他主要的工作是给孔子驾车，不常讨论学问，也没有过人的天赋。看到樊迟疑惑的样子，孔子又解释了一句："举直错诸枉，能使枉者直。"选拔人才，要筛选正直的人，慢慢地，那些想走歪门邪道的人，也都能变得正直了。

领导选拔人才的过程，本身就是在表达他的价值观、标准和态度。杰克·韦尔奇在《商业的本质》一书中讲，CEO在任职过程中最重要的一件事是打造公司的一致性。如何让其他人感受到公司的一致性？用谁、提拔谁、开除谁？这都是在向大家不断地强调标准，让大家一次一次地看到公司对于人才的要求。

对于孔子的话，樊迟还是没听懂，但老师已经解释得这么详细了，他实在不好意思再追问就出门了。

他出门后，见到优等生子夏，就问子夏："我刚才问夫子什么叫作有智慧。夫子说'举直错诸枉，能使枉者直'，是啥意思？"

子夏说："你真是赚到了，这句话多棒、多有营养！"子夏瞬间就理解了这句话的意思。子夏说："舜当年掌管天下的时候，在民众当中选人才，把皋陶（gāo yáo）选拔出来（皋陶是历史上的名臣。皋陶、伊尹、子产都是在《论语》中经常出现的名臣的代表）。德行不好的人一看，舜选拔的是这样正直而有才华的人，和自己不是一个路数，知道自己讨不到好处就离开了。"

关于"不仁者远矣"有两种解释：一种解释是不仁者有自知之明，觉得自己够不上选拔人才的标准，就离开了；另一种解释是不仁者没觉得自己不对，只是感觉不对路子，而去找更符合自己路数的领导者了。所以，只要把皋陶推举出来，就不用再多说什么，大家都知道了选拔人才的标准。

"汤有天下，选于众，举伊尹，不仁者远矣"，商汤从老百姓当中选了伊尹。伊尹也是一代名相。与舜选拔皋陶一样的道理，"不仁者远矣"。

子夏给樊迟举了两个古代著名的君王选拔宰相的例子，告诉他什么叫作"举直错诸枉"。

反之，如果"举枉错诸直，能使直者枉"。如果一个组织中，选拔的全是奸佞，只讲哥们儿义气，谁跟自己关系好就提拔谁，那么整个组织的风气都会被带坏。

无论是一个组织的管理者，还是一个家庭氛围的缔造者，都应该去思考自己到底应该"举"什么、"错"什么。

忠告而善道之：人际关系中，最重要的是界限感

子贡问友。子曰："忠告而善道之，不可则止，毋自辱焉。"

子贡问孔子怎样交朋友。孔子说，朋友如果犯了错，走错了路，你要忠告他，好好地去引导他。假如你说了该说的，做了该做的，也规劝了他，还是劝不住，那就别劝了。这就是分寸，是尺度。如果非要长期规劝，就会自讨没趣，甚至自取其辱，最后连朋友都没的做。

这句话的关键倒不是在于朋友还做不做得成，核心是在于你规劝得太过分的话，不是为友之道，反而可能会使事情变得更糟糕。有时候你的手松一松，劝说之后留给朋友一个空间，让他自己回家琢磨琢磨，也许过两天他就想明白了。如果你像一个高压锅一样，非要给他灌输你的观点，让他产生了一种被强迫的感觉，甚至参与到对方的决策中，非要替对方做决定，结果可能就是他为了和你对抗，反而会朝着错误的方向走下去。

这句话的核心在于，我们不要总是试图左右别人的选择。

为什么孔子要跟子贡这样讲？《论语》中有一句话叫"子贡方人"，意思是子贡喜欢评价别人。孔子婉转地批评了他一句"夫我则不暇"，用大白话来说就是"你怎么整天评价这个、评价那个，换成是我，我可没这闲工夫"。子贡确实有时间，而且作为商人也很成功，主观性很强，又很聪明，毛病可能就是喜欢替别人做决定，喜欢评头论足，所以他在交朋友上会遇到困难也不意外。

孔子就告诉他"不可则止，毋自辱焉"。深入地思考这句话，会发现很多事情其实是一个人的事，其他人都没有干涉的权利，甚至连婚姻都是一个人的事。克里斯多福·孟在《亲密关系》中提到"婚姻是一个人的事"的观点。我当时看完这句话感到很不解，因为我此前一直觉得婚姻是两个人的事。

在作者看来，如果认为婚姻是两个人的事，那么其中一方无论做多大的努力，都只有百分之五十以内的效果，这就导致很多人在婚姻中抱怨，说："我付出了这么多，为什么你没有反应？"如果你认为婚姻是你自己一个人的事，要把自己管好，不要老想着去改变对方，这样两个人的关系反倒可能会更加融洽。大部分人在婚姻中所遇到的痛苦，就在于夫妻双方耗尽了一生的心力，都是为了能够改造对方，最后不欢而散，互相自取其辱。

对于亲子关系也是如此。孔子说："事父母几谏，见志不从，又敬不违，劳而不怨。"我们对父母可以劝说，但如果父母不愿意听，就别再管了，要"劳而不怨"，替他们打扫战场，替他们收拾"烂摊子"，做好子女该做的事就行了。

孔子能划出人与人之间的界限感，这是很重要的一个能力。我们普通人有时候"爱之欲其生，恶之欲其死"，就会陷入困惑和痛苦中。比如像子贡这样，总觉得是为了朋友好，长期而密集地规劝，甚至帮朋友做选择，导致的结果反而是与朋友疏远。

他其实不是为了朋友，而是为了自己，为了把自己的意识强加给对方。所以孔子劝他"忠告而善道之"，做自己该做的，说自己该说的，这样就足够了。朋友做不到没关系，各自过自己的日子，各自为各自的人生负责，这才是朋友间的相处之道。

君子以文会友：结交益友，是多么美好

曾子曰："君子以文会友，以友辅仁。"

曾子说的话都比较实在，他说，君子要以学问来结交朋友。

有人问，如果不以文会友，会如何？比如有人以酒肉会友、以权力会友。人交朋友有各种各样的出发点，有的人就是以利益结合的，为了共同的利益去组建团队，获得更大的权力。

关于以文会友，最为典型的方式是一字之师。写好了诗词文章，经旁人指点，改换一个字后更为贴切，也就可以互相结为朋友，取长补短。刘禹锡在《陋室铭》里说的"谈笑有鸿儒，往来无白丁"就是一种以文会友的状态。通过探讨文化、学问来结交朋友，同频共振，找到共同的愿景，达成心灵上的默契。

"以友辅仁"讲到了朋友的作用。朋友的作用不是以友辅利，也不是以友辅权、以友结党。朋友的意义是"辅仁"，即帮助修炼仁德，让自己变成一个更好的人，形成第四类人际关系。

第四类人际关系的概念出自《他人的力量》一书。这本书强调了朋友对我们的作用。一个人努力地向内用力，自我精进，当然是好事，但如果完全处于封闭的状态，可能会忽略人际关系给你带来的跃迁机会。在自我修炼的过程中，还可以借助外界的力量。比如，有些朋友可以帮助你打开一扇窗，让你了解一个曾经完全不熟悉的领域，拓展你的认知层面。

第四类人际关系意味着人与人之间不是冷漠的关系，不是互相奉承的关系，也不是天天找碴儿的关系……不是这些不健康的、会给你带来沉重负担的关系。

第四类人际关系的核心是，我既可以坦率地对你讲出你的问题，同时也能够真诚地赞美你，指出你的优点。这也能印证"君子以文会友，以友辅仁"，双方互相促进、互相鼓励，捕捉亮点，改正缺点，一起变得更好，达到仁的境界。

台湾地区的辅仁大学，校名的"辅仁"二字就出自于此。

"樊登读书"有很多线下的社群，还陆续开了一些书店，也都是为了给大家提供以文会友、以友辅仁的场地。

子路第十三

先之劳之：管理者要成为团队的表率

子路问政。子曰："先之劳之。"请益。曰："无倦。"

子路问孔子管理之道，孔子说"先之劳之"。"之"是代词，指被管理者，就是民众。"先之"的意思是，要走在民众的前面，成为民众的楷模；"劳之"就是要让他们劳作。

关于"先之"，这里隐藏着有意思的知识点。《哈佛商学院最受欢迎的领导课》中讲到，管理者在成为团队的领导之后，一举一动在团队的成员眼中都会被放大。因此，领导者要做到"先之"，希望下属做到的事，自己首先要努力做到。

如果领导要求大家不要迟到，他自己就要守时，不要说"我今天迟到是因为堵车，我是有理由的""我迟到是因为昨天晚上谈判结束得太晚了"，因为团队成员会把领导者的每一个行为放大。

"劳之"听起来是指让民众有事情可做，让人民去劳动。这牵扯到一个管理学的概念，叫管理者角色。在《可复制的领导力》中，有对于管理者的定义，即"通过别人来完成工作"。很多管理者干了大半辈子都没有意识到自己的主要角色是什么，反之，他们总是亲力亲为，跟下属抢着干，最后自己累得喘不过气，结果却很糟糕。凡是特别喜欢亲力亲为、什么事情都要插手的管理者，既无法收获下属对他的感谢，也无法拥有成就感。

《荀子》中讲"主好详则百事荒"，上级如果事无巨细，都要过问，其他人就不知道要做什么了。别小看"先之劳之"这四个字，其中蕴含着"管理者角色"的知识点。

子路是一个比较性急、行动力强的人。孔子告诉他："作为管理者，你不需要凡事都亲力亲为，得想办法调动他人的积极性，让别人去做事情；同时，你要成为他们的楷模，把自己的德行摆正，稳稳地坐在领导者的位子上，让大家围着你去运行。"这才是为政之道。

子路说"请益"，请孔子再多说点。也许只有"先之劳之"这四个字，子路听着有点不过瘾。

孔子说"无倦"。这个概念前文提到过，管理者想要做得更好，就要无倦，不能按照惯性思路做事情。

关于无倦，并不容易做到。人的大脑很容易疲倦，很容易陷入惯性中，驱使我们按照以前的方法做事情，萧规曹随，慢慢地形成官僚主义。所谓官僚主义的本质，就是不愿意再动脑子思考，不愿意创新，只希望通过流程来解决问题。

在很多大型组织中，即便是一件很有价值的事情，因为不符合流程，也会导致没有人愿意为它去动脑子。这就是厌倦的表现。这种厌倦，正是因为人们习惯依赖过去的路径，依赖过去的体系。

一旦做管理者做的时间长了，是很容易陷入疲倦状态中的，所以要不忘初心。

赦小过：允许下属犯错，是一种管理策略

仲弓为季氏宰，问政。子曰："先有司，赦小过，举贤才。"

曰："焉知贤才而举之？"子曰："举尔所知；尔所不知，人其舍诸？"

关于这一段话有不同的解释。

孔子有三个学生做过季氏宰，有被孔子骂过的冉有，还有子路和仲弓。

仲弓是德行科的学员，他当上季氏的家宰后，可能因为官职太大有些无措，需要孔子给建议。

孔子给了三个建议。

第一个建议是"先有司"。

"有司"就是有重任在身，"先有司"是指要先给基层的工作人员做表率。这与上一句话中孔子给子路的建议是一样的。

第二个建议是"赦小过"。

"赦小过"是不要求全责备。管理者想拥有领导力，就要能够容忍下属犯错误，这样，下属在做事情的时候就不会束手束脚。员工在工作的过程中，不可能每一个步骤都做得完美，更何况，也许只是他做事的方式不符合管理者的想法。如果管理者把自己的想法当作标准答案，他看任何人工作，都会觉得有需要调整的地方。

柳井正管理优衣库时，非常注重对于年轻人的培养，如果他认为哪个年轻人是可造之才，就会授权给对方，同时"睁一只眼，闭一只眼"，看到年轻人做错了事，能沉住气，不干扰。这才是培养人的重要态度。

"赦小过"提醒我们不要把别人的小过错看在眼里、记在心上。留给员工试错的空间，员工才会培养自己独立判断的意识，也愿意承担起自己的责任。

这里也呼应了《哈佛商学院最受欢迎的领导课》中的一个理念，组织中非常重要的一个领导步骤是寻找关键要务。寻找关键要务，就需要知道团队近期最重要的目标是什么，只要是朝着最重要的目标去做的，就需要重视。如果领导者总是盯着各种小细节，什么都要插手，什么环节都不放过，下属就不知道最重要的方向是什么了。

第三个建议是"举贤才"。

在现代管理中，公司的CEO最重要的职责就是寻找人才，花大量的时间去跟人沟通。杰克·韦尔奇说他每天百分之九十八的时间都在跟人谈话，不断地发掘可以使用的人才。

接下来，仲弓又问："焉知贤才而举之？"

如何识别人才，这是很难的一件事。实际上，孔子给过我们答案，就是"视其所以，观其所由，察其所安"。

而在本节的对话中，孔子说了一句令后人有争论的话："举尔所知；尔所不知，人其舍诸？"

"举尔所知；尔所不知，人其舍诸"，意思是，你把自己知道的人才举荐上来就好了，对于你不知道的人才，难道其他人会舍弃他们吗？

整体意思是不要操那么多的心，作为管理者，漏掉几个人才也是很正常的。不必焦虑，漏掉的人才会被别人发现。

因为你是"先有司"，已经给团队做了表率，其他人自然会帮你发现人才，这样解释也很合理。

但是后来我们在"上海博物馆藏楚简"中发现了不同的版本："举尔所知；尔所不知，人其舍之者。"

"人其舍诸"变成了"人其舍之者"。当"诸"变为"之者"时，这句话就有了不同的解读。

"举尔所知"，意思是对于你知道的人才，要举荐出来。

"尔所不知"，意思是你不知道的人才，也要想办法举荐出来。

"人其舍之者"，意思是其他人忽略的人，也是我们要关注的对象。

这个版本的意思是，不要放过任何一个人才。

在我个人看来，孔子不太会提出这样过于严格的要求。因此，我个人觉得第一个版本更为合理。

名正言顺：找到自己最合适的位子

子路曰："卫君待子而为政，子将奚先？"

子曰："必也正名乎！"

子路曰："有是哉，子之迂也！奚其正？"

子曰："野哉，由也！君子于其所不知，盖阙如也。名不正，则言不顺；言不顺，则事不成；事不成，则礼乐不兴；礼乐不兴，则刑罚不中；刑罚不中，则民无所错手足。故君子名之必可言也，言之必可行也。君子于其言，无所苟而已矣。"

这一段描写特别生动，我们能够从中看到子路鲜活的性格特征。

子路问孔子："如果卫出公想让夫子你来当政，你打算怎么做？"

子路在进行沙盘推演。卫出公是一个尴尬的角色，他的爷爷是卫灵公，因为宠爱南子，与长子蒯聩的关系特别不好。蒯聩谋杀南子失败之后逃到了国外，卫灵公就立了孙子卫出公。后来，蒯聩却带兵攻打卫国。

这件事情非常棘手。如果按家庭的秩序来定，儿子应该让位给父亲，这是家庭的孝道，但是从国家的角度来讲，父亲带着别国的兵来攻打自己的祖国，这便绝不能退让。

卫国发生了这件事之后，因为名不正、言不顺，政局就乱了。卫出公在祭祀时也只好跳过自己的父亲，直接祭祖。甚至后来子路的去世，跟这一次大乱也有关系。

子路问孔子："如果让你来解决这件事情，你会先做什么？"

孔子说，必须先解决名分的问题，把父子、祖孙的关系理顺。不先解决这件事，其他的事情就做不了。

子路说："你这个人也太迂腐了！"当时说孔子迂腐的人还有很多隐士、大夫。

接着，子路又问："奚其正？"意思是，这跟正名有什么关系？

在这段话中，子路特别莽撞地顶撞了孔子。孔子说："你这个人真是粗野。一个君子，对于某件事情有疑问，就把它放在一边，先不要着急发表意见，因为不懂的事不能乱说。"

接下来，孔子做了这样的解释。

"名不正，则言不顺"：如果名不正，连自己的位置在哪儿都说不清楚，那么，说出的话凭什么被别人信服？凭什么来发布政令？

"言不顺，则事不成"：如果企业请来一个顾问，顾问想替 CEO 发表命令，规定大家应该怎样做事，应该提拔谁、开除谁……他是言不顺的，没人会听。

"事不成，则礼乐不兴"：要把事情做好之后，才能兴起教化，用礼乐来教育人民。如果连事情都做不好，礼乐怎么可能建立得起来？

"礼乐不兴，则刑罚不中"：没有礼乐，法律法规都无法落实，刑罚、判断都无法得到大家的尊重。

"刑罚不中，则民无所错手足"：一个社会如果没有合适的法律法规、法制政策，整个国家就是混乱的，这时候老百姓完全不知道自己该做什么。

"故君子名之必可言也"：一定要把每个人的名分说清楚，谁到底是做什么的。比如，蒯聩到底是做什么的，卫出公到底是做什么的，卫灵公到底是做什么的……把所有人的职位、角色要讲清楚。

"言之必可行也"：当一切能够讲明白时，你说出来的东西才能够实行。

"君子于其言，无所苟而已矣"：君子对于自己要说的话、要做的事，不能马马虎虎，不能模棱两可。

子路的意见是遵循实用主义的路径，认为天下大乱，应该在第一时间调动军队，保护国家。但是孔子认为这样的操作根基不稳，因为名不正、言不顺，当局者连自己到底代表的是谁都还没搞清楚，人民又怎么可能信服呢？

有本书叫《突破瓶颈》，书中关于创业有一个很重要的概念：创业之初，哪怕公司只有两个人，也一定要画出一个组织结构图。组织结构图上有很多个岗位：总经理、副总经理、首席财务官、人力资源、营销……要在每个岗位上写上名字，到底谁负责哪件事，一定要安排清楚。

为什么只有两个人还要画组织结构图？因为就算只有两个人，也要理清楚各自的角色，要各司其职。很多人在创业的时候，团队里不止两个人，而是三四个人在一个办公室里，沟通基本靠吼，谁声音大，谁说了算。大家互相讨论问题，一开始看起来很积极、很热闹，进展得很快，可是慢慢地，会出现大量的矛盾。所有人都觉得自己对一些事情能做主，沟通时吵得不可开交。后来发现，从一开始，每个人的职位都没定清楚，没有名分，不知道谁到底该管什么，到最后闹得不欢而散。

在我看来，办公室的斗争本来不应该那么复杂，也没有真正的"坏人"。大量的办公室斗争，都是因为没有界定好各自的职责，而孔子在两千多年前就已经给了我们最好的建议——名正言顺。

希望大家能记住这个词。

樊迟请学稼：学习要根据自身情况定位

樊迟请学稼。子曰："吾不如老农。"请学为圃。曰："吾不如老圃。"

樊迟出。子曰："小人哉，樊须也！上好礼，则民莫敢不敬；上好义，则民莫敢不服；上好信，则民莫敢不用情。夫如是，则四方之民襁负其子而至矣，焉用稼？"

这一段又说到我的老祖宗樊迟了，樊迟很有可能坚持的是农家的思想。

春秋时期的农家认为，任何事都不如种地重要。因为所有人都需要吃饭，让粮食足够多，才是最重要的。

樊迟做了一个地方官，他跑来请学稼（种五谷的活动叫作稼），就是怎么能够把庄稼种得更好。

孔子说："你问错人了，我不如农民。"樊迟一听，孔子不愿意谈这个话题，但他没有走，接着问："那你会种菜吗？"孔子说："我不如菜农。"

樊迟特别轴。前文出现过樊迟，他听不懂孔子说的话，也不敢问，就出门去问子夏。

很明显，孔子对于樊迟提这两个问题非常不满意。第一，他问到老师的弱点了，老师不擅长做的事，他偏要让老师显示短板。第二，更重要的是孔子就不认为作为一个士，作为一个君子，作为一个追求君子儒的学生，要去学习关于种地这样的事。

后来有人在批判孔子的时候，这一段话也成了非常重要的证据，说孔子不热爱劳动人民。实际上，孔子是研究管理和文化的人，他的专业是研究怎样去组织、去管理、去领导。

樊迟碰了钉子，走了。孔子的气还没消，说："小人哉，樊须也！"须是樊迟的名，孔子说他是个小人。我们在《论语》中，经常听到"小人"这个词。要知道它有多重的含义，地位低的人，会被叫作小人；品德不好的人，也会被叫作小人。

孔子说樊迟是个小人，估计不是骂樊迟道德不行，因为他在道德层面还是不错的，应该是批评樊迟的目标怎么定得这么小，没什么大格局。

然后，孔子讲："上好礼，则民莫敢不敬。"儒家讲究的就是礼乐和教育，樊迟作为管理者，不应去种地，而应该先学礼，便会受到老百姓尊敬。

"上好义，则民莫敢不服。"如果领导者讲究义，有道德操守，老百姓就愿意听话，莫敢不服。

"上好信，则民莫敢不用情。"如果你守信用、讲信用的话，老百姓不敢不用情，就会变得诚实可靠。

"夫如是，则四方之民襁负其子而至矣，焉用稼？"在农业社会，每个君王都需要足够多的人口，因为人口多的国家就有势力。君王希望四方的百姓能够归附，而想要百姓归附，就需要把这几件事做好：好礼、好义、好信。做好了，老百姓自然会拖家带口地到你的辖域内生活。

作为一个领导、地方官，为什么非要亲自种地呢？一个人能种多少地？也就一亩三分地。康熙皇帝在丰泽园和玉泉山开辟稻田，主要是为了给天下人做个表率。领导者真的不需要成为一个专业的种地人士。

这是孔子对于学生人生目标不清晰的"反弹"。这段话很有意思，孔子不掩饰自己的态度，是一个至情至性的老师，对学生该批评就批评。

孔子是领导者思维，樊迟有点像我们今天所讲的工程师思维。工程师思维解决问题，想的是自己冲到第一线去。

但领导者思维是如何去营造一个良好的氛围，如何让大家抢着把活干了，让社会不断地涌现出更多的、积极的愿意解决问题的人。

这让我想到了爱迪生。爱迪生是个发明家，他应该是工程师思维，遇到什么问题就做实验解决。但研究爱迪生的人生，我们会发现他绝对不是一个普通的工程师，他了不起的地方是：他是一个创造愿景的领导者，他的团队人数很多，他带领了特别多的科学家一起做事。

他之所以最出名，核心原因是他能够把梦想讲出来。爱迪生没有太多的钱，无法用钱来让其他工程师为自己工作，于是发明了期权制度，用期权来吸引很多优秀的年轻人，跟自己一起做实验、去发明电器。这不是一个简单的工程师思维，而是领导者思维，也是孔子所倡导的领导者应该做的事，即营造氛围。一旦氛围营造出来了，比他亲自做事的效果要好得多。

执行者、领导者的境界都是不一样的，分工不同，追求不同。亲自做事的人叫执行者，他和领导者是有区别的，孔子希望樊迟能够做好领导者。

诵《诗》三百：读书要能学以致用

子曰："诵《诗》三百，授之以政，不达；使于四方，不能专对；虽多，亦奚以为？"

孔子在跟自己的孩子孔鲤交流的过程中，讲过一句名言："不学《诗》，无以言。"如果不把《诗经》都熟读了，就没法跟人好好说话。当时，有文化的人常引用《诗经》来表达自己的观点。《诗经》是非常重要的一个学习资料，相当于我们今天的人读的《论语》。

孔子感叹，一个人熟读《诗经》三百篇，让他去做一件事却做不好，无法解决困难。让他跑跑外交，遇到事情不能随机应变、独当一面。虽然他学了这么多，把《诗经》三百篇都背得那么熟，但又有什么用呢？

孔子是在反思应试教育，反思书呆子式的学习方法。在生活中，有很多能背书的人，一到做事，就远离了自己背下来的内容。他学的知识，并不能灵活应用到做事情上去。

在这里，建议大家读《论语》时，不必下苦功夫把所有内容都背下来，尤其对成年人来说更是如此。如果能够学到其中的一两句话，把它贯彻到日常行为中去，才算真学到了东西。

学习上就是如此，会背课文或公式、会考试，不算真学到知识。如果你学的知识，它进入你的身体，成为你的血脉，成为你的思维方式，成为你做事的方法准则，这才是真正地学会了。

有人说读书没有用，有人说读书有用，我个人的观点很明确：读书有用，且应该经世致用。我们做企业、创业、讲书，用的全是书上的内容，甚至在家里安排家庭活动，教育孩子，用的也全都是书中所讲的内容。读书是一件非常有用的事，即便书中讲的未必都对，但是总比你自己瞎琢磨的强。自己一个人琢磨一些事情，闭门造车，会走很多的弯路，付出很多的成本。其实你若能够读一下相关领域的书籍，便能有不菲的收获。

读书要有方法，就是目标式学习，翻转课堂很重要。学会给自己定一个目标，明白自己想要解决一个什么问题，这时候，你读起书来就会特别有收获。学生时代，对于整个社会毫无感知，读经济学、管理学的时候，往往认为这些不就是用来应对考试，不就是一个个填空题吗？但是工作后，才发现学的知识原来非常有用，明白书到用时方恨少。所以很多人在社会上工作了一段时间以后，还会回到学校再去读MBA。那些认为读书没用的人，应该是读书的方法和出发点有问题。

有人评判这是功利主义，说为什么不能读点没用的书？可在我看来，这个世界上好书都有用，比如唐诗、宋词、哲学……如果心中没有情感、没有苦闷、没有问题、没有对人生终极问题的思索，就不会有感觉。

带着问题去读书，带着想要解决困难和矛盾的需求去读书，这种翻转式学习、目标式学习的方法，很容易让人做到经世致用。

通权达变、经世济民是孔子做教育的理想，他希望学生不要成为书呆子。

我们每个人都不要把自己变成考试机器，因为读书不是为了读给别人看的，读书是为了解决自己和世界的问题。

不令而行：管理者要建立自身影响力

子曰："其身正，不令而行；其身不正，虽令不从。"

季康子问过孔子如何为政。孔子说："政者，正也。"意思是只要你正，底下的人肯定跟着就正。

本节这句话与此道理相通。关于"其身正，不令而行"的典型例子，就是飞将军李广。《史记》的《李将军列传》中，司马迁有过这样的介绍："余睹李将军，悛悛如鄙人，口不能道辞。"李将军长相忠厚，话也不多，但他在军队里特别有威信，因为他身正，做事身先士卒，很勇敢，能公平地对待每一个士兵，爱兵如子。

"其身不正，虽令不从。"如果自身不正，虽然有发号施令的权力，但这种命令执行起来会产生很大的偏差。因为人们根本就不信服，也不会在行动上积极支持。

管理者其实有两种力量。很多管理者认为自己最需要权力，到一个组织里，马上就问："人权在谁手里？""财权在谁手里？""关于这件事，我能不能签……"他觉得有人权、财权，才能够管理这个团队。但实际上，除了权力之外，更大的力量叫作影响力。很多组织里都有非正式组织，比如公司里有CEO，同时还可能有一个元老级的人物。元老级的人物虽然没有显赫的职位，但是大家愿意听他的，他显然是一股力量。有的管理者觉得有这样的人存在是个麻烦。但其实从正面角度想想看，为什么管理者自己不能够建立这样的影响力？

孔子谈的不是权力，而是影响力。对于一个管理者来讲，要想获得影响力，自身正是非常重要的一件事。影响力不能来自交换和买卖，比如收买别人——请人吃饭、给人发红包，这就变成了小人结党营私的氛围。这种联结是短暂的，而这种短暂的利益结合所形成的小人团体，带不来影响力，只是一个收买关系的团队。靠收买关系维系的团队，没有凝聚力，一旦利益没有了，所有人立刻四散而走。

所以，管理者身正，非常重要，是使整个组织的沟通成本下降的重要方法。管理者要好好维护自己的形象和注意自己的行为，以便积蓄和调动自己的影响力。

鲁卫之政：在外多结盟友，少树强敌

子曰："鲁卫之政，兄弟也。"

在酒桌上套近乎的时候，这句话经常出现。

鲁国被封给了周公姬旦。周朝文王叫姬昌，武王叫姬发，姬昌的第四个儿子便是周公旦，就是姬旦。

周公是历史上有名的圣人，孔子最崇拜的人就是周公。

卫国封给康叔。康叔是文王的第九个儿子，跟周公是同父异母的兄弟。

孔子说鲁国和卫国的政事好像兄弟一般。

这句话有可能是孔子去卫国的时候说的。孔子周游列国期间，最有可能会在卫国当官。他周游列国，到了卫国，可能对卫国人讲了这句由衷的客气话。

这句话没头没尾，我们不必非要说这里到底是有什么深刻的内涵。要细究的话，现在河南、山东一带的文化比较接近，而当时的鲁国、卫国、齐国就在那里。由此可见，当时鲁国和卫国在文化风俗方面可能相近，或者有不少的相似之处。

当今天的我们行走在齐鲁大地上的时候，想到这句话就非常妥帖。

苟合矣：追求越多，烦恼也就越多

> 子谓卫公子荆："善居室。始有，曰：'苟合矣。'少有，曰：'苟完矣。'富有，曰：'苟美矣。'"

孔子夸的人，名字叫公子荆。之所以叫"卫公子荆"，是因为鲁国也有一个人叫公子荆，如果不加"卫"，一般指鲁国的公子荆。

孔子表扬卫公子荆"善居室"。居室就是自己家。他能把自己家营造得很好，他的生活态度和居住观念是健康的。

会生活，在今天看来似乎是精益求精。但是在孔子看来，过于精益求精的生活方式，过于对物质的追求，并不是善居室。

善居室分阶段。

"始有，曰：'苟合矣。'"在刚开始有了一些财力，有了一些布置，可以简单装修的时候，公子荆说"可以了"，已经差不多了，挺好的。

"少有，曰：'苟完矣。'"又增加了一些家产，生活好一点的时候，公子荆说"完美了，这已经足够了"，不用再添置任何东西。

"富有，曰：'苟美矣。'"越来越富有了之后，公子荆说"生活太美好了，家居太华美了"，可能这已经超出他的目标和追求了。

我联想到我父亲。他就是一个很懂得知足的人。在他退休后，单位分房子，他买了一个比较宽敞的给老教授的房子。然后只是简单装修一下，我爸就高兴地说："我住得太好了，我住得比部长还好。"他觉得自己比部长住得还好，让我想起卫公子荆，他们都非常满足于自己所拥有的。

实际上，当时的贵族们在生活奢华方面互相攀比，挖空心思想着给自己家做更多的装饰、装修，弄点好东西。

孔子站出来表扬卫公子荆，就是倡导大家能够生活得稍微简朴一点，能够管理一下自己的欲望。恰如本田直之的《少即是多》中提醒我们的话：人们总是希望获得更多的东西来解决问题，但是多了以后，真的是一个沉重的负担。那些被认为能给自己解决问题的东西，其实又带来了新的问题。所以，当一个人试图通过买更多的东西，或者增加更多的人手、设定更多的办法来解决问题的时候，这些东西、人手和办法，又会带来更多新的问题。最后，问题会变得越来越复杂，生活就会变得越来越复杂。

"少即是多"的思想，就是换了一种完全有别于常规的思路，让人明白自己可以追求更简单的生活。当生活简化之后，就达到了孔子所赞美的卫公子荆的状态了。

又何加焉：人生最高的追求是精神财富

子适卫，冉有仆。子曰："庶矣哉！"

冉有曰："既庶矣，又何加焉？"曰："富之。"

曰："既富矣，又何加焉？"曰："教之。"

"仆"是指驾车；"庶"是指人口众多；"富"是指财务，人均GDP上升了。孔子去卫国，冉有替他驾车。此时，孔子在车上，看两边的住房和百姓，觉得人口众多。"庶矣哉"，是说卫国现在发展得不错，人很多。

冉有问："既然有这么多的人，接下来我们能够为这些人做点什么呢？"

孔子说，人多了之后，就要藏富于民。通过减税鼓励大家干活，让老百姓有收入，变得有钱。我想孔子强调的不是经济学，而是希望做到轻徭薄赋，让老百姓拥有财富。

冉有接着问："假如老百姓已经有钱了，那我们还能再做些什么？"孔子说，可以教百姓礼乐，教化他们。"行有余力，则以学文"，就是这个意思。

孔子所说的规律是对的，国家的发展要一步一步来。比如我们国家，目前人均GDP已经超过一万美元。在所有国家的统计数字上，人均GDP超过一万美元的时候，人们对文化产品的追求就立刻上升。这是一个很明显的跃升，人们在教育、电影、旅游、健康等方面，会有大笔的支出。

曾经有人注解时，批有这样一句话："富而不教，则近于禽兽。"一个人如果有钱，但蛮横无理，不接受教育，就近于禽兽。孔子追求的是"贫而乐道""富而好礼"。一个人贫穷的时候，最起码可以做到开开心心、乐天知命；一个人有钱，就要有所追求。《管子》里也讲"仓廪实而知礼节，衣食足而知荣辱"，这是过去农业社会的一个基本思想。

三年有成：善于表达自身优势也是种能力

子曰："苟有用我者，期月而已可也，三年有成。"

这是孔子给自己打的广告。孔子感叹，为什么没人用他，如果有人用他来管理国家的政事，期月而已可也，三年有成。

什么是期（jī）月？听起来像是下一个月的意思，但并不是。期月指的是从今年的某月到明年的某月，比如从今年的4月到明年的4月。

孔子说的是，如果有人用他，那么一年的时间，就能够初见成效，令人看到希望。三年的时间成效显著，能够有大成绩。

孔子当然是倡导"先行其言而后从之"，他不希望说大话。但是如果一个人过于深藏不露，永远都不跟别人讲自己能够做些什么，那被人看到的机会就少了。广告遵循的就是这个道理，好的产品也需要传播、与顾客沟通。"酒香不怕巷子深"确实不靠谱，所以孔子落寞。

这一次，孔子可能是实在忍不住了，就告诉大家，其实他是可以做实事的人。

子贡问过他，一块美玉藏在匣子里，到底是卖还是不卖。孔子说"沽之哉！沽之哉！我待贾者也"，就是待价而沽，等着别人来买。可以看得出，孔子是很希望能够站出来为家国百姓效力的。

优秀的领导者到一个岗位上，一年的时间也确实能够做出些事情。像《创始人》这本书其实不是讲创业，它讲的是履新。一个人到了一个新的工作岗位，需要快速地让别人了解他，然后建立人际关系，找到帮手。

从这个角度来说，一年的时间有点长了。差不多几个月的时间，就要做出能够让大家看到希望的方案或者行动，否则组织不会给你更多的时间。

善人为邦：暴力是低端的解决问题的方式

> 子曰："'善人为邦百年，亦可以胜残去杀矣。'诚哉是言也！"

这句话是孔子读古书时的感叹。

善人是什么？善人比圣人要低一个级别，差不多就是贤人。

孔子说古语中讲，善人，也就是能干的人治理一个国家，达到一百年的时间，就能够克制残暴、消除杀戮。

"诚哉是言也"，是孔子针对他自己引用的一句古语，说这句话说得对。

孔子的目标是施行仁政，少杀人，"子为政，焉用杀"，何必非要杀人？孔子能够看到生活中很多暴力的事情不断地发生，甚至有些事情如果不用杀人的方法，是根本处理不了的。孔子也杀过人，他知道实施仁政是一件非常困难的事。

他感叹，如果一个了不起的贤人治理国家，也得用一百年时间。一百年之后，国家才能够大治。大治的表现就是"胜残去杀"，不需要残暴。

施行仁政确实是一件相当不容易的事。尤其是孔子生活的时代，人们刚刚脱离蒙昧，建立社会文明，有很多暴力事情的发生是非常正常的。

《人性中的善良天使》就是讲人类历史的暴力演进。人类的暴力行为确实是越来越少，但在最早期，部落和部落之间充满暴力行为，彼此杀戮，直到国家出现才减少。国家规定，谁都不许乱杀人，整体上让暴力行为大幅减少。

接下来，商业的出现让暴力行为再次减少。在农业社会，人们如果想要侵占对方的土地，就要杀人，就会出现战争。随着商业活动的不断增加，人们发现做生意致富，要比抢别人的土地划算得多，所以不再暴力地抢土地，改为进行贸易，不但不杀人，还希望有更多的人口。这让暴力行为再次大幅减少。

最近的一次暴力行为大幅减少，是因为原子弹。"二战"原子弹爆炸后，形成了一个核制衡，有核武器的国家互相都不敢轻易发动战争，因为彼此都有毁灭整个地球的能力。

以上是暴力行为大幅减少的核心原因。当然随着文明、物质的发展，人的内心变得越来越柔软，文化素养变得越来越高，都会减少暴力行为。所以孔子说的是有道理的。

如有王者，必世而后仁：越能干的人越能高效做出成绩

> 子曰："如有王者，必世而后仁。"

《白毛女》里的大反派叫黄世仁，他的名字就是出自这句"必世而后仁"。作者取名的用意，应该是反讽小说角色。

这句要接着上一节来看。善人为邦需要一百年才能胜残去杀，那么王者治理国家会如何？

王者是明君，可以被看作圣人，他比善人要高一个等级。

孔子说，如果能够出现像尧、舜、禹这样的明君，那么经过一世，也就是三十年，就能够实现仁政，出现国家、百姓都讲仁义的状态。

这让我想起一句古语："三十年河东，三十年河西。"

苟正其身矣：优秀的管理者德、技兼备

子曰："苟正其身矣，于从政乎何有？不能正其身，如正人何？"

"于从政乎何有"的意思是，用这样的方法治理国家，有什么难的？孔子看重的是"苟正其身矣"。如果一个人能够端正自己的行为，以身作则，那么从政就不是一件难事。

"正人"是要求别人。如果一个人不能够正其身，又如何让他人身正？

这句话简单地概括，叫正人先正己。

我有一点保留意见。可能是受时代背景的局限，孔子始终把品行、道德视作评判人的决定性素养，我们不可否认其重要性，但是他过于侧重，就忽视了技术。这给整个中国文化的发展，埋下了一个伏笔。我们中国人的传统就是重道德、重修养，但是缺少对技术的关注和热情。今天我们知道，技术的发展也会在一定程度上促进道德水平的提高。

比如医生给人看病，这件事从道德的角度来讲，初衷毫无问题。但是在治疗某些细菌或者病毒导致的疾病时，没有发明显微镜之前，医生看病的方式并不一定符合道德，可能放血、念咒、念符、用烙铁烙病人、用勇敢疗法等。不少患者可能不是死于病患，而是死于诊断、治疗过程中的折磨。

当显微镜等设备发明以后，医学甚至一度陷入虚无中。很多人觉得不用再学医了，因为细菌都能被看到，此前的很多诊疗方式从根本上就是错的。当新的技术导致相关疾病诊疗体系重新架构之后，诊疗过程就更加符合道德规范和要求，也更加人性化。所以技术的发展，会反过来推动道德再上一个层次和台阶。

不论是社会发展还是企业管理，都不能够简单地只要求道德。一个人并不是只要道德好，其他就没问题。比如有的领导者，在公司标榜自己绝不搞办公室政治，做事也确实公道无私，但他不善于经营管理，业务能力也不强，甚至有时候还会干很多错误的事。他自我评定是一个没有私心的人，但在别人看来，却是尸位素餐。

管理是一门艺术活，既要讲道德，也需要讲技术，更需要讲科学的技术。在此，我也给孔子提一点小意见，陈述我自己的观点。

冉子退朝： 处理公事，要讲规矩

冉子退朝。子曰："何晏也？"对曰："有政。"子曰："其事也。如有政，虽不吾以，吾其与闻之。"

这段对话的场景有点凄凉。孔子老了以后，与自己的学生住在一起。

有一天，冉有退朝回来了，孔子问他："你怎么今天回来这么晚？"

冉有说："有政。"

当时，有这样的说法，"在君为政，在城为事"，国君的事情叫作政，季氏等三家的事情叫作事。

冉有说"有政"，意思就是"君找我有事"，但是冉有并没有说具体什么事情。

孔子说"其事也"，意思是说："不是国君找你，应是季氏找你。如果真的是国君找你有事，虽然不需要我参与，也没有人特意告诉我，我也能够听说。"

这段对话微言大义，生动入微。孔子是当过大领导的人，他明白国君的事都是大事，这种内参总会送到他这儿来，他一定会知道。

这里有两种可能。

第一种可能：冉有替季氏做过很多事情，比如征敛，去收更多的税。孔子对此非常不满，甚至说过"非吾徒也。小子鸣鼓而攻之"。

我估计这两件事有联系，冉有有事瞒着孔子，跟孔子打马虎眼说"有政"，谎称国君有事，孔子当面揭穿了他。

第二种可能：孔子纠正冉有用词不当。冉有说"有政"，指的是季氏布置的任务，他觉得季氏当时在鲁国当权，季氏的任务等同于国君的任务，甚至比国君的任务分量还要更重，所以他在潜意识中就忽略了用词的区别。孔子纠正他说，就是季氏家里的"事"，不能够被上升到"政"这个用词上。

一言兴邦：决策者不能搞一言堂

定公问："一言而可以兴邦，有诸？"

孔子对曰："言不可以若是，其几也。人之言曰：'为君难，为臣不易。'如知为君之难也，不几乎一言而兴邦乎？"

曰："一言而丧邦，有诸？"

孔子对曰："言不可以若是，其几也。人之言曰：'予无乐乎为君，唯其言而莫予违也。'如其善而莫之违也，不亦善乎？如不善而莫之违也，不几乎一言而丧邦乎？"

成语"一言丧邦""一言兴邦"就是从这个典故里来的。

鲁定公有一次问孔子:"一言而可以兴邦,有没有这样的事情发生过?"

孔子说,不能说得那么绝对,这话有点夸张,其实没那么传奇。

孔子为什么要强调"言不可以若是"?孔子认为,一言定兴衰,其实是不靠谱的。如果一个国君非得刚性化地认为,用某一句话就能管理好国家,便违背了孔子所讲的"无可无不可"的原则,就会变得特别轴。

"我则异于是,无可无不可"所倡导的是,一件事合不合宜,需要进行调整。人不能够一根筋地去做事,因此孔子马上纠正鲁定公:"咱们不能够说一言以兴邦。"

"其几也",就是接近、有可能,几乎差不多。

可以说一个差不多的例子。

有人说为君难,为臣不易。如果一个国君能够常思这句"当国君真不容易,当臣子也不容易",那就做到了换位思考,大家相互体谅。

作为一个国君,知道自己做的是一件非常不容易的事,便能做到"戒慎恐惧",做事情战战兢兢、如履薄冰、思虑周全、认认真真。这不就是差不多能够一言以兴邦了吗?

鲁定公接着问:"那一言而丧邦,有这样的事情吗?"

孔子又说,也没那么夸张,不至于因某句话就让国家没落,这几乎不可能。有比较接近的一句话,是一种挺危险的情况,就是有人说"予无乐乎为君,唯其言而莫予违也"。

"予无乐乎为君,唯其言而莫予违也",意思是,我本人对于当国君没有感觉到快乐,唯一让我感觉美好和舒心的,就是我说的话没人敢反抗!

孔子接着说,假如国君说的话是对的,没有人去违背他,当然是个好事。假如他说的话是错误的,或者要做荒谬、暴虐的事情,也没有人敢劝谏,这难道不是很快就会让这个国家衰亡吗?

我想，如果鲁定公与孔子的这段话是即兴问答，那孔子大脑中的知识储备量也太大了，他非常准确地做出了有说服力的回应。

周幽王烽火戏诸侯的故事，足以让人警戒。因为妃子褒姒不爱笑，周幽王为了逗她笑，把烽火点燃。诸侯们见狼烟四起，以为周幽王有危险，都赶过来帮他，到了之后才发现是一场闹剧，白跑了一趟。褒姒是被逗笑了，但后果是周幽王的公信力全部丧失，等到真的遇到了战争，没有人来帮他，直至周王朝灭亡。

作为一个国君，如果认为自己所说的每一句话都要能够实现，不能有人违抗，哪怕自己是错的，别人也要去执行，那最后的结果往往是以悲剧收场。

有一次，我和很多创业者聊天，我问大家："你们在公司里说的话算数吗？"有创业者踌躇满志地说："关于这一点，我们还是能够做得到的。"我就和他们分析了另外一个角度，我说自己在公司里说的话，很多就不算数。

不要觉得"樊登读书"是以我的名字命名，我的话在公司肯定就是最重要的。一定不是这样的。如果我说的每句话，在公司里一定要实行，大家都必须照着我说的话去做，这是非常危险的一件事。"一言而丧邦"，作为一个人，你怎么能够保证你每次说的每句话都是对的？很有可能你的出发点是对的，但你不了解实际情况，所做出的决策是错的。如果管理者一发话，大家都去执行，公司总有一天会被带到沟里去。

创业者在创业做公司的时候，不要陷入错误的理念：既不允许自己犯错，也不允许团队犯错。这样没有人会愿意直言公司的错误决策，没有人会愿意表达自己的想法，更不会有人主动去承担重任，主动去做事情。而且，管理者犯的错误，还会在团队中被放大，最终的结果是没有人愿意负责。因为大家一切都是按照老板的意思做的，出现了坏的结果，人们可以说："这是决策端的错误，我只是一个负责执行的人，拿工资的员工。这个错误，理应由管理者负责。"

所以，实事求是的态度是极为重要的事。

近者说，远者来：做好核心内容，自然水到渠成

叶公问政。子曰："近者说，远者来。"

"说"同"悦"，愉悦满意的意思。"近悦远来"正是出自于此，是非常有名的成语。

叶，古邑名，古读"shè"，现在读"yè"，在今天的河南省叶县以南。那时候，叶是楚国领地，是一个比较大的县。

大县的县长叫作公。有一个成语叫叶公好龙，叶公，就是叶县的县长。有一天，孔子周游列国到这里，叶公就问孔子如何管理。孔子给了他六个字："近者说，远者来。"

意思是你先把自己管理的子民、老百姓服务好，让他们的生活指数、幸福度指数提高，大家生活开心舒适，这时候远方的老百姓自然拖家带口慕名而来。

这就是"近悦远来"的道理，影响圈、关注圈也是这个道理。很多企业总希望受到用户关注，天天传递出各类关于产品的信息。但其实只要把产品质量做上去，让客户满意，并不需要过度宣传，因为靠良好的口碑，就能做大做强。相反，产品质量不好，仅仅靠广告宣传，反而会使用户反感，路越走越窄。

又比如从国家层面来分析，我国经济快速发展，人民素质也在急速提高，越来越多的人走出国门。国人出去，行为举止都代表着祖国的发展，代表着我们的文明程度不断地提高。这些年来，我们做得越来越好的时候，慢慢就发现，大量的国外友人开始问"我能不能移民中国，我想到中国生活"。现在这个趋势已经逐渐地开始冒头了，全世界的老百姓是会用"脚"投票的。

因而我们发现，"近悦远来"这个道理到今天都不过时，所以提高人民的生活满意度是非常重要的一件事。

欲速则不达：做大事业要耐得住寂寞

> 子夏为莒父宰，问政。子曰："无欲速，无见小利。欲速则不达，见小利则大事不成。"

这句话一度是我的座右铭。

莒父是鲁国的一个小邑。子夏要去做莒父的长宰，相当于一个小城的县长。走之前，他问孔子应该怎么做。孔子跟他讲"无欲速"，就是不要追求速度，施政不要急于求成；"无见小利"，就是不要只看到小的成绩。因为"欲速则不达，见小利则大事不成"。

成语"欲速则不达"尽人皆知。它有一个非常重要的心理学实验做支撑，就是棉花糖实验。

斯坦福大学有学者做过这样一个实验：给孩子们发放棉花糖，告知可以随时吃掉。但如果谁能坚持等待一定时间而不吃，会再发一份，等于是有额外奖励。有很多小孩无法坚持和等待，也有小孩真的能等上十五分钟，得到第二份奖励。这个实验测试的是孩子的延迟满足感。

这个实验跟踪了二十年，很了不起。二十年后观察延迟满足感能力不同的孩子，发现延迟满足感能力强的孩子，在学习成绩、学业成就、工作成就上，都要远远高于那些延迟满足感差的孩子。

社会生活中，我们同样需要延迟满足感的能力。比如做一份工作，有人愿意做日结薪水的小时工，有人愿意做周结的临时工，多数人是月结的普通员工。有一些人愿意冒风险放弃短暂的利益入股公司，年底有年薪分红。而有些创业者，筚路蓝缕三五载，前期可能遭遇各种困惑和压力，甚至要在入不敷出的时候给别人发工资，之后才收获成功。他们如果没有强大的延迟满足能力，很难成功。

孔子讲"欲速则不达"的道理和"棉花糖实验"有相通的地方。这个道理对创业者来说是非常重要的理论，同时也适用于家庭教育。有的父母在培养孩子的时候，只盯着孩子的成绩排名，很多的教育计划都围绕着快速提高孩子考试成绩来做。孩子在重压之下，学业成绩也提高不了多少，性格和其他素质都被忽视，甚至出问题。

立即看到成绩和排名提高，这就是"欲速""见小利"，能令父母当下感到快乐和自我满足。但实际上，父母所重视的成绩和排名，是短暂和虚无的东西。孩子的学习成绩，只是一时一地的结果。一旦毕业走到社会上，没有人会因为他曾在班上排前三名，就多发工资、委以重任。一个人，综合能力才是最重要的。如果家长没有延迟满足感的能力，不能够慢慢地培养孩子优良的性格，给他树立正确的价值观，激发他的探索精神，让他展示一切美好的本性，反而压抑孩子的成长，扼杀孩子的能力，就是"欲速则不达"。

另外，在创业领域，有一条完美的理论曲线，叫飞机起跑曲线，也就是幂次法则。在创业前期，有一长段路径都是平的，看起来没有什么变化，这就是需要创业者忍耐积蓄的那段时间。但是一旦抬头开始起飞，就会高速地往上冲。

"樊登读书"讲过《指数型组织》《从0到1》，它们从数学、科学的角度告诉我们，世界上大量的事情是按照幂次分布的。

人们如果懂得这个理论，就能明白有些事在前期看起来很普通，似乎毫无期望，但真正坚持下去，超过某个限度，成功就纷至沓来。有一个词叫作"击穿阈值"，比如九十九摄氏度的水，表象看起来跟冷水一样，但是给它加热到一百摄氏度，立马就沸腾起来。

我们做一件事情，能不能够忍耐到击穿阈值的那一刻？

每天都能拿到反馈，都能获得成就感，都能得到奖励，那很可能我们做的只是简单重复的事情，因为只有这样的事情才可以当下给出反馈。重大的成绩，都需要长久积蓄能量，正所谓博观约取、厚积薄发。

孔子对子夏说的"欲速则不达，见小利则大事不成"是非常重要的。孔子不希望子夏上任后，为了尽快展现能力，先做些容易被看到的表面功夫，以期望国君早点看到他的"政绩"，而忽略了真正的社稷民生。古时候，生产力水平低下，有利于地方长久发展的工作，都不是短期内能做成的。比如发展经济，要开垦耕地、兴修水利等一系列投入；发展文化，要做好教育工作，十年树木，百年树人。这些真正经世济民的大政绩，没有哪一样是能急于求成、唾手可得的。

叶公语孔子：带团队要兼顾制度与人性化

> 叶公语孔子曰："吾党有直躬者，其父攘羊，而子证之。"孔子曰："吾党之直者异于是：父为子隐，子为父隐。——直在其中矣。"

"叶公语孔子"中的"语"，做动词使用，念第四声"yù"，是告诉的意思。

这是非常有名的一段对话。叶公对孔子说："我们这个地方有直躬者。"

关于直躬者有两种解释：一种解释，一个人直身而行，说明这个人很正直；

另一种解释，直躬者是一个直人，他的名字叫作"躬"。

我更倾向于"躬"不是一个人名，直躬者指的是正直做事情的人。

叶公举了一个例子，说明他同乡之人的正直。那人父亲偷了一头羊——攘羊，就是把别人家的羊拉回家了——他站出来说："我检举我父亲偷羊了。"大义灭亲，举报了他的父亲。

孔子说："我们那里正直的人，与你说的情况不一样。他们是父为子隐，子为父隐，直在其中。"也就是说，假若父亲把羊偷回家了，儿子不会去宣扬这件事；如果是孩子做了这样的事，父亲也会替孩子隐瞒下来。这当中，也有直的地方。

每个读者都可以权衡到底哪个算直，什么才是真正的直。

孔子重视伦常，认为人伦是非常重要的一件事。你为了表示自己正直，把自己的父亲举报了，这件事情违背常理。这样的人可能内藏心机，有着自己的目的，才会做出这种有违伦常的事。

孔子说"父为子隐，子为父隐"，首要看重的是人伦之长。《乡土中国》里，费孝通先生提出差序格局的状态，中国人的人际关系不同于西方，西方孩子称呼父亲都是直接叫名字，因为大家在上帝面前都是兄弟，是一种平等的状态。

中国人的人际关系，像在水里扔一个石子而荡开的涟漪一样，一定是一层又一层，有近有远，有亲有疏。即便都是亲兄弟，关系可能都不一样，因为每个人联姻的家族不同，当各自跟妻子联姻以后，形成了新的家族，涟漪就朝新的方向荡过去。这是中国人看待人际关系的一个基本思路。差序格局的这种概念，有亲疏之分。没有亲疏之分就没有等差，没有等差就形不成社会的道德规范，这是孔子始终坚持的名分概念。

孔子所在的时代，社会法制极度不健全，道德才是约束社会行为最重要的标准。如果没有道德的制约，封建社会的统治阶级将无丝毫限制，必然民不聊生。孔子和叶公对于"直"有不同的看法，其实是当时社会背景下"德治"和"法治"理念的差异。而当今社会，法制健全，自然不能以现在的观念去决断当时孰是孰非。当然，读者也可以有自己的选择，各抒己见并无不可。

樊迟问仁：时时处处都要严格要求自己

樊迟问仁。子曰："居处恭，执事敬，与人忠。虽之夷狄，不可弃也。"

樊迟有一天问孔子怎么做到仁。

孔子说"居处恭"，在自己家里的时候，要恭敬端庄，生活起居不要太过随便；"执事敬"，办事认真、严肃；"与人忠"，与他人结交、合作，要保持忠诚；"虽之夷狄，不可弃也"，哪怕去蛮夷之地，这些原则也不能够放弃。

这些话听起来不太深奥，倒像是做事情的一些准则。

有可能樊迟并不是一个很有天赋的人，领悟能力一般，所以孔子直接给他提一些明确的要求：只需要在任何时候、任何地方，做到居处恭、执事敬、与人忠就够了。

我听到一个比较不错的解读，樊迟问的并不是"仁"，而是"行"。这个说法也是有考证、可以验证的。

在《论语》的其他章节里，子张在要出门的时候问行，已有先例。

樊迟可能接到了出使任务，走之前对孔子说："我现在要出发了，老师有什么要嘱咐我的？"

按照这种理解，上下文之间就通顺多了。因为马上要出使到夷狄之地，孔子就对他讲"居处恭，执事敬，与人忠"。

我个人觉得更大的可能是樊迟问行。

行己有耻：做事不能用肤浅的事物简单衡量

子贡问曰："何如斯可谓之士矣？"子曰："行己有耻，使于四方，不辱君命，可谓士矣。"

曰："敢问其次。"曰："宗族称孝焉，乡党称弟焉。"

曰："敢问其次。"曰："言必信，行必果，硁硁然小人哉！——抑亦可以为次矣。"

曰："今之从政者何如？"子曰："噫！斗筲之人，何足算也？"

生活中，我们经常会遇到有人这样评价自己："我这个人最大的优点就是'言必信，行必果'。"今天觉得诚信是很了不得的品德，但是在孔子看来"言必信，行必果"是"硁硁然小人哉"的行为。这里的"小人"不是骂人，是指德行境界不高的人。"言必信，行必果"，只能算普通人中铿锵有力的守信者。

子贡有一天问孔子，怎么才能够算是"士"。不是每一个人都要追求成为君子，成为比君子低一点的"士"也很了不起。《道德经》中有云："古之善为士者，微妙玄通，深不可识。"说的是"士"很了不起。

有目标、有追求，对自己的道德修养有要求的人，叫作士。

如何才能够成为士？

孔子说"行己有耻"，就是慎独。"行己"，一个人待着的时候，都有耻、有底线，知道有些事不能做，不能人前一套背后一套。《礼记·中庸》中说"君子慎其独也"，与之一脉相承。

"使于四方，不辱君命"，出使到各个地方，能够办成事。子贡是外交家，又是商人，经常代表国君出使。所以孔子说："你能够保持住自己内心的底线，出去能够办成事，就算是士了。"子贡其实做得不错。

子贡问他："以上标准有点难，如果做不到的话，比这个低一点的标准是什么？"

孔子说："宗族称孝焉，乡党称弟焉。"宗族乡党都能有好评，做到孝敬父母，跟兄弟友爱。

子贡接着问："要让宗族乡党都赞许，这个要求也不低，有没有入门级的标准？"

孔子说："言必信，行必果，硁硁然小人哉！——抑亦可以为次矣。"言必信，行必果，也叫作小人之信。就是作为一个境界不那么高的人，这也算是不错的一个表现。

我们要解释清楚，为什么孔子对于言必信、行必果并不是那么看重。

信和通达比起来，哪个更重要？

比如，我们承诺了别人一件事情，后来情况发生了巨大的变化，发现原来的计划完不成。此时，如果要兑现小人之信，把这件事给办成，坚守自己的信誉，需要付出极高的代价。而且很有可能，在坚持完成承诺的背后，会损害到更多人的、更大的利益，显然得不偿失。

所以应该怎么做呢？通权达变。当变化出现时，要能够快速地做出反应，立即协商，找到一个更恰当的解决方案，不至于让大家的利益受到重大损失。

假如要言必信、行必果，任何一个善战的将军也不敢说自己能达到这个要求。战场上的局面总是在不断地发生变化，战术必然要不断地调整。

假如要言必信、行必果，任何一个经商的人也不敢说自己完全做得到。商业合作，本身就需要与合作伙伴不断地保持沟通，共同面临VUCA（乌卡）时代。VUCA是Volatility（易变性）、Uncertainty（不确定性）、Complexity（复杂性）、Ambiguity（模糊性）的首字母，"VUCA时代"即"变幻莫测的时代"。我们当下就是处在高度不确定的、高度变化的这么一个时代。

如果只是讲究小人之信，那就只能做最简单的、变化度最低的、自己一定能够掌控的事情，才敢说"言必信，行必果"。

通权达变才是君子所需要学会的本领，其核心不是"信"，而是"易"。易者，移也。一件事情合适不合适，对大家有没有好处，都需要沟通、商量、同步信息、头脑风暴，要一起来面对和解决问题，而不是简单地按照最初的规划处理。

处理变化度很低的事情，可以掌握"言必信，行必果"的准则，这就是孔子为什么说"硁硁然小人哉！——抑亦可以为次矣"。这种人也算不错了，因为至少是一个讲信用的小人。

最后，子贡问孔子："今天这些当政的人，属于哪个级别？"其实指的就是孟孙氏、叔孙氏、季孙氏三家。

孔子"噫"地感叹了一句。在今天的河南、山东一带，还有用"噫"这个字来表示感叹的。孔子说，都是斗筲（shāo）之人（一斗十升，一筲五升），何足算也。

在孔子看来，这些人器量小，每天算计的都是升斗小民之事，他根本不愿意评论这些人。

我们形容一个人，往往会说器量如何。器量就是一个人能承载重任的多少。孔子曾说，子贡像是祭祀的器具，这个评价可不低。

孔子提倡的是"君子不器"，就是不要把自己变成一个没有弹性的、马上就能被人测出心量的器具。

在孔子眼中，当今从政的人是斗筲之人，他们的器量不但能被看到，而且很小，他们只是追求蝇头小利、追求名声、追求面子。

生活中，一个人创业也好，打工也好，只是为了面子生活，就叫斗筲之人。哪怕是成功的创业者，其目的单纯的就是追求上富豪排行榜，也叫斗筲之人。

我们要追求的应该是不能用肤浅的事物来简单衡量的一种境界，这才是孔子提倡的。

狂者进取：不要苛求同行者尽善尽美

子曰："不得中行而与之，必也狂狷乎！狂者进取，狷者有所不为也。"

关于这句话，存在两种完全不同的理解。

第一个理解，狂狷之人在孔子看来是不错的。

"不得中行而与之"，著名学者张中行的名字就出自这句。中行就是中庸之道，中庸在孔子看来是一种至高的美德，是合适的极致。中庸之道非常难，生活中找不到拿捏分寸特别合适的人。孔子说他这一辈子都没有遇到过一个能够真正做到中庸的人。

做事情，"过"与"不及"两者都存在问题。柏拉图也说过，寻找中间的平衡态就是美。

孔子说找不到"中行"之人，没有这样的伙伴跟自己同行，怎么办呢？

如果一定要找，那就是狂者和狷者。

狂者和狷者有什么优缺点？

"狂者进取"。他们虽然有点小毛病，偏激、过分、毛毛糙糙的、喜欢吹牛、愿意说大话，但是他们锐意进取，努力奋斗，努力工作。

子路对孔子而言，就是狂者。子路说话经常没有分寸，喜欢拍胸脯做保证。比如他经常说，如果他来做某件事，一年就搞定了。狂者，起码做到了进取。

"狷者有所不为也"。狷者是类似于颜回这样的人，或者像子游、子夏。他们虽然没有那么进取，但是洁身自好。洁身自好导致的结果是畏首畏尾，比如找他们做一件事，他们觉得自己干不了，很有可能会拒绝。公西赤就是典型例子，他总觉得自己做不了，或者不合适做一些事情，根源是他洁身自好，不允许自己犯错误。

孔子的学生中，狂者、狷者居多。这些人都是可以教育的，把他们往中间拉一拉，更靠近中庸。因此，从这个角度来理解，狂者、狷者是孔子愿意交往的人。

第二个理解，换了另外一种语境，这句话是孔子的感叹。

孔子感叹自己一辈子都遇不着一个"中行"的人，难道自己只能跟这些狂者和狷者在一起吗？

这么理解的话，孔子对自己只能和狂者、狷者待在一起，感觉很烦恼。

以上两种理解，要看孔子当时说这句话的心情到底是如何的。如果是厌烦失落的语气，那很有可能是第二种理解。

但是我个人倾向第一种理解，因为孔子的人生准则有不"求全责备"，而能够教育狂者、狷者，本身也是一件有成就感的事。

南人有言：坚持是成功的基本保障

子曰："南人有言曰：'人而无恒，不可以作巫医。'善夫！"

"不恒其德，或承之羞。"子曰："不占而已矣。"

这段话看起来有点前言不搭后语，令人费解。

孔子在讲关于占卜的事。

"南人有言"，南人就是南方人，有考证说此处的南方人可能指的是宋国人。孔子的祖籍就是宋国，在今天河南一带。宋国的人特别善于占卜，还流传着一句与占卜相关的古语，"人而无恒，不可以作巫医"。意思是一个人如果没有恒心，那么他就不能从事巫医职业。

巫医是什么？巫需通鬼神，医要济生死，这是古代非常重要的工作。在我们今天看来，巫医无用，纵然偶尔有效也不过是心理安慰，更大可能还把人治坏了。但是在孔子乃至更早的时代，医学极度不发达，现代医学更是没有，没有显微镜，没有医疗器材，多数靠巫医。巫医将医疗与鬼神结合，也是在努力地探索怎样治病救人。巫医很难做，充满了大量的不确定性，需要强烈的探索之心，所以要求从业者有恒心，要不断地钻研。

这一段话的主旨是恒心。孔子感叹说南人说得真对，他认为人贵有恒，还引用了《周易》里的"不恒其德，或承之羞"来支撑自己的看法。

很多人认为《周易》阐述的是预测的理论，其实不然。《周易》代表着中国古人的生活态度，是一本教人如何生活的书。"潜龙勿用""见龙在田""飞龙在天""亢龙有悔"等，阐述的是哲学范畴，是在给我们传达一种处世态度，让我们理解变化。比如否极泰来，就是告诉我们，哪怕现在处在特别糟糕的情况中，也要想到总有一天，事情会有转机。剥极必复，是周而复始的过程。

《周易》中的这句"不恒其德，或承之羞"，说的是如果一个人没有恒常的德行，不能够坚持，大半都会招惹羞辱。比如刚喊出来"我要创业了"，不到三天就关门了；或者找一份工作，没几天就不干了，都是做事缺乏恒心。公司 HR 在挑选应聘者的简历时，如果看到一个人在过往的三年中跳槽了十家公司，心中难免咯噔一下。

最后，孔子说"不占而已矣"。占卜其实很不容易，要用到很多的占卜器具，比如龟甲、艾草等，还需要学很多的技术，研究各种工具……占卜还分很多的流派。做一个好的占卜师，要学的知识非常多，需要花很大的气力，而这些都需要恒常、恒心。

放弃的人，是为什么放弃？孔子认为是自己选择了放弃。"进无进也，退无退也"就是这个道理。一个人愿意前进，不是因为有人逼迫他前进，而是他自己愿意前进；一个人选择后退，也不是有人逼他后退，是他自己选择了后退。

孔子这一段讲的并不是占卜需要恒心，更多的是说放弃是一个人自己的选择，他只是拿占卜这一行业举例。

生活中，进取也好，放弃也好，都是个人选择，不要把责任推卸给别人。人贵有恒心，只要自己坚持，就能够坚持。

曾看过毛大庆写的一篇关于马拉松的文章。意思是跑马拉松靠的不是肌肉，更大程度是一场大脑内部的战争：可跑可不跑，随时都可以停下来走，甚至随时可以上车，被人拉走，回家休息，立刻结束……你想坚持跑下去，就要战胜放弃的念头。马拉松并没有太高的门槛，你接受训练，并且坚持，是能够跑下来的。

我跑步训练了半年，就去跑了"半马"。一个人如果愿意战胜自己的负面思想，就能获得意想不到的效果，但自己选择放弃，那谁也拉不回。停下脚步就是放弃。

无论是古代的占卜行业，还是今天的马拉松长跑，或者我们去创业，去做一份工作，都需要有恒心。

这与别人无关，是一个人自己的事。

和而不同： 尊重个性才能创新发展

子曰："君子和而不同，小人同而不和。"

十几年前，有一次国际汉学家大会在北京召开，我去采访汉学家。

我问他们："中国文化对全世界最大的贡献到底体现在哪儿？"

有一位白胡子的汉学家对我说了两个字：和谐。

我问他为什么是这两个字？

他说，中国的和谐是一种建立在不同之上的和谐，就是这句"君子和而不同，小人同而不和"。

中国人允许人与人之间的不同：你有你的信仰，我有我的信仰；你有你的目标，我有我的目标；你有你的追求，我有我的追求……但是我们大家可以和谐相处，这就叫作和而不同，不需要都变成一样的人。

小人同而不和，是要求对方必须和自己一样，比如你的习惯要和我一样，你的穿着也要和我一样……如果建立在这样一种相同的基础之上，导致的结果反而可能是不和。

《晏子》中，齐王问晏婴，什么叫和。晏婴说，譬如调羹。如果要做一碗羹，以水调水，或者以羹调羹，都调不出一碗羹。调羹就一定是以水调羹，既要有水，又要有羹，和在一起，才能够形成一碗羹汤。如果事物之间没有不同，消除了差异化，所有的东西都一样，怎么能够创造出一个新的事物呢？看《舌尖上的中国》，我们也能从中体会到，完全不同的东西放在一起，才能出美味。这就是和谐。

孔子求和，墨子尚同，墨子的政治理想是大家都一样。《墨子》中，墨子连每个人住的房间都规定好，谁住多大，什么样的人穿什么样的衣服，一切东西都是规规矩矩的，他希望所有人都一样。他们之间的思想主张不一样，是因为生活环境不同。孔子生活在社会的中上层，是君子、士大夫这一层；墨子生活在社会的下层。社会上层的人从上往下看，他们希望大家可以不一样，但是能够和谐。社会下层的人从下往上看，不患寡而患不均，希望"均贫富"。

墨子重视的是平等，孔子追求的是和谐。如果我们采用墨子的主张，社会经济发展会很困难。社会经济的发展、人们的幸福，社会所追求的创新、创业，都来自人们能够看到不同的希望。所有努力的人，都希望通过自己的努力，可以变得跟别人不一样，让生活变得更加美好。

中国人的和而不同，对于整个世界的贡献是极大的。我国文化历来崇尚和谐友善，对外也是和风细雨、润物无声，没有逼着别人认同我们的意志。我们尊重对方有不同的东西，但是不排除我们可以和谐相处。

把这个思想用在公司里也很重要。团队中凡是讲创新、讲领导力，其中一定有一项非常重要的内容，叫作拥抱不同。一个团队的组成成员个性可以完全不一样，思维方式可以完全不一样，能力可以完全不一样，只要大家能够相互尊重、取长补短，就能够让这个组织焕发出生命力。如果一个人因为别人不能认同自己的观点，就对别人充满情绪，开始吵架、不和，导致团队氛围变差，他就完全没有理解什么叫作"君子和而不同，小人同而不和"。

善者好之：带团队不能尽信人言好坏

子贡问曰："乡人皆好之，何如？"子曰："未可也。"

"乡人皆恶之，何如？"子曰："未可也；不如乡人之善者好之，其不善者恶之。"

子贡问孔子："如果乡里的人都喜欢一个人，这个人是不是就算是一个好人？"孔子说不一定。

子贡接着问："那如果乡里的人都讨厌他，我们是不是就能够看出来他到底是好人还是坏人？"孔子说不一定。

孔子补充说，在乡党里，好人都喜欢的、坏人都讨厌的人，才基本上可以判断是好人。

孔子特别讨厌"乡愿"，他曾说"乡愿，德之贼也""恶紫之夺朱也"。"乡愿"看起来很像圣人，实际上是和稀泥的老好人，走到哪儿都说没问题，对谁都表示支持。有一句俗话描述，叫"树叶掉下来怕打破头"。谁都不得罪的这种人，很容易被人们误以为是圣人。如果整乡的人都说某个人好，孔子就怀疑此人很有可能是个"乡愿"，不做实事，到处卖好。

如果一个人性格张扬霸道，愿意做事，但是可能不择手段，也招人恨。有一句话叫作"不打篮球的人不会犯规"，但是打篮球不能恶意去犯规。所有人都说某人坏话，乡人皆恶之，那这个人的工作方法肯定有问题，甚至从根本上说，他做的事就是错事，所以这种人也不行。

只有那些被有分辨能力的人给予认可，被乡里名声不好的人排斥的人，才是个好人。

孔子说的这句话很好理解，只是我觉得其中的道理不太具有可操作性，因为善与不善难以区分。另外，也有很多人因为羊群效应，没有自己的判断，会盲从别人的观点，所以这部分跟风的意见，实际上没有价值。

对乡里的人进行舆论管理，并不是一件很容易的事，尤其是那些发布舆论的人，我们没法评判他们的好坏。他们有可能是好人，但他们糊涂，所以发布了错误信息；或者也不糊涂，但他们掌握的信息不对称……社会中的问题很复杂，有可能出现偏差，所以很难依照简单的标准来评判好或者坏。

从另一个角度来看，假如大部分的人觉得孔子说的这句话有道理，这句话反倒有用。当一个人陷入舆论的旋涡时，就需要找"背书"，比如你想让他人知道自己是好人，就需要请公认为好人的人站出来为你说话。这时候大部分的人就能够理解，你可能是可以信赖的。

舆论的问题很复杂，好人做出错误的判断太常见了。一件大事发生，或者一个社会问题出现时，网上言论就会撕裂成两大阵营，开始吵架。两大阵营中的人，难道真的一边是对的，另一边是错的？并不是。不同阵营的人都坚持认为，自己的看法是对的。造成这种现象的原因往往是信息不对称，双方都是更多地接触到了支持自己观点的信息。

关于通过舆论评判一个人的好坏，我们一定要分析羊群效应的影响因素，也要注意那些不负责任的言论和不对称的信息。人要学会理性而科学地分析，不能人云亦云。

易事而难说：好的领导以公心对待下属

子曰："君子易事而难说也。说之不以道，不说也；及其使人也，器之。小人难事而易说也。说之虽不以道，说也；及其使人也，求备焉。"

我以前讲关于人力资源的课程的时候，常引用这一句话。这句话简直是做人力资源工作的宝典。领导要怎么做才是一个好领导，下属怎么分辨自己的领导是好还是不好。

"君子易事而难说也"："事"，就是一起做事，合作的意思；"说"，通"悦"，高兴的意思。与君子共事很容易，难在无法取悦他。

"说之不以道，不说也"：想取悦他，而做法不合乎道，他是不会高兴的。君子型领导会明白这个道理，比如下属帮自己搬家，但自己不会放松对他工作上的要求；有的下属想送领导一部新手机，他得体地拒绝了。

生活中，有的人想要让领导开心，会替他打个饭、夹个菜，替领导考虑得周到一些，而有的领导真的会因此觉得这个下属对自己忠心耿耿。如同我们讲过的"浸润之谮，肤受之愬"，因为距离太近，让人产生了错误的结论和判断。而一个真正的优秀领导者，不怕有人来讲交情、讲苦劳，他还是会保持客观和公正，还是会按照规矩办事，不因为个人的偏见改变规矩。

"及其使人也，器之"：为什么这种人反倒好合作？因为他们实事求是、公正客观，只考虑把合适的人放在合适的岗位上，人用其长。

"小人难事而易说也"：若领导是小人，和他共事极难，但是很容易取悦他。给他送点礼，说点好听的话，把他捧着供着，照顾他的生活，他就觉得你不错。但是，千万不要觉得他高兴，自己就得意忘形，因为这样没有原则的领导，并不值得跟随。

"及其使人也，求备焉"：与小人型的领导共事，一旦遇到问题，背锅的永远都是下属。因为这样的领导求全责备，他不是按照一个人的特长把人放在一个合理的位置去做事。所以，虽然关系不错，但出了事，大领导怪罪下来，他就会追究下属。下属在这种管理下，永无出头之日，因为领导要挑毛病，简直是这个世界上最容易做的一件事了。这样的领导带团队，没有原则、做事不公平公道、给下属挑刺，往往会导致团队成员手足无措。

君子是有原则的，以一颗公心在做事。小人为什么那么容易高兴？因为他们私心重于公心，凭感情、凭自己的感受做事。

小人型的领导，你们平常再哥们儿义气，觥筹交错，但小人终究还是小人，到推卸责任的时候，他毫不手软。最后，甩锅甩得多了，一定没有人愿意跟随他了。

但是，君子愿意承担责任。君子型领导会让下属以做好事情为重，根本不需要谁来取悦自己，只要君子之交就够了。

君子也不是不能被取悦，而是要以道悦之。下属把事做好了，好的领导是发自内心地高兴，高兴于你的成长；当下属格局提高后，从公司的角度考虑问题，而不是从个人角度进行思考的时候，好的领导也会发自内心地高兴，会认为你能胜任更重要的岗位。

君子泰而不骄：内修德行才能抵御外在诱惑

子曰："君子泰而不骄，小人骄而不泰。"

孔子把君子和小人对照着定义出来，我也习惯把君子和小人集中在一起对比：君子和而不同，小人同而不和；君子泰而不骄，小人骄而不泰；君子群而不党，小人党而不群。

什么叫泰而不骄？安然舒适的样子叫作泰，有一个成语叫泰然自若。君子每天的生活状态是从容、安定、祥和的，他不需要骄慢。

"小人骄而不泰"，是说小人经常骄横、傲慢，却并不安定。

我们见过这样的人：一坐下来，先吹嘘自己刚见过某某知名人士，炫耀自己戴的表有多么昂贵，认识多少大人物……这种行为和正在聊的事情没有任何关系，但他还是要说。他为什么这样使劲地吹嘘？因为他内心不安定，而内心不安定的时候，他就不会舒泰。

越是那种张牙舞爪、五马长枪的人，他的内心越是虚弱、不安定。

荆轲刺秦王的时候，带了一个叫秦武阳的助手。秦武阳在街市之上可以杀人，十几岁就杀过人。人们以为秦武阳胆气极壮，就派他跟荆轲去刺杀秦王。结果秦武阳一上秦王的大殿，两股战战，路都走不稳了。秦王当时就心生怀疑，为什么他会这么害怕？荆轲呢，一个知识分子、外交家，并不是专业杀手，反而泰然自若。荆轲见秦王有疑心，就在旁边解释秦武阳的不堪表现，说这是小地方来的人，没有见过这么大的阵仗，请秦王海涵。而后荆轲借机给秦王献图而实施刺杀。像秦武阳这样的人，也就能做点欺凌弱小的事情，是骄而不泰的小人。

《自卑与超越》中讲到，很多人为了弥补自己内心的自卑，所用的方法就是"骄而不泰"。比如，我小时候被别人欺负过，我自卑，所以我现在要欺负别人。越是骄横，越是希望通过外在的这些东西武装自己，给自己贴标签，让别人肯定他多有钱、多能干，甚至是多心狠手辣。这样的人，内心总在担忧中，永远不能够舒适安闲。

但是一个君子，内省不疚，只要对得起自己的良心就安定了。君子有没有可能倒霉？肯定有的。比如苏东坡，被下到大狱里，一贬再贬，他依然安之若素。人生中，遇到劫难，避不开就去承受，像苏东坡一样坦然面对，君子不惑于外物。

小人内心不稳定，往往是被利欲所吸引。一个人如果被利欲所吸引，内在的德行与信念就随时有可能动摇。想想看，有多少钱算够，有多大的名声算够，有多大的权力算够……外在的任何风吹草动，都会促使小人做出应激反应，他得赶紧再干点什么，慢慢地就形成骄而不泰的处世方式。

君子跟小人衡量自己价值的出发点不同。君子的价值来自内在，是舒泰的；小人的价值来自外在，是波动不定的。

希望大家都能够生活得泰然自若，能够得大自在，时常处于泰而不骄之中。

刚、毅、木、讷：成熟者深思熟虑后再行事

子曰："刚、毅、木、讷近仁。"

"刚"是少欲。孔子曾说，他没见过一个人能够做到真正的刚。有人跟他说

申枨这个人怎么样，他说"枨也欲，焉得刚"。意思是一个人欲望过剩，就不会刚。

"毅"是坚韧。孟子讲大丈夫，"富贵不能淫，贫贱不能移，威武不能屈"。"富贵不能淫，贫贱不能移"是刚，不受外在的物质、环境影响。"威武不能屈"就是毅，坚持道义而不会屈服。

"木"是质朴。一个人看起来质朴，没有特别多的表情。明代思想家吕新吾的《呻吟语》中将人才做了这样的区分：深沉厚重，是第一等资质；磊落豪雄，是第二等资质；聪明才辩，是第三等资质。

"讷"是少言。略显迟钝，似不能言，看起来不怎么说话。

孔子喜欢刚、毅、木、讷的人，不喜欢巧言令色的人。一个人说话之前，要经过思考，如果张嘴就来，什么都能够掺和得上，干什么都能发表意见，往往在他头脑中起作用的是系统一，而不是系统二。

系统一跟系统二的区别，来自我们讲过的《思考，快与慢》一书。其作者丹尼尔·卡尼曼是诺贝尔经济学奖得主，学问水平相当之高。书中将大脑分成快和慢系统。

系统一很快、省劲、冲动，不太使用逻辑、数学，张嘴就能够应付，是人类进化过程中所形成的节省能量的一种方式。运用系统一的人，往往可以讲很多不负责任的话。

系统二理性、谨慎，不是情绪、诱惑起作用，而是自己做自己的主人翁。

生活中，大部分时候我们是被欲望、情绪带着走，很难进入那种深沉厚重的状态。

如果一个人不进行深刻思考，是不会表现出刚、毅、木、讷的样子的。

切切偲偲： 亲友之间也需要诚恳恭敬

子路问曰："何如斯可谓之士矣？"子曰："切切偲偲，怡怡如也，可谓士矣。朋友切切偲偲，兄弟怡怡。"

子路问了一个跟子贡一样的问题，怎么才能够做一个合格的士。

孔子回答子贡，说："行己有耻，使于四方，不辱君命。"因为子贡经常出使，是一个八面玲珑，能够跟所有人打交道的人。孔子建议他，把事做好就可以。

孔子跟子路讲的就完全不一样。

"切切偲偲，怡怡如也"："切切"是诚恳的样子，"偲偲"（sīsī）是恭敬的样子，"怡怡"是快乐、和谐的样子。一个人做到诚恳、恭敬、快乐，就是士。

具体怎么做呢？孔子又特意交代了一番。

孔子说，和朋友在一起的时候要切切偲偲，和兄弟在一起的时候要怡怡。

这里验证了孔子的教育方法，以一个法门为切入点，把某件事做到极致，如同修炼。

日本有"扫除道"，键山秀三郎通过打扫卫生，通过扫厕所、刷马桶，让自己的心性修炼到一个很高的境界。

日本还有"妈妈道"，研究怎么照顾孩子，怎么不溺爱地照顾孩子。一位"妈妈道"的研究者，能够把早上的一份饭做出的心意，让孩子看了以后愿意成为一个好孩子。想想看，做饭都能够影响孩子健康成长，那么其他的，比如家里怎么收拾、怎么布置、怎么打扫卫生，也都可以作为教育孩子的切入点。

有的人专门做临终关怀，把临终关怀这一件事情，做到至高境界。

孔子跟子贡讲"行己有耻"，能够做到慎独这一个法门就够了；孔子跟子路讲，子路能管好自己的急脾气就不错了。子路大大咧咧，他连孔子也"撑"，跟朋友、兄弟在一起，更是张牙舞爪了。所以孔子也是针对子路的性格，给出的指导。

他说，对朋友切切偲偲，久而敬之，不瞎开玩笑，不乱说诋毁的话，恭敬诚恳，管好内心和举止。跟兄弟在一起的时候，开开心心，兄友弟恭，不争不抢。

生活中，很多兄弟、朋友在一起时，相处并不诚恳、恭敬、快乐。比如交流时意见不合，在他人面前争着表现，娱乐游玩时想法不同，等等。有这些困扰的人，都可以深入学习这句话。

善人教民：让人做事，要告知意义所在

子曰："善人教民七年，亦可以即戎矣。"

孔子所在的那个时代，打仗民兵合一，国家不能够供养足够多的专业军队。鲁国并不是特别强大的大国，如果供养几十万人的专业军队，没有足够的劳动力耕种，所有人都得饿死。

什么叫作兵民合一？平常看起来都是老百姓，到了打仗的时候，领到发放的枪支，立即投身战斗。但如果不经过训练，把这些人送上战场，也很难形成战斗力。

古时候各国家都有训练老百姓的政策。每年农闲时节，所有步兵要集中操练一次，车兵三年会演一次。每五年，要进行一次大的混合演习，把车兵和步兵混在一起操练。

孔子说"善人教民七年"。一个能干的善人，管理国家的时候，用七年时间训练的老百姓可以投入战争。孔子认为教民，不能只教他们打仗的一些技巧，应该使"民知亲其上，死其长，故可以即戎"，即让老百姓知道自己是为什么而战的。如果老百姓只是因为国家发钱而去打仗，那可能没有什么战斗力，甚至会出现临阵而逃的情况。如果老百姓知道自己要保家卫国，退无可退，只能选择拿起武器，那就会焕发出强大的战斗力。

以不教民战：人才储备的核心在于培训

> 子曰："以不教民战，是谓弃之。"

"不教民"是一个名词，指没有经过训练的老百姓。

孔子说，把没有经过训练的老百姓送去作战，这就是放弃他们了，让他们白白送死。孔子特别重视训练，打仗之前，必须得让老百姓受过足够的训练。

战争时期，很多年轻人根本来不及训练，就被投入战场。

抗日战争中，日本侵略者始终没有打过潼关。

当时镇守潼关的将军叫孙蔚如，他在陕西的易俗社（唱秦腔的地方）发表了演讲，号召广大群众积极抗日。非常多的百姓加入了抗战队伍。同时孙蔚如将军还让家里的亲戚参军，可谓全民皆兵。其中很多年轻人，头一剃，就上战场了。不少人没有枪，拿着木棍，拿着长刀，一边训练，一边找物资枪械。他们让训练不够的人参战，是迫不得已的一件事，只有战才能有尊严地活下去。最后守住了潼关，始终没有让日本人跨过潼关一步，却也损失惨重，非常悲壮。

同样，"二战"后期，日本在失败之前孤注一掷，强令国内年轻学生加入侵略军队。正所谓"多行不义必自毙"，最终日本侵略者投降，中国人民取得了抗日战争的伟大胜利。

我们当下是和平时代，没有战争，而在企业管理上，这个道理也很适用。

有的公司招聘员工，恨不得人一来就立刻上岗，培训工作做得非常不好。等新人没有把事情做好的时候，又把人开掉。

新人入职应该做足够的训练，因为培训不到位，招来的人都逐一离开，实际上耗费的成本，远远大于培训的投入，而且还耽误了工作。尤其是有的小企业习惯挖人，在别的公司挖一个好用的人来。但挖过来的人，真好用的也不多，毕竟企业之间还是存在着很大的不同，并不如公司培养起来的好。

比如华为这样的大公司，入职培训的时间变得越来越长。我甚至听说有的公司的入职培训时间长达一年。但很多中小企业别说三个月入职培训，一个礼拜都做不到。有的企业，一见到人，就开始布置任务了，这就叫作"以不教民战，是谓弃之"。

磨刀不误砍柴工，员工对企业有了解、有认知，对自己要做的工作熟悉了之后，才能真正高效地工作。

一个成熟的团队，不能随便对一个未经过培训的员工施以重任。不管是对团队还是对个人，这都是不负责任的。

宪问第十四

克、伐、怨、欲不行焉：做人别太"使劲"

宪问耻。子曰："邦有道，谷；邦无道，谷，耻也。"

"克、伐、怨、欲不行焉，可以为仁矣？"子曰："可以为难矣，仁则吾不知也。"

原宪是孔门七十二圣贤之一，他出身寒微，一生坚守节操，不同流合污，是非常狷介的一个人。

孔子提倡知耻。原宪就问孔子，什么是耻，耻辱的标准到底是什么。

孔子说："邦有道，谷；邦无道，谷，耻也。"

"谷"就是挣俸禄。如果国家有道，政治清明，那就出来当官、挣钱；反之，国家混乱，上下沆瀣一气，这时还想着赚钱，那就可耻了。

那么，在"邦无道"的时候，人需不需要"谷"？需不需要吃饭？需不需要去领薪水？孔子他老人家当然不傻，我相信他的意思并不是让大家饿死。作为一个知识分子，不会种地，又不能饿死，只能去工作。但在挣钱的过程中，心中也要有原则和底线，别豁出命去挣钱，也不出风头。如果国家混乱无道，你却和当权者合作，挣俸禄，是可耻的。比如梅兰芳先生，在抗日战争时期，日本人多次让他出来唱戏，他却把胡子留起来，拒绝再唱戏。他心中知耻。

原宪说："克、伐、怨、欲不行焉，可以为仁矣？"

"克"指争强好胜，"伐"指自吹自擂，"怨"指牢骚过盛，"欲"指欲望兴盛。如果避免以上的情况，就算是仁吗？

这其实是原宪自道。他在说他自己，他努力的目标就是不克、不伐、不怨、不欲。

孔子说，能够做到这四点的确很不容易，但不知道能不能称为仁。

孔子从不轻易地给仁下定义，不会给某一种表现贴上仁的标签。为什么"克、伐、怨、欲不行"，还是达不到仁？在《梁漱溟先生讲孔孟》中，梁漱溟先生说，孔子有一种与他的学生非常不同的特点，那就是"不找"。他不找，不努力克制，保持一种自然的状态。

"克、伐、怨、欲不行"，很明显是憋着一股劲的，一个人要不断地提醒自己、约束自己，才能达到这种状态。这种状态，没有达到我们修炼的目标——"从心所欲，不逾矩"。

"从心所欲，不逾矩"，就是不必每天提醒自己"克、伐、怨、欲不行"，只需要随心所欲而不越规矩地过好每一天，而这样的状态才算是接近了仁。

士而怀居，不足以为士：别太留恋安逸的生活

> 子曰："士而怀居，不足以为士矣。"

从本质上来说，人是迷恋安逸的。如果一个人在家里待着，放松又自在，尤其在人间四月天，气候宜人，只想在自家阳台上、后院里待着，不想出门。倘若万不得已要出差，在异地的酒店里一定会觉得很不适应，只想马上回家。

这是很正常的感受。

但孔子说，一个人如果太留恋安逸的生活，就不足以成为士。

我读过《禅与摩托车维修艺术》。这是一本关于人生修养的书。主人公骑着摩托车，在公路上奔走，晚上搭个帐篷，听着鸟鸣入眠。他住在野外，风餐露宿地艰难生活，精神上却有无穷的满足感。

在现代生活中，骑摩托车旅行已经算是小壮举了，但他至少还有宿营地，有加油站。而在孔子的年代，周游列国该有多辛苦？路途坎坷，车马行驶缓慢；人烟稀少，难以补给装备；虎豹豺狼，甚至强盗时常出没……千难万险，但孔子并没有后退半步。

当时的士也被称作游士。男儿游走天下，因为志在四方。

我们普通人，常常缺乏志于弘道的使命感。有些俗语，比如"金窝银窝不如自己的狗窝""在家千日好，出门一日难"，这都能反映我们内心的状态。然而，这也意味着自我束缚。

选择安逸当然也没有错，然而，一个人不能每天想的都是怎样生活得更舒适。希望我们都能想一想自己的志向在哪里，激发自己向着目标前进，这样才能做一些有意义的事。

邦有道，危言危行：说话要看环境

子曰："邦有道，危言危行；邦无道，危行言孙。"

"危"指的是一座山高高耸立的样子，高峻且直。

孔子说，当国家政治清明的时候，说话可以直来直去，做事也可以公正、直接。

当国家混乱、坏人横行的时候，你在做事情时还是可以公正，但说话要小心，要给自己留有余地，因为万一说错话，容易引来杀身之祸。

季羡林先生有句话是"假话全不说，真话不全说"，就是这个道理。如果一个人说假话，就很难公正地做事了。假话全不说，是提醒我们保全自己人生的底线，不随便放弃自己的原则；真话不全说，是告诉我们，一个人生于乱世，不能没有任何斗争经验，虽然行为还是要保持正直，但说话要极度谨慎。

此处有一个重要的区分。"行"是关乎自己的事，判断什么是应该做的，是自己可以掌控的，哪怕牺牲自己的一些利益，也依然可以选择保持正直的品行。"言"则涉及与他人的互动和交流，当你与他人发生关联的时候，整个局面并不是由你完全决定的，此时保持谨慎，就是对自己的保护。

如果一个人连自保都做不到，一切都是空谈。在把自己保护好的基础上，做到不丧失自己做事的底线，这是在乱世的生存法则，其实也是我们每个人应该有的做人原则。

仁者必有勇：仁义就是你的铠甲

子曰："有德者必有言，有言者不必有德。仁者必有勇，勇者不必有仁。"

中国古人有一个"三不朽"的说法。叔孙豹和范宣子讨论一个人怎样才能够不朽。范宣子认为，不朽是一个人当了大官，坐拥权力和财富。

叔孙豹表示了否定，他说不朽有三个境界：太上有立德，其次有立功，其次有立言。这就是我们常说的三不朽：立德、立功、立言。

孔子说"有德者必有言"。意思是当一个人有德行，他内在的修为很高时，就一定能够说出有价值的话，有名句留在人间。

为什么有德者必有言？因为有德者表达出有意义、触动人心的话毫不费劲。他不是挖空心思地造出一句话来，也不是"两句三年得"一般地凑出一篇文章。有德者只是让自己的想法从内心流动出来，就已经足够有感染力了。

那些行云流水的千古文章之所以会令人惊叹，不在于刻意地堆砌辞藻和典故，而是从作者的内心自然而然地流淌出来的，因此，那些词句才灵动而感人。就像苏东坡，他说自己用文字表达从来不刻意地推敲，一切从心里自然流出，只是化作了文字而已。然而，太多人需要挖空心思地"造佳句"，才能成文。前者是由内而外，后者是由外而内，呈现出来的作品是完全不一样的。

"有言者不必有德"是什么意思呢？我们遇到的很多人，能写锦绣文章，偏偏做人一塌糊涂——有的人精通文史哲，可以造出名言警句；有的人可以写美好的诗词；有的人开口就是佳句……但他们却无德。这是因为，很多人纵然无德，但只要使劲挖空心思地去琢磨，也能有名句流传出来。

"仁者必有勇"：一个有仁爱之心的人，必然有大的勇气。所谓"仁者无敌"，哪怕你没有三头六臂，甚至是手无缚鸡之力的文弱书生，但是面对千军万马，依然敢站出来，杀身成仁，舍生取义，就是因为心中有仁义！

"勇者不必有仁"：一些勇者逞的是匹夫之勇，意气用事，他们看似勇猛过人，敢于直面自己的敌人，但实际上只是好强斗狠而已，并不是缘于内心有爱。我们读《水浒传》时，也许偶尔会有少儿不宜的感觉，李逵一旦杀起人来，就杀红了眼，只顾自己杀得痛快，发泄自己内心的暴力，不管对方是不是老弱妇孺。这种人看起来刚猛，却并不是真的勇，更不可能是仁义。这纯粹是鲁莽和无知带来的匹夫之勇而已。

综上，拥有德，你自然会有言；拥有仁，就会表现出勇。然而，有言有勇只是外在的表现，我们要追求的是由内而外地表达自我。内心有德、有仁，自然会做出最好的判断，表现出最好的自己。

禹稷躬稼而有天下：学会透过现象看本质

南宫适问于孔子曰："羿善射，奡荡舟，俱不得其死然。禹稷躬稼而有天下。"夫子不答。南宫适出，子曰："君子哉若人！尚德哉若人！"

南宫适这个名字对各位读者来说应该不陌生，他天天背诵名言警句，用来提醒自己。孔子对他的评价很高，还把自己的侄女嫁给了他。

南宫适有一天对孔子说："羿善射，奡（ào）荡舟，俱不得其死然。"

羿和奡都是以勇武闻名的人。我们听过后羿射日的传说。羿是有穷国的国君，奡是过国的国君。"荡舟"就是陆地行舟，即把独木舟放在陆地上，拿一个棍子戳着地往前走，这需要极大的力气。我觉得南宫适是用"荡舟"的说法，表现奡这个人力气极大、臂力过人、勇武非常。

"俱不得其死然"：这两个人都死得很惨，下场都不好。我们由此也能联想到孔子曾经说子路"不得其死"。

稷是禹的农官。"禹稷躬稼而有天下"，意思是他们都是弯下腰去种地的，结果反倒拥有了天下。这是南宫适的一个感叹。

孔子当时没有回应他。南宫适离开了以后，孔子突然感慨地说："这个人真是君子，这个人真是崇尚道德。"

为什么孔子不当面说？我的体会是孔子跟许多老人家一样，不习惯当面表扬自己的后辈。如果是以前，孔子也经常对其他学生讲"吾与点也"，就是"我同意你，你的观点挺好的"，或者说"始可与言《诗》已矣"，意思是"我可以跟你谈《诗经》了"。以上这些各式各样的表扬，其实都是老师对学生启发式提问的认可与肯定。

但今天，南宫适突然说出来的话，给了孔子一定的冲击，让孔子当场愣住。他是真的被震撼到了，脱口而出："君子哉若人！尚德哉若人！"这个年轻人竟然有这样了不起的认识，竟然有这样的德行！

如此赞叹，孔子一般是用在外国来使身上，或者是用在古代先贤身上。面对自己的学生、侄女婿，他有点说不出口，似乎不好意思当面这样强烈地表扬南宫适。

为什么南宫适会获得孔子这么高的评价？羿和奡代表着人们普遍的目标，即对有权、有势、有能力、有钱的追求，但实际上，这些人未必是真的善于生活，未必就是我们的楷模；相反，那些老老实实种地、努力地践行"君子务本，本立而道生"的人，才是值得我们真正效法的，比如禹和稷。

年轻人很容易被外在的力量所吸引，但是南宫适能够揭开表象，看到事物本质，极为难得。

未有小人而仁者：小人的典型特征

子曰："君子而不仁者有矣夫，未有小人而仁者也。"

《论语》中，孔子经常和学生讨论什么是君子，什么是仁。这都是我们应该追求的境界，但这两者之间并不能画等号。孔子认为，君子之中也有不仁的人，君子和仁者之间是有差距的。

虽然君子中也会有不仁的人，但是小人中，却没有一个达到了仁的境界。这是孔子的评判。

"君子而不仁者"，就是君子犹未能被称为仁，没有达到仁的境界，还有修炼的空间。举个例子，金庸先生的小说《射雕英雄传》中的黄药师，他基本上到达了君子的境界，但是他孤僻，脾气大，情绪偶尔不可控，他就是"君子而不仁者"。

关于"未有小人而仁者"，这部小说中也有很典型的例子，比如欧阳克、欧阳锋，这样的小人就无法触碰到仁的境界。

这两者之间的区别是什么？君子虽然尚未到达仁，但至少在同一个方向，只是境界不同；小人则是背道而驰，离仁越来越远。

余秋雨先生受邀至"樊登读书"讲《中国文化课》这本书时，提到他对小人的体会，总结了小人的三个特点。

第一个：见不得别人好，别人好了他就失落、生气。

第二个：乐于制造麻烦。无论给大家添多少麻烦，他都不在乎，甚至有的小人宁愿费天大的功夫，也要将别人的事情搅黄了，损人不利己。

第三个：办坏事的效率特别高，特别擅长谋划不义之事。

孔子说："君子成人之美，不成人之恶。小人反是。"小人的方向正好相反，他们不愿意成人之美，不希望跟大家和谐相处。

小人中能出现仁人吗？孔子说从来没有出现过，因为方向选错了。

君子达不到仁的境界，但是君子至少在大方向是正确的。希望我们都能选对方向，哪怕最终达不到仁者的境界，也能让自己的人格越来越美好。

爱之，能勿劳乎：宝剑锋从磨砺出

子曰："爱之，能勿劳乎？忠焉，能勿诲乎？"

"爱之，能勿劳乎"，爱一个人，能不让他去努力工作吗？比如，我们爱自己的孩子，就会让孩子好好工作，劝勉他勤劳。如果"爱而勿劳"，就是爱一个人，却不为他计深远。古人把这叫作禽犊之爱，是指爱子女而不让他们磨炼，就像鸟兽对幼崽那样，是不理性的，没有做长远的考虑。

"忠焉，能勿诲乎"，如果你真的忠于一个人，你能够不去劝他吗？你会用善言来教诲他，去劝勉他。比如你侍奉君主，忠诚于他，你就要直言犯谏，说出自己的建议。

关于这句话，根据说话对象的不同，有两种理解方式。

"能勿劳乎"，你既可以理解成让他劳，也可以理解为他劳。

假如把说话的对象想象成国君，这句话的意思就是你爱你的国君，你能不为他努力吗？你忠于你的国君，你能不为他谋划吗？

这样理解，此处的"诲"是谋划之义。

为什么把"诲"解释为谋划的"谋"？李零教授考证，战国时期的文字，"谋"的字形与"悔"非常像，所以很有可能在漫长的岁月里演变成了今天的"诲"字。

假如你把说话的对象想象成你的学生、孩子、兄弟，这句话的理解就变成了——你爱他，你能够不让他去工作、去磨炼吗？你忠于他，难道不应该教诲他吗？

"诲"有可能是悔，也有可能是谋。古书在抄录的过程中，会出现一些小的笔误，这个是难免的。因此，我认为这两种解释都讲得通。

最重要的是我觉得这两种理解方式对我们都有正面的帮助，无论是面对领导，还是教育子女、学生、后辈，都可以用得上。

为命，裨谌草创之：利用团队的力量，避开思维的盲区

子曰："为命，裨谌草创之，世叔讨论之，行人子羽修饰之，东里子产润色之。"

"为命"，意思是出一份文件。

孔子说的是郑国制定一份文件的过程，大概是他在给学生讲子产的故事时提到的。

子产是一代名相。孔子八岁左右的时候，子产当政。子产死的时候，孔子三十岁。子产对于孔子来说是一个楷模，所以孔子经常提到他。

郑国当时要制定一份文件，由大夫裨谌起草，另一个大夫世叔提出意见，一起讨论定夺。

"行人"指外交官。子羽作为外交官，再对文件进行修饰。

"东里子产润色之"，意思是住在东里的子产再加以润色。

经过这样几个步骤，这个文件才能够出台。

这些细节说明了郑国当时在子产的管理下制度非常规范，有细致而严格的流程，不是一言堂。

从现代的管理学上来说，这样的流程也是值得认可的。为什么在一个组织中，要有合作、有严谨的流程、有头脑风暴会议？因为每个人，不管认知达到怎样的高度，都难免会存在思维盲区。假如我们任由思维的惰性占主导，有了一个想法就觉得足够了，不愿意再进行新的思考，就会错过很多更好的方法。

思维的盲区会让我们远离真正的目标，从而造成各种各样的损失。

这就是为什么集体的智慧是很重要的。当多个人在多个角度一起思考问题时，才能够让我们的思维更立体，让我们得出更好的想法。

当然，无论是头脑风暴，还是六项思考帽，都需要学习，而这是需要技术的，并不是所有人坐在一起开个会，就叫头脑风暴。另外，我们也要辩证地看待他人的建议，听取多方意见之后，果断地做决策，否则会陷入"筑室道旁，三年不成"的误区。

关于如何进行头脑风暴，在《斯坦福大学最受欢迎的创意课》中有非常实用的工具，在此也推荐给你们。

饭疏食，没齿无怨言：孔子对管仲的欣赏

> 或问子产。子曰："惠人也。"
>
> 问子西。曰："彼哉！彼哉！"
>
> 问管仲。曰："人也。夺伯氏骈邑三百，饭疏食，没齿无怨言。"

这是孔子对三位名臣的评价。

有一个人问孔子，子产这个人怎么样。

孔子说，子产是个惠人，也就是子产惠施于民，给老百姓带来了很多好处。

孔子很称道子产。有个故事可以说明子产的德行。当时有个地方叫作"乡校"，即乡人聚会的场所，很多人在此讨论政事。有人跟子产提议要把乡校拆毁，避免是非。子产拒绝了，他认为把这个地方留下来让大家各抒己见是没有问题的，他在管理国事的过程中，本来就广开言路，对大家的意见非常包容。

对此，子产说："其所善者，吾则行之，其所恶者，吾则改之，是吾师也。"

子产认为，对于大家议论的事情，如果是对自己的政策表示赞同的，他就继续推行；如果别人提出反对意见，他就修改。乡校于他而言不是是非之地，而是教会他把事情做对、做好的地方。

子产态度开明，追求言论的开放，孔子很欣赏他。

接着，对方又问子西如何。子西是楚国的令尹，是楚昭王复国的功臣，但是后来死于战乱之中。子西跟孔子之间还有一个小过节，据说楚昭王曾经想把孔子请到楚国，却被子西给阻止了。

当问到子西的时候，孔子说："这个人……这个人……"孔子顾左右而言他，没有对子西做出评价。

接着，对方问管仲。孔子说："人也。"

"人"和"仁义"的"仁"可以互换。孔子很少说一个人达到了仁的境界，他说管仲可以算是仁。为什么管仲"仁"？因为他"夺伯氏骈邑三百，饭疏食，没齿无怨言"。

这句话有个故事背景。管仲把伯氏家族在自家的封地，也就是骈地的三百户收回来，使得贵族伯氏只能吃糙米饭，生活水平大幅降低，但是伯氏"没齿无怨言"，至死都没有说过管仲的坏话。有人认为这是因为管仲强悍，他的铁腕政策吓得对方只能禁言。我觉得不像如此，一个人恐吓对方，对方不再闹事是情理之中的，但是真正做到无怨言是很难的。被人恐吓了，多少会抱怨一下。管仲再有政治手腕，也不可能堵住伯氏的嘴。

我认为这里表达的是孔子对管仲的欣赏。伯氏之所以被收回封地的三百户而无怨言，是因为管仲处事公正，他所做的事情是符合正义的。

设想，在推进某一件事情的过程中，被你伤害了利益的人都能够认可你的做法，从很大程度上就能证明你的方法一定是公正、可靠、有科学性的。

在日常工作中，我们难免会伤及某些人的利益，这是为了一个更大的愿景，为了实现一个更好的目标。但是作为一个领导者，在这个过程中能否处理好矛盾，有时并不是看你的手腕，看你有多会斡旋，而是看你是不是出自私心、出自私怨。你做出的决策到底出于什么目的，到底有何初心，被伤害的人心里是很清楚的。

在孔子看来，管仲能够把这么复杂的事处理好，夺了人家的饭碗，让人家贵族"饭疏食"，对方竟然"没齿无怨言"，这说明管仲在处理这个问题时，让对方感受到了他的公正和大义，也说明他处理矛盾的能力很强。

对于子产和管仲，孔子都给予了很高的评价，但很明显，孔子不太喜欢子西。孔子说"彼哉！彼哉"，可以理解为他对子西很无语，"这个人……这个人我无话可说"。

贫而无怨难：人可以穷，但志向不能短

子曰："贫而无怨难，富而无骄易。"

为什么"富而无骄易"？如果你见过很多富有的人，尤其是连续三代都很富

有的人，就会发现，他们往往并不觉得钱有多重要，也并不觉得自己有多了不起，甚至对钱都没有概念。在文学作品中，最典型的人物是《红楼梦》中的贾宝玉。有一次，他给前来给晴雯瞧病的大夫银子，拣来拣去，不知道给多少合适，他对钱完全没有概念。

做到富而无骄并不难，因为这个世界上比钱重要的东西太多了。什么样的人有了钱以后会变得傲慢、骄矜？往往是乍富之人，突然发了笔横财，便瞬间膨胀了，非豪车不开，非名牌不穿，并且享受周围人对他的羡慕和追捧。

这样的人其实是驾驭不了财富的，看似是他在利用金钱，实际上却被金钱禁锢了。

子贡也有很多钱，但他有比追求金钱更高的目标，愿意去接触更多有趣而美好的事物，愿意跟随孔子学习，接受礼乐熏陶，而这些都会令金钱显得相形见绌。对于类似于子贡的人来说，富而无骄是比较容易的。

但做到贫而无怨就很难了，我们很难劝一个连温饱都没有解决的人放下一切去学习，并且去感恩生活。面对贫苦的人，即使我们有一些劝诫之词，往往也说不出口。他们在"奔命"，每天在温饱线上挣扎，我们怎么能告诉他们"停下你手上的事情，去读书吧"？这种话显得太轻了，也显得缺乏共情。

温饱线，是一个非常重要的分界线。未到达温饱线，你只能为了生存苦苦挣扎，没有精力去了解更多的知识；过了温饱线，你就有很多的机会和资源。

《贫穷的本质》中提出了一个非常重要的论题，叫"贫穷的陷阱"。一个人穷到了一定的程度，他就很难爬出贫穷的陷阱。比如，在贫民窟里居住的人，如果有机会得到一笔钱，他根本攒不下来，他没有用这笔钱去增强自己或者储蓄的意识，他宁愿去抽烟，也不愿意用这笔钱做点有长远意义的事情，甚至不愿意先把贷款还掉。

一个人在长期贫困的压力之下，体内会分泌大量的与压力相关的激素，这会导致他情绪容易失控，频繁发怒，倾向于及时行乐，难以延迟满足，而这样的状态又会让他更难摆脱贫困，总之就是一个恶性循环。

比如在印度，很多生活条件差的人离不开茶。经济学家做过调研：人们只要坚持一个礼拜不喝茶，就能把高利贷还清，但大多数人不喝就受不了，每天挣了钱，先把茶钱付了，之后接着借钱生活，始终挣扎在温饱线上。

一个人想要爬出贫穷的陷阱太难了！他需要懂得延迟满足，需要有长远的规划，需要从认知层面进行彻底的自我更新——但他们往往根本没有提升认知的机会，只能浑浑噩噩地过着眼前的生活，也意识不到学习的重要性。

希望我们都能做到富而无骄。有了钱以后，意识到钱只是一个工具，我们可以追求更多比钱更美好的事物，让自己能够学到新知，开阔眼界，实现自我价值。

如果你当下比较贫穷，也希望你在为生计奔波的同时，能够抓住任何学习的机会，即使这真的很难。

孟公绰为赵魏老则优：创业好，还是做高管好

子曰："孟公绰为赵魏老则优，不可以为滕、薛大夫。"

孟公绰是鲁国的大夫，是被孔子称道的一位先贤，他的特点是清心寡欲，不喜欢参与太多麻烦的事情。

赵、魏是晋国的两家贵族，"老"是家宰的意思。孔子说，孟公绰的修为很好，做赵、魏家族的家宰是绰绰有余的。这里的意思是，孟公绰的德行和能力，在大国里担任家臣是绰绰有余的，但让他去滕、薛这样的小地方做官，是做不

了的。

这在当下也是很多人常常讨论的话题：一个人到底是自己创业，还是在大公司做高管？有的人就是适合在大公司里做高管，因为大公司的运行机制完备，企业文化成熟。很多高管只需要做好最重要的沟通、协调、统筹工作，一切东西照流程去做就够了，不需要太多的创意，也不需要处理特别复杂的人际关系，只要认真、勤勉、素质高、英文好，就能工作得很顺利。

但对于一个适合在大公司里担任领导的人来说，如果把他换到一家小的创业公司当CEO，就有可能力不从心，因为他面临的问题都是没有章法可依的，没有完整的规章制度可循，所有问题的解决方案都需要他去摸索，所有流程都需要他重新写，而这对一个人的抗压能力、挑战性、创新性的要求极高。

所以，孔子认为孟公绰这样清心寡欲的谦谦君子，可以在大国当小官，但是不可以在小国当大官。用我们现在的语言来说，就是适合在大平台当高管，不适合创业。

当然，我们也不要一概而论，因为孟公绰是孔子之前的人，孔子这样评价他，属于盖棺论定。但是对于当下的每一个人，不要给自己贴固化的标签，认为自己只适合打工，不适合创业，或者认为自己只适合待在小公司，不适合去大公司……人是具有弹性的，一个人的潜力是无限的，只要愿意刻意练习，愿意成长，一定会产生不可思议的变化。这就是孔子说的君子不器。

希望我们不要把自己设定为某一类型的人才。我个人对人才测评的准确性存在保留的态度，而且我相信，每个人都有广阔的提升空间。

成人：脚踏厚土，仰望星空

> 子路问成人。子曰："若臧武仲之知，公绰之不欲，卞庄子之勇，冉求之艺，文之以礼乐，亦可以为成人矣。"曰："今之成人者何必然？见利思义，见危授命，久要不忘平生之言，亦可以为成人矣。"

子路问孔子什么叫作"成人"。在古代，"成人"就是完人的意思，子路问的是一个人怎样才能够成为一个完善的人。

我觉得英文里有个词能比较精准地概括这个意思：grow up（长大成人）。成年人其实是一个相当高的要求，并不完全凭年龄而论。很多人哪怕长到三四十岁，内在依然是个孩子，他们做事、说话时总是急切地想推卸责任，比如"我没有责任，你不能这样说我""我又没有错，凭什么，这样不公平……"。

一个真正的成年人是怎样的呢？在《奈飞文化手册》中讲到奈飞招人的原则，就是只招成年人。我很难给成年人下具体的定义，但还是可以总结出成年人的一些特征：不需要整天跟别人说明自己、解释自己；不会急于撇开责任，不会总是讲"我没错，这不怪我"；不会过于在乎与面子有关的事；有较高的自尊水平，自我认可，不脆弱，不会轻易被伤害；把目光放在如何解决具体的问题上，而不是关心别人对自己的态度。

比如生活中，有的人到了老年时期，还在为面子、为自己脆弱的玻璃心而痛苦着。看一个人是不是真正长大了或成熟了，很重要的界定标准就是对方是否怀抱一颗不必要的玻璃心，是否容易被伤害到，是否具有完整的人格。

孔子是这样回答子路的。

"臧武仲之知"：臧武仲是鲁国的大夫，很聪明，有智慧。

"公绰之不欲"：像孟公绰一样，没有过分的欲望。

"卞庄子之勇"：卞庄子是鲁国最勇猛的一个大夫。《荀子》中有言："齐人欲伐鲁，忌卞庄子。"齐人多次想要伐鲁，但只要卞庄子在，就不敢打。

"冉求之艺"：孔子曾夸奖冉求，说他多才多艺、爱学习。

孔子举的例子中，前三者都做过鲁国的大夫，第四位是自己的学生。

孔子认为，有知、不欲、有勇、有艺还不足以称作成人。他提出"文之以礼乐"，就是还要教人礼乐，让这个人的外在有恰到好处的修饰，这个人才算是人格完备了。

接下来的文字，有可能是孔子对自己的观点进行的补充。

当然，也有可能是子路说的话。子路对孔子说的话不是全盘接受。子路说，夫子说的要求过高了，其实不用那么费劲，只要能够做到"见利思义，见危授命，久要不忘平生之言"，也可以算作成人。

"见利思义"就是不要见利忘义，要有底线。

"见危授命"是指遇到危险的事，能够舍生取义。

"久要不忘平生之言"，"要"同"约"，约束之义。这句话的意思是哪怕长期处于困苦之中，也不忘记自己的平生之志。

如果认为以上是子路讲的话，可以解释得通。子路在补充老师的说法，降低了成人的要求。但是根据我们对子路的了解，又觉得子路很难说出这么"漂亮有力"的话。

所以，这句话可能是孔子说的。孔子先以贤者举例，跟子路列出了成人的较高标准，但又觉得很难做到，就补充了低一级的要求——只要做到见利思义、见危授命、久约不忘平生之言，就可以了。

不论这段话是出自谁之口，我们读完这段，至少应该记得三点。

见利思义：不要一看到钱就忘记义，不管来路正不正、符不符合道义、有没有签过合同……

见危授命：遇到了危险，要能够站出来，勇于承担责任。

久约不忘平生之言：王尔德说"生活在阴沟里，但依然有人仰望星空"，纵使不幸地遭遇长期的贫困，也永远不要忘记去仰望星空。

义然后取，人不厌其取：与人交往的原则

子问公叔文子于公明贾曰："信乎，夫子不言，不笑，不取乎？"

公明贾对曰："以告者过也。夫子时然后言，人不厌其言；乐然后笑，人不厌其笑；义然后取，人不厌其取。"

子曰："其然？岂其然乎？"

这段话是孔子向别人提问。《论语》中，我们极少见到这样的场景，大部分情况是别人询问孔子。

公叔文子是卫国的贤达人物。有人说公叔文子的特点是不言、不笑、不取，也就是不苟言笑，不随便拿别人的东西。

公明贾是卫国的大臣。孔子问公明贾："公叔文子的如上特点是真的吗？"

公明贾说："以告者过也。"这里有两种解释，一种解释是说这种说法错了，另一种解释是传得有点夸张了。

我觉得根据后文来理解，解释为"传得有点夸张"可能会更切合。

公明贾说"夫子时然后言，人不厌其言"，夫子不是不说话，而是他说话恰到好处，到了该说话的时候，他才说话。如果一个人说话时能够掌握火候、分寸、场合，知道什么时候该开口，人们就不会讨厌他说话。

"乐然后笑，人不厌其笑"，他是真正发自内心地感到开心才笑，所以人们也不讨厌他的笑。

不随意说话，不随意地笑，这有什么可赞叹的呢？

在日本，笑也是需要谨慎的。在日本文化中，一个人没有理由地对他人笑也许并不意味着礼貌和善意，因为在对方看来，这样的笑是莫名其妙的，甚至可能是嘲笑。与之相反的是欧美人，无论是否认识，都会热情地打招呼、微笑。日本人最初和西方人做生意的时候，不理解欧美人的这种"自来熟"，产生了不少误会。

后来，日本的国际企业为了改变这件事情，专门对员工进行了培训，请员工理解不同国家的风俗和文化，学习如何和西方人打交道。

在中国古代，也有这样的可能，人不能无缘无故地发笑，且很多贵族并不欣赏别人对自己无理由地笑。

公叔文子的笑都是从心而生的，是因为真正感到愉快才会笑，这样的笑显得格外真诚，具有感染力，所以自然没有人觉得不好。

"义然后取，人不厌其取"，不是不能拿东西，而是拿东西要符合义，这样，人们就会觉得他拿也是应该的。

公明贾对于公叔文子的评价很精彩。

但是孔子听完，说了一句："其然？岂其然乎？"

这是一句非常有琢磨空间的话，意思是：是这样啊，真的是这样吗？

孔子似乎不太认同，或者说不太相信。我不知道孔子是不相信公明贾说的话，还是不相信公叔文子能够做到这一点，这都有可能。

总之，孔子对以上的评价，是有保留的。

这段文字给予我们最大的借鉴，是"时然后言""乐然后笑""义然后取"这三个与人交往的原则。做到这样，你才能在人际关系中让他人感觉舒适。

臧武仲以防求为后于鲁：孔子评价臧武仲

子曰："臧武仲以防求为后于鲁，虽曰不要（yāo）君，吾不信也。"

《论语》中曾经出现"臧武仲之知"，意思是臧武仲是一个很聪明的人。但就是这样一个聪明人，在政治斗争中落败，被排挤到了齐国。他逃到齐国以后，想凭借自己的防邑（位置在山东曲阜附近，是他的一个私邑），让他的后人在鲁国继续承袭家族的地位。

臧武仲虽然不是三家之一，但也是鲁国非常重要的一支贵族。他人虽然在齐国，但还是想为后人做打算，提出让自己的家人来接替臧家的家产。

"以防求"，有可能是拿防地出来跟鲁君交换，或者是提出了对于防地归属权的要求。此处说得并不具体，直译过来，就是他凭借此处的防邑来请求立他的后代为鲁国的卿大夫，去接续他的血脉和名位。

我觉得还有一种可能是，他在防邑布有重兵，以此来跟鲁君谈判。

孔子说，虽然他自己说这不是在要挟鲁君，但客观来讲，既然不是要挟，为什么要在私邑驻军？孔子不太相信臧武仲的话。

齐桓公正而不谲：孔子赞美齐桓公

子曰："晋文公谲而不正，齐桓公正而不谲。"

"谲"（jué）是诡谲、奸诈之义。孔子认为晋文公谲而不正，狡猾而不够正派；认为齐桓公正而不谲，用的是光明正大的方略。

晋文公和齐桓公都属于春秋五霸，这是孔子对其二人的评价。

孔子对晋文公的评价很低，因为晋文公"挟天子以令诸侯"。他在城濮之战后，把周天子招到河阳，举行践土之盟，借此举行诸侯大会。

齐桓公与他不同。齐桓公是尊王攘夷，利用自己的力量，尊天子之位，保护华夏的文明不被外族侵害。

孔子认为，齐桓公虽然是五霸之一，但他尊重王权，是"霸在王下"，是完全合法的。晋文公"挟天子以令诸侯"，是"霸在王上"，让王成为他的工具，成为他的背书。这两人的出发点是完全不同的。

孔子说："晋文公谲而不正，齐桓公正而不谲。"此处的"正"可以理解为有原则、有底线，"谲"是指用计太多。政治家善用计谋很正常，孙子讲"兵者，诡道也"，如果不会用计，怎么跟人打仗呢？此处的关键还是在于度。齐桓公肯定也有计谋，但重要的是他有底线，没有不择手段。

"正"是齐桓公和晋文公最大的区别之一。这给我们一个启示——心机和手段未必是唯一的通道，我们行事光明正大，同样能够实现自己的目标。

桓公九合诸侯：孔子再次赞美管仲

子路曰："桓公杀公子纠，召忽死之，管仲不死。"曰："未仁乎？"子曰："桓公九合诸侯，不以兵车，管仲之力也。如其仁，如其仁。"

孔子再次赞扬了管仲。这里牵扯一段大家耳熟能详的故事——管鲍之交。

管仲和鲍叔牙是发小，关系特别好。有人对鲍叔牙说："管仲不是什么好人，他跟你做生意，每次都是他拿得多，你拿得少。"鲍叔牙说："他家里有老母需要奉养，他拿多点是应该的。"有人跟鲍叔牙说："管仲在背后说你的坏话。"鲍叔牙说："没关系，我们之间心知肚明。"

后来，管仲和鲍叔牙分别辅佐两个不同的公子：鲍叔牙辅佐公子小白，即后来的齐桓公，而管仲辅佐的是和公子小白争夺王位的对手公子纠。在齐襄王去世之后，为了帮助公子纠夺取国君之位，管仲还亲自暗杀过公子小白，只是失败了。

这个故事我们在《樊登讲论语：学而》中说到过，在此不赘述。

齐桓公对管仲可谓深仇大恨，在掌权之后，他先杀了公子纠，打算杀管仲时，却被鲍叔牙阻止了。不仅如此，鲍叔牙还劝齐桓公重用管仲。

齐桓公听了鲍叔牙的建议，拜管仲为相。之后的几十年里，管仲帮着齐桓公治理国家、尊王攘夷、九合诸侯。

关于这段典故，孔子的学生们都很熟悉，这是当时的热点事件。子路认为，桓公杀了公子纠，对管仲来说，他的主上死了，而他却苟且偷生，这个人不忠诚，不算仁。

孔子说，齐桓公能够九次召开诸侯大会，不是靠武力要挟，而是靠威信，这和管仲的治国能力分不开。比如在经济层面，管仲最突出的贡献是提出了盐铁论，即一面煮海水为盐，一面开山打铁。齐国的地理位置在当时并不算好，但是有盐有铁，就从一个贫穷的国家变得富庶起来了。齐国成了一个富庶的大国，齐桓公又是一位正而不谲的君主，之后的尊王攘夷、九合诸侯自然水到渠成。

孔子认为，能够九合诸侯，不动兵戈就让天下趋于和平，就是仁。

正如前文所讲，孔子对于"言必信，行必果"的评价并不高，在他看来，这叫作"硁硁然小人哉"。作为一个君子，最关键的是看大节：看一个人到底是不是做出了贡献，对老百姓是不是有好处，行为方式是否合乎于义，而不是为了匹夫之勇，为了一时的意气，为了表忠心，而白白地赴死。

孔子是从更大的层面看问题的，而子路此前没有理解到这一层。

管仲相桓公：人要学会与自己和解

子贡曰："管仲非仁者与？桓公杀公子纠，不能死，又相之。"子曰："管仲相桓公，霸诸侯，一匡天下，民到于今受其赐。微管仲，吾其被发左衽矣。岂若匹夫匹妇之为谅也，自经于沟渎而莫之知也？"

对于管仲的讨论继续。

子贡也跟子路一样，向孔子表达自己的看法。子贡说："管仲肯定不算什么好人，你看，主上被杀后，他偷生也就算了，竟还去给自己的敌人当宰相。"

孔子说："管仲帮助齐桓公成为春秋五霸，匡扶天下，我们直到今天都受惠于他。"

在此，孔子说了一句名言："微管仲，吾其被发左衽矣。"如果没有管仲，我们早被夷狄统治，都成了野蛮人。

什么是"被发左衽"？在当时，华夏和蛮夷的着装方式完全不同，华夏的人衣襟是朝右开的，蛮夷地带的人则是衣襟朝左边开，露出肩膀，而且披头散发。如果有贵族或者官员表示"我要和文明世界决绝了，不再参与任何政治斗争了"，就可以披发文身，意味着自己从今天起就是野蛮人了。

在日本，身上有文身的人往往被认为是黑社会。有人在身上刺青，就代表着他下定决心加入黑社会，跟主流社会分开了。因此，如果我们到日本去泡温泉，会发现门上面写着有刺青者不得入内。

中国古代，在身上刺青也代表着和社会的一种决裂。衣着打扮、个人形象能够反映自己的态度。

顾颉刚先生的《国史讲话·春秋》中提到，春秋结束时，最大的一个成果就是形成了华夏文明的雏形。此时的华夏文明，受到的最大威胁来自游牧民族。如果游牧民族不断地发动战争，侵占华夏的土地，那么很有可能所有人都将变成野蛮人。

孔子认为，阻止这件事情发生的是管仲。正因为有管仲来帮助齐桓公一匡天下，让华夏民族一致对外，我们才不至于变成披发左衽的野蛮人。因此，管仲是"仁"的。

孔子说："岂若匹夫匹妇之为谅也，自经于沟渎而莫之知也？"

"谅"通明亮的"亮"，可以理解为小小的信用。孔子的意思是，子贡和子路所说的"非仁"，就像普通的匹夫、匹妇，为了一点小小的信用，在没人知道的山沟里上吊自杀，谁知道他们？

孔子倡导的是不要为了一点面子和所谓的义气，就忘记了自己的价值和使命，与"小信"相比，"大仁"才是更为重要的。为了天下的大义，要能够忍辱，能够与自己和解，与对手和解。管仲并不是偷生，而是为天下苍生珍惜自己的生命，这是一个更高的境界。

我们经常看到有人为一点小事去纠结对错，做伤害自己、伤害他人的事，这就叫作"自经于沟渎"。这样做，根本不是为了什么大义，只为自己的内心过意不去罢了。

所以，要多读读《论语》，培养为天下黎民苍生做事情的责任感，那么眼界和心胸都将会更加开阔。

大夫僎与文子同升诸公：大度、无私是领导者的基本涵养

公叔文子之臣大夫僎与文子同升诸公。子闻之，曰："可以为'文'矣。"

公叔文子与自己的家臣僎"同升诸公"，也就是一起被提拔。

孔子听到之后，说"可以为'文'矣"，意思是公叔文子配得上"文"的谥号。

谥号对于古人有多重要呢？在古代，谥号是在一个人逝去之后，对他用最精练的文字进行的盖棺论定，而且有严格的礼制，不能乱来。举一个例子，范仲淹的谥号叫范文正公，欧阳修叫欧阳文忠公，苏东坡叫苏文忠公，他们三位的谥号都是两个字，即在"文"字后加一个"正"或者"忠"。欧阳修去世的时候，关于到底是给一个字还是两个字就讨论了好几年，因为这是非常严肃的

事情。单独一个"文"字属于第一级的谥号，是表达非常高的褒奖，而"文正""文忠"则稍低一个层次。真正能够以"文"字为谥号的，在他们那个时代只有王文公，就是王安石。

公叔文子的谥号是"文"，这是表达对他极高的赞颂，意味着他具有经天纬地的才华、宽宏博厚的德行。

他为什么能够配得上这个谥号？孔子通过"大夫僎与文子同升诸公"这件事就能够看得出他的气量。他愿意把自己的家臣举荐出来，与自己一起于朝堂之上并肩而立、平起平坐。孔子认为，就冲这一点，他就值得称颂。

我们观察一个管理者的胸怀，非常重要的一点就是看他能不能接受自己的下属与自己并肩，愿不愿意将下属举荐出来，甚至是否乐意看到昔日的下属超越自己。对大多数人而言，如果下属超越自己，会产生深深的失落感。

怎样的领导者能够做到像公叔文子一样？他一定要有大公无私、一心为公的品质，不在乎自己的面子，不在意别人的讽刺——"你的下属超过你了，你还在原地踏步"。在他看来，能干的人被提拔、被重用，是国家之福、人民之幸。

有的企业家把员工视为私有财产，如果有员工要离开，就会很不愉快，甚至与其发生冲突，这样的企业家就应该学一学公叔文子的气量。《联盟》这本书提醒我们，管理者一定要问员工一个问题：如果将来你离开这家公司，在离开时，你希望自己成为一个什么样的人？

管理者应该期待员工离开的时候比入职的时候更好，这说明整个团队都是在提升的状态。一家公司敢于鼓励自己的员工创业，才是一家大格局公司所应该拥有的智慧。

公叔文子能够推荐自己的家臣出来，与自己同朝为官，同升诸公，足以见其气量，所以孔子认为他配得上"文"这个字。

仲叔圉治宾客：识人善用是一项才能

子言卫灵公之无道也，康子曰："夫如是，奚而不丧？"孔子曰："仲叔圉治宾客，祝鮀治宗庙，王孙贾治军旅。夫如是，奚其丧？"

孔子周游列国后回到鲁国。此时的季康子比较年轻，经常来向孔子请教，让孔子跟他讲路上的见闻。

这次，他们说起了卫灵公无道，宠爱南子，家族关系很差，导致卫国大乱的事情。

季康子问："如果是这样，卫国为什么还没有彻底灭亡？"

孔子说"仲叔圉治宾客"。仲叔圉就是孔文子，他的工作是帮卫灵公接待外宾。"祝鮀治宗庙"，有一个词叫"祝鮀之佞"，祝鮀以能言善辩而闻名，他主要负责祭祀工作。"王孙贾治军旅"，王孙贾是将军，负责治军。

一个国家在外交上稳定；宗庙祭祀照常进行，也就是内在精神层面稳定；将军治军有方，军队战斗力稳定——"夫如是，奚其丧？"有这三个人帮他管理国家，卫国又怎么会消失？

孔子有他的深意，即提醒季康子，识人用人是非常重要的。

季康子的问题，换一种说法其实是"既然道德修养很重要，那为什么像卫灵公这样道德修养不怎么样的人，国家也能发展下去"。

孔子把问题厘清，告诉季康子，卫国之所以目前还能维持，不是来自国君的修养，而是来自他识人善用。

但是卫灵公的无道，终将带来隐患，果然，后来当这三个人退出历史舞台，卫国就大乱了。

其言之不怍，则为之也难：如何判断别人是否在吹牛

子曰："其言之不怍，则为之也难。"

"怍"是愧疚、脸红、害羞之义。孔子说，如果一个人说话的时候大言不惭，吹牛的时候不脸红、不羞愧，想要把事情办好，会很难。

有人总是习惯说大话，将事情考虑得很简单，觉得一切尽在掌握中。比如我早期创业时，开了一家小公司，一位职业经理人对我说，如果按他的规划和部署，我什么都不必操心，公司的一切都能好起来，且实现连年增长，等等。当时我没有经验，他设想的图景令我很向往，我就聘请了他。结果，他在公司似乎"水土不服"，费尽心思，却劳而无功。

这种对某件事情过于乐观的情况，往往发生在缺乏足够实践经验的人身上。一个人没有亲身经历过某件事情，就不知道其中的困难，缺乏敬畏之心，所以才会轻易地讲出"容易"二字。

当一个人把话说得太满时，就很难把事情做好。我们在遇到习惯于大包大揽、爱夸下海口的人时，一定要小心。

孔子喜欢刚毅木讷的人，不喜欢爱说漂亮话的人。他所欣赏的人，要"临事而惧，好谋而成"。举个例子，曾国藩打仗很有经验，但他并不算取巧，而是"结硬寨，打呆仗"。他的军队简直就是个工程队，攻城之前总是会挖沟。比如，

要攻下一座守备严密、城墙坚固的城是很艰难的，部队在城外驻扎时，随时可能被偷袭。曾国藩吃过很多次亏，得出了经验：攻城之前，首先要做的是在城外再修一道围墙，并且要挖大沟，有利于藏身。曾国藩的原则是，他虽然在地理上没有城里有优势，但他也得把自己保护起来，让别人无法偷袭他。等到他施工之后围城，不用进攻，只需断了对方的供给，便可兵不血刃。

"结硬寨，打呆仗"这个笨功夫，听起来没啥技巧性，但真的容易吗？如果有人说，原来打仗这么容易，那就是毫无军事经验的人。

所有的"笨功夫"背后，都是不断的尝试。

做事要比说话难得多。在生活中，我们可以大胆地做事，但是说话一定要谨慎。

以吾从大夫之后，不敢不告也：孔子请求讨伐陈恒

陈成子弑简公。孔子沐浴而朝，告于哀公曰："陈恒弑其君，请讨之。"公曰："告夫三子！"

孔子曰："以吾从大夫之后，不敢不告也。君曰'告夫三子'者！"

之三子告，不可。孔子曰："以吾从大夫之后，不敢不告也。"

这件事发生在孔子晚年。此时的孔子已经退休了，在这一年，颜回也去世了。

这时，发生了一件国际大事："陈成子弑简公"。中国古代，很多字是有特定用法的，"弑"的特定用法就在于"以下杀上"，比如弑父、弑君。

陈成子名恒，即田恒。田恒篡位，杀害了齐简公，史称"田氏代齐"。

陈成子身上还有一个典故："窃钩者诛，窃国者侯"。一个人偷了别人衣袋上的装饰品，可能被拉到街上杀头。但如果一个人谋权篡位，窃了一个国家，反倒变成了诸侯。

陈恒杀了简公，孔子闻之，"沐浴而朝"。作为一个退休官员，孔子沐浴更衣，穿戴整齐来上朝。见到鲁哀公后，孔子说："陈恒弑其君，不合于义，我们应该发兵。"在孔子看来，追求仁和义是无国界的。孔子所追求的是"兴灭国，继绝世"。

鲁哀公说："告夫三子！"意思是"你去跟那三个人说吧"。此"三子"，指的当然是季孙氏、孟孙氏、叔孙氏。

鲁哀公早已失势，根本就没有兵权。孔子也非常清楚，向鲁哀公提请求是徒劳的，但是孔子说了一句很有名的话："以吾从大夫之后，不敢不告也。"这句话就类似于《无间道》里梁朝伟说的"对不起，我是警察"。孔子从当大夫开始，就明白什么是自己的责任，有的事情，必须得说。

鲁哀公让他找三桓，孔子立刻就行动了。他向三家提出自己的请求，但三桓的态度是作壁上观——鲁国本来就不算强大，怎么能兴兵去管齐国的事呢？

孔子再次说："以吾从大夫之后，不敢不告也。""我既然做过大夫，拿过这份俸禄，那么该说的话我一定要说，这是我的责任。"

为什么孔子了不起？他是一个"知其不可而为之"的人！明知道跟三家提出这样的请求是无效的，是一定会被拒绝的，但他认为这是自己的责任，他必须去说。

从这件事情中，我们能看到他的操守和勇气。

勿欺也，而犯之：什么情况下可以对领导有话直说

子路问事君。子曰："勿欺也，而犯之。"

子路问孔子如何侍奉君主，如何与国君相处。

孔子说："你不要欺骗他，不要说假话，不要跟他耍手段；你可以有话直说，犯颜直谏，敢于逆龙鳞，说一些他不爱听的话。"

孔子的回答让人很意外，因为子路本身就是一个过于刚直的人。孔子平常总是担心子路因为性子太直而犯错，劝他"切切偲偲，怡怡如也"，但是这一次，子路问事君，孔子竟然一反常态，对他说要敢于对君主直谏。

为什么孔子让子路有话直说？我想，很可能因为事关政治，需要极高明的为人处世的技巧。官员在朝堂之上陈述观点，要委婉而有力，要擅长说服君王。而子路的性格太耿直了，他从来不会委婉地说话，如果他想婉转地表达看法，反而可能让他人会错意，搞不好更容易得罪君王。

滑稽家东方朔是汉武帝的宠臣，他善于斡旋，擅长用迂回的方式处理问题。有一次，汉武帝乳母的儿子犯了事要被杀头，乳母想为儿子向汉武帝求情，先请教东方朔该怎么办。东方朔说："皇帝肯定不会轻易答应，因为这是法律。你要真想让他答应，你求情之后该离开时就离开，但你要一直回头看。"

到了第二天，乳母求汉武帝。汉武帝果然拒绝了，对乳母说："你出去吧。"

乳母便往外走，边走边回头。东方朔在一旁呵斥："你还回头看什么，皇帝早就不吃你的奶了。"

汉武帝听了之后，心一软，说饶他一命吧。

有心机的人，为了达到目的能费尽心思、用尽招数。但子路明显是个没有心机的人，勉强让他婉转处事，他肯定摸不着头脑。所以，孔子不建议子路学习迂回的技巧，干脆让他直来直去，只要做到不冒犯君王就好了。

君子上达，小人下达：君子与小人在"技能"上的区别

子曰："君子上达，小人下达。"

此节阐述了君子和小人所追求的人生方向。

"上达"就是追求仁义、天命。君子学的是仁义，追求的是通达天命。

"下达"代表着名利、权情、财力等眼前的利益。

君子追求的是知识、精神、道德这类形而上的东西，小人追求的是财富、地位这类实实在在的利益。

从办事能力上看，君子与小人也有区别。

"小人下达"，小人在很多凡俗之事上特别擅长，比如会说漂亮话，在饭局上挥洒自如，懂得人情世故。

这些事情，君子往往不擅长。在酒桌上陪人喝酒，拍着对方的肩膀称兄道弟，君子实在是做不到。

君子擅长的是那些看上去没有什么实实在在的利益的东西，比如讨论学问、修炼自身品德、反思自我等。请君子上台讲话，他能有理有据地说出自己的观点，但是让他私下里去与人商量利用瓜分对策，他无法参与。

君子关心的是"上达"，研究学问、追求仁义；小人关注的是"下达"，想

的是处世技巧。

孔子感叹，君子上达，小人下达。我们要追求成为君子，但小人也有小人的长处。

古之学者为己，今之学者为人：学习本来就是为了自己

子曰："古之学者为己，今之学者为人。"

我们学习到底是为谁？孔子说"古之学者为己"，也就是为自己，通过学习来对照、批判、反思、映射出自己的内心，让自己有好的改变。这才是正确的学习方法。

"今之学者为人"是孔子对于他所处的乱世之下一些学者的评价。当时，有的人学习并不是为了提升自己的修养，而是为了向他人证明自己的能力，或者是学会批评别人有什么不对。

当我们为别人而学时，就会产生无力感，越学越焦虑，因为我们只是为了让别人看到自己，而不是享受学习的过程。还有的人，通过学习明白了事理，觉得自己与周围的人不一样了，变得高傲而偏执。本质上，这是学习的方向错了。

为什么有的人在学习中感到欢喜，甚至产生沉浸体验？因为他们将所学的东西内化为了自己的力量，而在这个过程中，他们能感受到自己的成长和变化。

关于求学，有一个非常重要的原则：别将自己当作一支手电筒，只照得到别人，而看不见自己。应该往内修，自我观照，自我反思，以批判性思维审视

自己的想法和行为，才能不断地进步。

　　向内找，你才能真正体会到学习的快乐。

蘧伯玉使人于孔子：如何精准地介绍他人

　　蘧伯玉使人于孔子。孔子与之坐而问焉，曰："夫子何为？"对曰："夫子欲寡其过而未能也。"

　　使者出。子曰："使乎！使乎！"

　　当孔子对一个人的行为特别认可，想要大力表扬时，他往往不会当面说，而是等对方出门之后大发感慨、大加赞颂。这一次，被他称颂的是蘧伯玉，他说："这才叫使者，这才是好的使者！"

　　蘧伯玉是卫国的大夫，孔子非常欣赏他，因为他特别善于自我反思。《庄子》《淮南子》中都有关于蘧伯玉的记载。蘧伯玉活到五十岁的时候，觉得前面四十九年都是错的；活到六十岁的时候，觉得前面五十九年都是错的。

　　蘧伯玉跟孔子是朋友。有一天，蘧伯玉派人来见孔子，孔子与来使对坐聊天。孔子问："夫子何为？"意思是，蘧伯玉最近在忙什么呢？

　　使者回答说，夫子每天都在自省，他希望自己的过错越来越少，但尚且做不到。

　　使者拜别孔子出门之后，孔子感叹说这才叫使者！能遇到这样的一位使者，真是太棒了！

　　孔子不过是和使者说了几句话，为什么会产生这样的感慨呢？我们细想一下，会发现这很有趣。如果你要替你的老板说好话，而且刚好说到点上，对老板而言，就是知音难觅。蘧伯玉希望树立一种善于内省的形象，而他的使者能精准地捕捉到老板的最大特点，并很得体地表达了出来。

很多人就不善于抓住人的特点，说不清楚自己的老板到底是一个怎样的人。

我有时候会遇到一些尴尬的场面，别人介绍我时说"这是樊老师，他是网红""他粉丝特别多""他卖书很厉害"……我在一旁感觉非常不自在。对方的介绍当然也没什么问题，但他说的并不是我想要成为的人。我并不觉得粉丝多就特别了不起，如果有人过分吹嘘我，我就会觉得不好意思，无地自容。

对于这样的介绍者，我自然不会有"使乎！使乎！"的感叹。

如果一个人真的懂你，能够概括你的价值观，能够理解你真正重视的东西是什么，你就会很感动。因此，我们在描述一个人的时候，应该抓住重点，挖掘特点，帮助他塑造一个更加符合他的价值观的"人设"。

比如蘧伯玉的这位使者，他并没有说"夫子寡其过为天下第一人也"。他如果这么说，就是吹牛，反而与蘧伯玉善于自省的形象相悖了。使者说的是"夫子欲寡其过而未能也"，简单一句话，概括出了蘧伯玉的价值观和谦虚的性格。

孔子很欣赏这样一个充满智慧的使者。

不在其位，不谋其政：将目光放在影响圈

子曰："不在其位，不谋其政。"

曾子曰："君子思不出其位。"

《论语·泰伯》中也曾经出现过这句话——"不在其位，不谋其政。"这不是

我们平常所理解的"事不关己，高高挂起"。"事不关己，高高挂起"是说看着别人做错事，但只要和自己无关，就不操心。但"不在其位，不谋其政"的核心是说，不要越权去插手别人的事情，而应该努力地去做好自己的事。

当然，这并不意味着你完全保留自己的意见，不关心、不帮忙。你可以通过合理的沟通，表达自己的建议和想法，帮助别人换一个角度看问题。

曾子补充了一句"君子思不出其位"，意思是，君子思考问题，要在自己的位置，而不能超出自己的权限。

但是，"不出其位"的尺度是很难把握的。一个人的位置到底有多大，哪些事需要操心，哪些事不需要操心，我们很难去界定。毕竟，一个小小的员工也有可能想出一个解决大问题的好方法。

这句话中的"思"，我的理解不是"思考、考虑"，匹夫尚可忧国忧民。"思不出其位"是说，不要为某件不属于自己权限范围内的事情而焦虑。我们要做好自己的事，不用为自己控制不了的事过分地忧愁，将目光放在影响圈而不是关注圈，就可以做到"君子思不出其位"。

只有在影响圈下足功夫，我们的能力才有可能慢慢扩大到关注圈。如果将精力都放到关注圈里，影响圈就会越来越小。

君子耻其言，而过其行：公关思维不可取

子曰："君子耻其言，而过其行。"

有人把这句话理解为"君子，耻其言而过其行"，但我觉得，这样分开理解会更好——"君子耻其言，而过其行"。

君子不爱吹牛，不擅长说好听的话；君子尽量把事情做得更好，追求卓越。如果一个人太爱表达，把事情说得特别夸张，就算不得是君子。

有的人做事惯用"公关思维"。公关思维的特点就是把一件小事放大，描述得特别夸张，比如去一个乡村小学做了一次公益，就拍了无数张照片到处传播，但一个真正的公益人，不会过度地宣传自己，而是努力做更多的事情。即便他做适当的宣传，初心也是希望能够把这件事情做得更好，而不是为了博取名声。

仁者不忧，知者不惑，勇者不惧：儒家的"三达德"

子曰："君子道者三，我无能焉：仁者不忧，知者不惑，勇者不惧。"子贡曰："夫子自道也。"

孔子说："君子之道有三，我还没有做到：仁者不忧，知者不惑，勇者不惧。"

不忧、不惑、不惧是多么难能可贵的精神。

为什么"仁者不忧"？一个人心怀他人、心怀天下，就能接受无常，敢于拥抱不确定性，尽人事而听天命，有什么可忧愁的？为什么我们会忧愁？因为我们总是担心自己的权力、财富受损，患得患失。当你不过度地在乎自己的利益，更多地考虑天下，你的忧愁一定会减少。

"知者不惑"："不惑"并非表示什么都懂，而更多地意味着不迷惑、不困惑，不被外在的享乐、短暂的利益所诱惑。一个智者会明白，外在的所有东西——外表、钱、地位、名声……都是过眼云烟。看透这一点，他就不会被诱惑，也不会整天瞻前顾后、迷茫不安。

"勇者不惧": "不惧"并不意味着完全不怕，而是"知其不可而为之"，哪怕再恐惧，该做的事情也得做。即便两股战战，依然要往前走，担负起自己的责任，选择为真理而战。

这就是儒家的三达德——智、仁、勇，也是儒生们所要修炼的完善人格。

子贡曰："夫子自道也。"机智如子贡，早已看清了这一切。他说，这是夫子在说自己，说这三个境界自己还达不到。

孔子做到了吗？

子贡对孔子非常忠心。他之所以那么崇拜孔子，在孔子去世之后去传播他的学问，其实就在于他了解孔子是真的做到了。

子贡方人： 别对他人下评断

> 子贡方人。子曰："赐也贤乎哉？夫我则不暇。"

孔子批评了子贡。

"方人"的意思是与人做比较、论长短。还有一种解释是同"谤"，也就是谈论别人的过错。总体上，就是议论、评价、说短论长。

魏晋时期，国家设立机构来评论世间的各种人物，把人分成九品，每一品分成若干档次，以此对人物进行细分。

古人喜欢品人物。子贡跟大家在一起时也喜欢讨论谁是英雄，哪个人智，哪个人勇……此举传到孔子耳朵里，孔子说"赐也贤乎哉"。意思是，端木赐啊，现在就特别贤能了吗？他的水平已经很高了吗？

"夫我则不暇"：换作是我，我是没时间对别人说短论长的。

关注自身修为就足够了，何必去生口舌是非？这就叫"闲谈莫论人非，静坐常思己过"，一个人待着的时候，多反思自己，看看自己有什么可改变的。整天讨论别人的事，无论是对自己还是对别人，有什么好处呢？无非是逞口舌之快。

这是一种婉转的批评。以后如果看到有人互相在一起说八卦，还劝你加入，你可以回一句"夫我则不暇"——我没工夫参与。

不患人之不己知：能力比名声更重要

子曰："不患人之不己知，患其不能也。"

"不患人之不己知"这句话在《论语》中出现了多次，比如"不患莫己知，求为可知也""不患人之不己知，患不知人也"，说明孔子很在乎人是否知道自己这件事。因此，他反复叮咛，反复强调，或者说是反复安慰自己。

他在给自己打气，说："不用担心别人不知道我。"

"患其不能也"说得很对，即要担心的是能力不够。

这句话对我也产生了莫大的安慰。大学时期，我非常希望大家都知道我，希望能得奖，能上海报，让大家天天看到我的名字。每当参加比赛却评选不上时，我就会感到沮丧。后来看到了这句话，我立刻受到触动——"别人不知道我，这很正常，我要担心的是我的能力怎么样，是不是实至名归地应该被人写在海报上。"

这就是我们心态调整时非常重要的台阶。当一个人上到这个台阶，走到这一步时，就不用再去担心外界对自己到底是否公平了。当然，我们也能够从中看到孔子成长的过程，他不断地强调"不患人之不己知"，说明他也一直在努力地调整心态，努力地登上新的台阶。也许这对他来讲也不是一件特别容易的事情。

虽然不易，但我们还是要以此勉励自己。

抑亦先觉者：做一个具有强大洞察力的人

子曰："不逆诈，不亿不信，抑亦先觉者，是贤乎！"

"不逆诈"："逆"是预料，"诈"是欺诈。此句直译是，不要揣测别人是不是在骗你。

"不亿不信"："亿"是臆测、猜测的意思，"不信"就是对方不讲信用。整句话直译是，你不用凭空臆想对方不讲诚信。

"抑亦先觉者"：就算你不做以上两件事，也就是不去臆测、不假定别人，但你依然能够先行察觉，洞察事情的真相。

"是贤乎"：这就是贤者。

整句话连起来的意思是：如果一个人不是靠猜测对方是否使诈、是否诚信，却能识别对方的伎俩，免于受骗，这就称得上是贤人了。

有的人也许会说，我们不应该靠提高警惕来保护自己吗？这种说法不全对，因为世界上的很多事情，不是靠提高警惕就能避免的，而是要靠你的判断力和洞察力。

比如，有的事情经过你的逻辑推理和严格计算，发现它是不合理的，根本无法实现，那就不用去猜测对方的初心，你已经通过理性去判断这件事本身是立不住的。

有的年轻人，受了很多教育，有很高的学历，却被人骗去做传销，是因为他在根本上缺乏判断力。他有自己的计算公式，测算到自己能赚到一笔巨款，但传销模式有一个巨大的bug（漏洞）：以极少的投入，撬动极大的利益。比如传销组织承诺你交三千元就有可能赚三百万元，因为组织里所有人都是交三千元，赚到了三百万元……可是钱是从哪里来的？一个传销组织只是一个闭环系统，进来的钱就是每个"人头"所交的三千元，那么又怎么可能让大家都得到三百万元呢？这个计算公式明显是不成立的。

遇到这种情况，你就要做到"不逆诈，不亿不信"，根本不需要猜测对方是不是骗子，是不是坏人。你只要根据常识进行判断，有一颗不容易被利益撼动的心，那么不论对方是什么人，说怎样具有诱惑性的话，你都能够冷静地分析。有理智、有常识、能够控制欲望，这样的人才是明智的。

孔子认为，如果一个人具备这样的常识，能够控制欲望，冷静地分析，这个人就是贤者。

很多合作的不成功，往往不是合作方不讲信用，而是这个合作项目本身的逻辑有问题，交易结构、发展空间、运行逻辑都不合理。比如曾经有一种贷款项目在亲戚之间流行过，以年化收益率百分之四十的诱惑来引导大家投钱。面对这种项目，我们要判断的不是推荐者的人品——你的父母、姑姑、舅舅、兄弟姐妹会骗你吗？当然不会。我们要考虑的是这件事情本身的商业逻辑对不对。如果你放弃基本的常识，被高利率所吸引，把钱全部投进去，那不能说明你的亲人在骗你，而是你的判断力出了问题。

还有人在找工作的时候被骗，因为他只盯住对方许诺的高薪，却没有判断行业的前景，没有对照行业的整体标准来评估自己的薪资是否合理。当一件事情超出你的常识范围时，你就要去看到不合理的部分，做出理智的判断。

在这里，孔子提醒我们，如果判断一个合作事项，只能够靠"逆诈"或者"亿"来猜测对方的信用度如何，那这种思考模式就太肤浅了。我们需要守住常识，就不容易被利益所诱惑，而这才是贤者所应该具备的能力。

非敢为佞也，疾固也：孔子四处游说的初衷到底是什么

微生亩谓孔子曰："丘何为是栖栖者与？无乃为佞乎？"孔子曰："非敢为佞也，疾固也。"

有人认为微生亩就是抱柱而死的尾生高，也有人说不是。

微生亩跟孔子说话的口气很明显是不太礼貌的，带着一种傲慢。他直呼孔子的大名"丘"，就如同孔子称呼子路"由"。

"栖栖"是忙碌不安的意思，"佞"是指会说话。

微生亩说："孔丘，你为什么一天到晚忙碌不安，到处奔波，栖栖遑遑？你就是靠着这张嘴到处游说的吧？"

别人说孔子"累累若丧家之狗"，孔子都不恼怒，他认为自己就是到处奔波，颠沛流离至今。但微生亩说"无乃为佞乎"，意思是孔子爱到处卖弄口舌。

孔子听完之后说："我不是那么爱说话的。"

关于"疾固也"，因为这句话没有主语，有两种理解：其一是说天下病得很

重，自己只能四处奔波，去规劝别人，这是一种正面的回答；其二是孔子在说自己，他不是特别喜欢说话，但有很大的毛病，就是对天下放心不下，只能不断地游说、规劝。

我刚做"樊登读书"的时候，有一天，我在一家茶馆架起摄像机，录我讲书的视频。

有个朋友过来看望我，说："你觉得你做这件事有意义吗？你不觉得这件事情特别虚无吗？你讲给谁听呢？"

这句话是不是特别类似于微生亩对孔子说的话？——"丘何为是栖栖者与？无乃为佞乎？"

那么，孔子的回应到底是什么意思呢？

我个人更偏重的理解并不是"这是我的毛病，我就是放心不下"。结合我所理解的孔子，他应该是直来直去地跟对方说"天下病得很重，所以我得不停地游说、规劝，这是我的责任"。

骥不称其力，称其德也：德与才，哪个更重要

子曰："骥不称其力，称其德也。"

荀子的《劝学》中有句我们很熟悉的话："骐骥一跃，不能十步；驽马十驾，功在不舍。""骥"就是千里马。人们称赞千里马，不是因为它力量大、跑得快，而是因为它有德行。什么是千里马的德行？古人讲"调良"，意思是它温驯、听话。还有人认为它最突出的德行是坚毅，比如"路遥知马力，日久见人心"。对

于千里马来说，最重要的是无论距离有多远，最终都能跑到终点。

在赛马时，短期爆发力强、跑得快的马是很昂贵的，但它们称不上是千里马，因为它们"骥不称其力"，如果用它们去跑千里，它们就会累死。所以，我们不要看一匹马的力量有多大，而是要"称其德"，看它有没有毅力，看它能不能跑对方向、能不能识途，看它能不能跟主人良好地配合。

这其实是孔子的一个隐喻。他表面上说马，实则说人——"人不称其力，称其德也。"才和德的命题自古存在，我们当然希望选择德才兼备之人，但当德才不能兼备的时候，宁肯选德，也不能够选才。倘若德行不好，往往会引发更严重的问题。而才是变动的，是可以发展的。一个人也许天分很高，但并不意味着就一定能成为天才，因为天才也离不开后天的修炼。相反，即使没有天分，也可以通过刻意练习成为一个了不起的人。

以直报怨，以德报德：如何对待伤害你的人

或曰："以德报怨，何如？"子曰："何以报德？以直报怨，以德报德。"

这也是很有名的章节。

老子讲究"报怨以德"，别人对你不好，对你有怨恨，你要用自己的德行来回应他，依然对他怀抱着善意。

有人问孔子对"以德报怨"的态度。孔子的观点是，如果一个人对你不好，你却用德去回应，那么面对那些对你好的人，你该如何回报呢？

孔子看到了其中的不公平。孔子认为应该"以直报怨，以德报德"。当对方

对你无礼、欺辱你、侵害你的权益时，你应该直接亮出自己的底线，告诉对方："我不接受你的做法。"这叫作直。

还有一种解读为，当别人伤了你时，你可以回应他同等的伤害，他伤了你十分，你就伤他十分，这就叫以直报怨。如果别人对你好，你也需要回报别人，这就是投桃报李。

博弈论里有一个很有意思的实验。二人猜拳，约定好双方都出石头，这样两个人就都能够得钱。但如果有人突然变卦，悄悄地出了布，他就能一个人赢得所有的钱。在这种规则之下，怎样保证自己的收益最大化呢？

很多专家开始研究在这种情况下到底该不该坚持诚信：你出石头，他出布，他赢了你一次；你坚持诚信，还出石头，对方慢慢摸清了你的心理，就依然会出布……你会一直输。

如果你认为对方敢出布，你选择出剪刀。你赢了一次，下一次再出剪刀，他则选择出石头……博弈就开始变得混乱了。

研究者通过计算机来模拟，找出让我们收益最大的策略。最终胜出的策略叫作"以牙还牙"程序，即当对方有一次不诚信以后，你也要有一次不诚信，一直到对方回归诚信为止；对方回归诚信以后，你也回归诚信，然后双方进入诚信模式；如果对方再一次不诚信，你也要再一次不诚信。这种博弈策略，最终的得分是最高的。这跟老子的"报怨以德"不一样。老子的策略是你不诚信没关系，我只坚持自己的诚信就好。我对你好，跟你对我的态度无关，这是我自己的需要，是我个人的修养。

孔子不这么认为，他进一步联想到了"何以报德"。孔子说，如果以德报怨，那么对那些对你好的人也太不公平了。从这个层面来看，孔子是懂博弈论的。

不怨天，不尤人，下学而上达：孔子对自己的评价

子曰："莫我知也夫！"子贡曰："何为其莫知子也？"子曰："不怨天，不尤人，下学而上达。知我者其天乎！"

孔子晚年与子贡待在一起。人到了一定年纪后，会经常发出感慨。

孔子每天都在沉思，回顾自己的一生。他经历了那么多大风大浪，周游列国，颠沛流离，四处游说，奔走呼号，希望天下归仁。现在，他七十多岁了，忽然觉得好像没有被人重用过，这一生似乎没能做出一番了不起的事业。

有一天，孔子突然说了一句："没人了解我。"子贡就问他为什么发这样的感慨。在子贡看来，夫子有那么多的学生，甚至很多国君都来向他请教，可谓名扬四海，为什么会发出"没人了解我"这样的感慨呢？

孔子经常说"不患人之不己知"，但此节又透露出他对"人之不己知"还是很在乎的。在此，孔子给自己做了一个总结："不怨天，不尤人，下学而上达。知我者其天乎！"这句话让我联想到前文蘧伯玉的使者见孔子的情景。孔子问起蘧伯玉，使者说"欲寡其过而未能也"。使者离开后，孔子盛赞使者："使乎！使乎！"

如果有人问孔子的学生："你的老师是一个什么样的人？"学生回答说"不怨天，不尤人，下学而上达，这就是我的老师"，想必孔子听了也会有"使乎！使乎！"的感受。

孔子出身于没落的士阶层，他说自己"吾少也贱，故多能鄙事"，小时候家里困难，什么样的杂活累活都干过。

孔子说"不怨天，不尤人"，他没有抱怨过老天，也没有埋怨过他人。"下学而上达"，即从底层开始，下学人事，上达天命。

孔子感慨"知我者其天乎"，意思是，能够了解他这一番良苦用心的，能够知道他的修为境界的，可能只有老天了吧。

我们中国人经常讲"举头三尺有神明"，也许从心理学上讲，这的确是有道理的，因为这句话会给我们带来莫大的安慰。人生难免遇到一些失意的事，他人误解你甚至诋毁你，但是想想看，"举头三尺有神明"啊，上天总是懂你的。这样一想，也许你的内心就能自我接纳了，不再感到委屈、惶惑、愤懑。

有人对孔子的理解是"夫子温、良、恭、俭、让以得之"，而孔子自己又倡导"文、行、忠、信""仁、义、礼"……这都是孔子的教学内容。

让孔子评价自己的一生，那就是这句话——"不怨天，不尤人，下学而上达。"

希望我们都能尝试朝这个方向努力。

道之将行也与，命也：无关紧要的事情别放在心上

公伯寮愬子路于季孙。子服景伯以告，曰："夫子固有惑志于公伯寮，吾力犹能肆诸市朝。"

子曰："道之将行也与，命也；道之将废也与，命也。公伯寮其如命何！"

公伯寮（liáo）是孔子的学生。后人将公伯寮从孔子的七十二弟子当中除名

了，因为公伯寮曾经陷害孔子，卖师求荣。

子服景伯不是孔子的学生，但有人认为他称得上是孔子的学生，因为他非常维护孔子。

"公伯寮愬子路于季孙"，"愬"音sù，同"诉"，诽谤、诬告的意思，同前文"肤受之愬"的"愬"。公伯寮到季孙氏处说子路的坏话，污蔑子路，而且这些话很有可能还会对孔子不利。

子服景伯得知，跑来给孔子通风报信，说"夫子固有惑志于公伯寮，吾力犹能肆诸市朝"。有人认为此处的"夫子"代表季孙氏，季孙氏被公伯寮迷惑了，公伯寮说的话他还真的相信了。

"肆诸市朝"是指杀人并陈尸于市。子服景伯有可能是一个有势力的官员，他说，虽然季孙氏听信谗言，但对于公伯寮这个家伙，他有办法将其杀了，让他曝尸街头。

孔子说："道之将行也与，命也；道之将废也与，命也。公伯寮其如命何！"意思是，如果我们的道能够实行，这是命；如果我们的道不行，要被废弃掉，这也是命。公伯寮能够对命产生什么影响吗？最多是跳梁小丑路过而已，不必对他太在意。

心理学里有个"费斯汀格法则"：生活中的大量烦恼，都来自我们对事情的过度反应。当一件不好的事情发生以后，如果你的情绪受到它的影响，你就会做出很多错误的决定，进而让事情变得更坏；相反，如果你不让自己的心态受影响，这件事情也许很快就会过去，甚至还可能带来意想不到的转机。

有这样一个测试：实验者在一栋办公楼门口放了一个箱子，让人们拿一张便笺纸，写下自己正在担忧的事情，投进箱子。过了两个星期，把箱子打开，问写便笺的人们最担心的事情是否发生。人们发现，绝大多数都没有发生。

人们经常会为没有发生的事情烦恼不已，进而做出不恰当的抵抗行为。《幸福的陷阱》中分析了为什么我们感觉不幸。不幸的根源，是我们对于幸福有过度的追求，认为自己的生活应该完美。这种过度的追求导致我们在不幸的旋涡当中越陷越深。

对于公伯寮诬告子路的事情，孔子认为这根本犯不着用杀人去解决。孔子认为，公伯寮对自己命运的影响是相当有限的，这是孔子解决问题的方法。

其实我们中国民间也有很多这样的智慧，比如"恶人自有恶人磨""人善人欺天不欺，人恶人怕天不怕"。遇到了一个恶人，与之对抗，最后反而会让你陷入更大的烦恼。有时候要换个角度想，恶人一定会遇到他难以招架的情，落入悲惨境地。

对于他人的冒犯，孔子想得很开，没太放在心上。

贤者辟世：避开对自己不好的环境

子曰："贤者辟世，其次辟地，其次辟色，其次辟言。"

子曰："作者七人矣。"

"辟"同"避"。孔子认为，一位贤者，当知"四避"，方能使自己避开痛苦和烦恼。

"辟世"，即避开乱世。如果生在乱世，怎样避开呢？避世的方法就是不去做事，不参与世间的纠纷，像庄子一样，当个漆园小吏；或者像隐士一样，逃到山上去。

"辟地"，即避开危险之地。如果避世是不去做事，避地则是换个地方做事。

"辟色"就是避开不好的脸色。有人不喜欢你，冲你吹胡子瞪眼睛，你可以选择离开。

"辟言"，指避开恶言恶语。

以上是孔子认为贤者需要回避的四种情况。

孔子说"作者七人矣"，这句话乍看有点奇怪，难道当时的隐士只有七个人吗？有人专门从《论语》当中找出了七位隐士：长沮、桀溺、丈人、晨门、荷蓧、仪封人、楚狂接舆，这都是《论语》中有名有姓的、讽刺过孔子的隐士。"作者七人"，可能孔子已经碰见七个如上这样回避的人。

君子"四避"的原则，对我们当下的生活有什么启发呢？我们可以以此为参考，来选择自己身处的职业环境。

首先，要选一个好的行业。如果你进入到下行的行业，哪怕付出比常人更多的努力，也很难做出一番成就。

其次，要选一家好公司、一个好平台。

最后，要选一个好的领导，与领导和谐相处，尽量不要让别人对你有脸色，不要总是恶语相向。如果在一家公司，领导是靠脸色和恶言恶语在推行管理，这样的公司一定不长久。因为在这样的公司里，权力胜过影响力，胜过管理制度，哪怕短期内能用刚性手段推着员工往前走，从长远来看也是不利于公司发展的。

在孔子的时代，人们通过选择环境让自己能活下去；在今天，我们可以选择如何让自己活得更好。

是知其不可而为之者与：孔子是个理想主义者

子路宿于石门。晨门曰："奚自？"子路曰："自孔氏。"曰："是知其不可而为之者与？"

前文我们提到了《论语》中的七位隐士，此节出现了其中一位：晨门。

子路在石门住了一晚。石门是鲁国的外城门，负责早上开门的小吏，叫作晨门。晨门是一位隐士，因为如果他只是一个普通的看门大爷，他说话不太可能表现出此节中的通透，不可能如此一语中的。

"奚自"，意思是从哪儿来。他问子路从哪里来，子路回答"我是从孔家来的"。

晨门问：就是那个明明知道做不到，还要拼命去做的人吗？

他对孔子的评价太精准了，可谓孔子的知音！

对于晨门、荷蒉、丈人这些隐士而言，他们的行为叫作"知其不可而辟之"，既然乱世不可安居，不如就像庄子那样回避，不显山露水，不参与世事。

但孔子是"知其不可而为之"，这就是孔子与别人最大的区别之一。孔子提倡"四避"，但他自己却选择了那条最难的路。

世界需要"知其不可而为之"的理想主义者。如果对于任何事情，我们都是有把握了再去做，就不可能有创新、推动、突破。就是那些"知其不可而为之"的理想主义者，才让这个世界充满了惊喜，充满了感动，充满了对未来的美好幻想。

子击磬于卫：孔子为什么不选择当个隐士

子击磬于卫，有荷蒉而过孔氏之门者，曰："有心哉，击磬乎！"既而曰："鄙哉，硁硁乎！莫己知也，斯己而已矣。深则厉，浅则揭。"

子曰："果哉！末之难矣。"

此处，我们又遇到了一个隐士。

孔子周游到卫国的时候，在一个闲暇的日子击磬。"磬"是一种乐器，击之余音悠长。孔子曾跟随师襄子学琴，极擅音律；他还会鼓瑟，会击磬，称得上是一位音乐家。

"蒉"是草筐，一个背着草筐的人从孔子门前过，听到孔子击磬，说："这个人敲得有意思，敲的人应该是有心事吧。"过一会儿，他又说："俗了，俗了，硁硁作响的声音是不行的，别人不了解你，你就好好地过自己的生活不就行了。"

这位荷蒉的人肯定也通晓音乐，因为只有懂音乐的人在听到乐曲时，才能理解演奏者的情绪和心境。他听出了孔子内心的声音，在孔子的音乐里，有种"世界上的人不懂我""知我者即天也"的孤独感。

最后，这位背着草筐的过路人说，"深则厉，浅则揭"。

这个人很有文化，因为这句话出自《诗经·邶风》。

"深则厉"：如果河水特别深，你就穿着衣服蹚过去，浑身都湿了也不用在乎，反正河水那么深，你躲也躲不开。

"浅则揭"：如果河水不深，那就把衣服撩起来走过去。

世事已然如此，你该知道深浅。如果能够洁身自好，就洁身自好；如果条件不允许，难免被淋湿，也是自然的事情，有什么好难过的呢？

荷蒉的人认为，很多事情都不必纠结，愿意出来做事情就做，不愿意做事情就避开。

孔子听完之后，说：这人说话真果决，说得这么容易。

接着，孔子说"末之难矣"。"末"同"蔑"，蔑视之意。"末之难矣"，意思是"我没法跟您讨论了"。在这种状况下，你怎么去讨论都没有意义了，因为对方已经铿锵有力地得出了结论。

孔子的意思是：算了，我无话可说了。

在很多出世之人看来，很多事都没什么好烦恼的，比如庄子就特别果决，他拒绝当官，只愿意自由自在地生活。他希望自己活成一棵"空的大树"，这棵大树无所取材，没法做家具，没法做船，什么也做不了，所以不会被砍伐，能活一万年！

选择避世的人，的确可以非常简单、果决。

最痛苦的是孔子这样的人，他未尝不知道避世就可以抛开一切繁杂之事，但他只能"知其不可而为之"。如果他没有精神追求，就会像阳虎一样，或者像季氏一样浑水摸鱼，为自己牟取私利。但是，孔子有自己的精神追求，他希望能够为老百姓多做点事，推行仁政，同时他还需要跟那些"妖魔鬼怪"打交道。所以，他需要经常安慰自己，通过击磬来表达自己的落寞。

对于荷蒉之人的话，孔子只能无话可说。

高宗谅阴，三年不言：论古人守孝三年的缘由

子张曰："《书》云：'高宗谅阴，三年不言。'何谓也？"子曰："何必高宗，古之人皆然。君薨，百官总己以听于冢宰三年。"

"高宗"即殷高宗；"谅阴"念liàng ān，"阴"指的是守孝时住的草庵，人在服丧期间不能住得太好。

子张问孔子：《尚书》上记载，高宗在守孝期间，三年不言，这是什么意思呢？

《尚书》上为什么会记载高宗守孝三年不言的事？子张觉得无法理解。

孔子说："何必高宗，古之人皆然。"意思是，不止高宗一个人，古时候的人遵守礼法，在守孝时都不说话。

"君薨，百官总己以听于冢宰三年"，国君去世叫作"薨"；"冢宰"即太宰，相当于宰相。孔子的意思是说，国君去世以后，继位的儿子在守孝三年时间内，会把整个权力交给大臣，无心理政，这代表孝。

为什么中国古人守孝要三年？在如此漫长的时间里，种的粮食都长了好几茬了，各种事情都荒废了，这浪费了很大的社会成本。

孔子认为，孩子出生头三年，父母要一直守着孩子，"子生三年，然后免于父母之怀"。孩子为父母守孝三年，也是应该的。

但我觉得，要求一国之君三年都不说话，确实有些夸张了，这实在太难做到了。

上好礼，则民易使也：遵守规则，才能解决混乱

子曰："上好礼，则民易使也。"

此节孔子讲到了关于管理的方法。他说，居上位者如果能够依礼而行，民众就容易管理了。

依礼而行并不是说用礼来驾驭下民，因为礼是上层社会、君子的事情，民众并不讲究。所以，"上好礼"是指居上位者愿意遵守礼来处事。当上层的管理者守礼节、讲规矩，懂得约束自己的行为时，民众自然就会相信他，容易被领导。

修己以敬：恭敬认真，是谓君子

子路问君子。子曰："修己以敬。"

曰："如斯而已乎？"曰："修己以安人。"

曰："如斯而已乎？"曰："修己以安百姓。修己以安百姓，尧舜其犹病诸。"

子路问问题，有时候能问到令人抓狂。

这一次，子路问孔子什么样的人才能称为君子。

孔子告诉他，"修己以敬"，一个人让自己有好的修养，能够做到恭敬认真就可以了。

子路不服气，也许他觉得孔子的回答太敷衍，认为老师给他提的要求一点都不高端。所以他接着问："这样就够了吗？"

孔子说，如果这一点他真的毫不费力就能做到，那么就可以"修己以安人"，即更多地去帮助别人，兼济天下。

这个层次更高了，但子路还不满足，又接着问："这样就行了吗？"

孔子可能不耐烦了，说"修己以安百姓"，意思是"你有本事就把全天下都安定了"。也许怕子路继续发问，他还补了一句："修己以安百姓，尧舜其犹病诸。"

孔子的意思是，"修炼自身并让天下百姓皆安，连尧、舜这样的明君尚且无法做到，你就别再嫌这个要求太低了吧"。

孔子认为一个人能够做到"修己以敬"就不错了，而子路的眼界是过高的，他觉得自己应该有更高更远的目标，做更大的事，希望能够像尧、舜一样，为天下百姓做出贡献。在《论语·雍也》中，子贡问过孔子："如有博施于民而能济众，何如？"孔子的回答是："你如果真的能够做到'博施于民而能济众'，那已经是圣的境界，而不只是君子这样的层面了。"

老而不死，是为贼：孔子与好友玩闹

原壤夷俟。子曰："幼而不孙弟，长而无述焉，老而不死，是为贼。"以杖叩其胫。

这一段很有画面感。

曾经有人因为这段话而批判孔子，说孔子不尊重老人，因为孔子说"老而不死，是为贼"。我见过一些有学问的老人家，耄耋之年了，我对老人家说："您身体真是硬朗，这真是太好了。"老人回答说："老而不死是为贼。"这是老人家自嘲的说法。

如果用这句话来批判孔子，那就是断章取义。理解这句话，需要联系前后文。

原壤是一个方外之圣人，他不拘礼节，而孔子是方内的圣人，他要以礼教人。

原壤跟孔子是发小，原壤的母亲去世时，是孔子主持的葬礼。在葬礼上，原壤竟然站在母亲的棺材上唱歌，有点像庄子鼓盆而歌。孔子哭笑不得，但觉得原壤是老朋友，也拿他没办法。

有一天，可能是孔子去拜访原壤，也可能是原壤在孔子家门口等着孔子。

"原壤夷俟"，就是原壤很粗野地腿岔开着坐。古代人很讲究坐姿，孔子所处的时代还没有凳子，端端正正跪坐的姿势，才是一个有学问的人该有的样子。

原壤动作难看，孔子见到他就说他——

"幼而不孙弟（逊悌）"：你小时候就不恭敬、不友爱，老打架。

"长而无述焉"："无述"并不是没有著作，而是说没有什么好让别人说的。这句话是说，你到这么大的年纪了，也没有做出什么可以称道的事情。

"老而不死，是为贼"：这么老了还不死，祸害大家。

孔子"以杖叩其胫"，"胫"是小腿骨，这里是说孔子梆梆地打他的小腿。

在我的理解里，这个画面特别生动有趣，就是两个老头在玩闹。因为两个人是发小，彼此很熟，更何况，孔子不是那么爱生气的人，更不会随意地打人、动粗。

"以杖叩其胫"也就是玩闹性地随便敲一敲。

为什么后人会把它记录在《论语》中？因为场景太生动了，我们能够看到孔子在生活中的活泼样貌。

这样的描述很难得。向一个人学习，只听他说的话，看他写的文章，和从生活中看他最真实、最自然的模样是完全不一样的感觉。孔子对自己的发小，唠叨了几句，骂了两声，还轻轻打了一下，我觉得这个场景是很亲切的，这是他们打招呼的方式。

吾见其居于位也：沉住气，脚踏实地是通向成功的唯一方式

阙党童子将命。或问之曰："益者与？"子曰："吾见其居于位也，见其与先生并行也。非求益者也，欲速成者也。"

"阙党"是孔子的故里。"阙党童子"就是孔子故里的一个童子，童子在当时并不指幼小的孩子，二十岁以下的都可以叫作童子。

来自老家的一个孩子过来跟孔子说话，传递消息。

说完以后，旁边有个人就问，这个孩子是不是一个求上进的人。

孔子说"吾见其居于位也"，就是说"我见他坐在位子上"。跟孔子说话时坐在位子上有什么不对？一个童子如果还没有经过成人礼，那么在大人说话时，他大大咧咧地坐在成人的位子上是不合适的。

"见其与先生并行也"："先生"即长辈。童子跟长辈们走在一起时，不懂得往后退一步，而是跟人家并行，也是一副大大咧咧、没有规矩礼节的样子。

"非求益者也"：这不是一个上进的人。

"欲速成者也"：这不是一个踏踏实实、努力求学的人，而是一个一心想要追求名利地位的人，是一个躁进的人。

什么是孔子说的躁进？

我曾经主持过一个活动，台下有一个年轻人举手表示要上台发言，主办方允许了。年轻人上台后分享了自己的一个创意，就是如何能够最快地赚取人生第一个一百万。

他说："你看咱们在座的有一千个人，每个人只要给我一千块钱，这个对于你们来讲也不算很多，我就能够获得一百万。获得一百万以后，我可以写一本书，说我是如何在一小时之内获得一百万的，我就会出名；我出名以后，这本书就会成为畅销书，我会挣到很多钱，到时候我再把一千块钱还给你们，还可以付点利息。这样，我既赚到了钱，也赚到了名声；你们大家投资了我，也赚了钱。"

他的逻辑讲得通吗？听起来讲得通。但作为主持人，我上台表达了自己的看法。我说："你这个方法，我听着不像是要挣钱，而是在骗钱。这招太不靠谱了，这种行为叫躁进。想快速地挣一百万，想获得名声，最终却并没有给世界增加任何价值。"

我还看过一个故事。一个年轻人要去参加他的毕业晚会，去之前问他的爷爷："我在晚会上该说些什么话，能让人们惊叹于我的见识，让大家看到我的出众？"

爷爷是一个很有智慧的人，他说："你应该想办法让大家惊叹于你竟然不说话。"

对于一个年轻人来讲，如何跟别的年轻人不一样？要能够沉住气，不那么张扬，不那么急于表现自己，这才是与众不同的地方。

如果我们内心总是有一股躁动，总希望能够尽快地被别人看到，甚至采取各种速成之法来达到目的，这在孔子看来就叫作"非求益者也，欲速成者也"。

军旅之事，未之学也：学会说软话、办硬事

卫灵公问陈于孔子。孔子对曰："俎豆之事，则尝闻之矣；军旅之事，未之学也。"明日遂行。

卫灵公请来孔子，问怎么打仗。"陈"即今天的"阵"。

春秋战国时期的国君无不关心军事问题。国君和学问家的关注点不同，国君担心的是安全，是怎样能够行王霸之道，让自己占领更多的国土，但孔子和孟子厌恶国君们的这种想法，在他们心中，以仁义治国才是最重要的。

因为关注点不同，孔子说"俎豆之事，则尝闻之矣"。"俎"是切肉用的小几，如同现在厨房里放的砧板；"豆"不是豆子，而是盛羹酱的器物；"俎豆之事"是指厨房里的事，此处孔子指的是祭祀。孔子说："如果问我祭祀方面的事，我听说过，但军旅之事，我是没有学过的。"

"明日遂行"，到了第二天，孔子直接就离开卫国了。

对于同样的事情，孟子和孔子应对的方式是不一样的。《孟子》开篇，孟子见梁惠王，梁惠王说："叟！不远千里而来，亦将有以利吾国乎？"这句话令孟子听着很不愉快，用大白话来讲就是："老头儿，你从那么远的地方来，一定会给我的国家带来利益吧？"

孟子的回应是"王！何必曰利"，直接反驳他："王，你何必张口就说利的事！"

孔子不一样，他是用比较委婉的方式终止话题，但是第二天就走了。这就是说软话、办硬事。他能领会到"道不同，不相为谋"，既然不能够跟卫灵公长

远地合作，就放弃与立即放弃合作，离开卫国，继续周游。

孔子放弃与卫灵公合作，可能还有其他原因，不仅仅是因为这段对话。比如孔子曾说"吾未见好德如好色者也"，他觉得卫灵公好色而德行不够；又如，卫灵公没有处理好继位者的问题，导致卫国大乱。孔子提倡危邦不入、乱邦不居，他自然不会继续留在卫国。

君子固穷：贫穷不可怕，怕的是失去原则和气节

在陈绝粮，从者病，莫能兴。子路愠见曰："君子亦有穷乎？"子曰："君子固穷，小人穷斯滥矣。"

我以前演讲常会提及这一段。

孔子在周游列国的途中，遇到了几次大危难，包括在陈绝粮；在匡地被人围攻；在宋遇到桓魋找人砍倒大树，想要谋害他……

这里讲到了在陈绝粮。

孔子离开了卫国，到曹国去，之后又到宋国，遭了匡人之难。后来到了陈，刚好撞上吴国伐陈。身处乱世，没有饭吃，导致"从者病，莫能兴"，和孔子在一起的人全都病倒了。"莫能兴"就是人趴在那里不能振奋的样子。大家已经饿得起不来身了，东倒西歪的，有的连水都没的喝。

"子路愠见"，"愠见"就是生气的样子。子路喜怒哀乐都形于色，他一脸不满地质问孔子："君子也能穷成这个样吗？"此处的"穷"不单指财富上的贫穷，也有穷途末路的意思。他的意思是，"你教我们行君子之道，君子之道应该是通

达的，应该是能够跟所有人、跟这个世界和谐相处的，那为什么我们会穷得连饭都没得吃"。子路对孔子的信仰产生了怀疑。

孔子的反应是："君子固穷，小人穷斯滥矣。"

关于"君子固穷"，有一种理解是君子喜欢穷，愿意固守在贫穷中。我认为这肯定是不对的。那么，君子"固"的是什么呢？肯定不是穷的状态，因为对孔子来讲，他很喜欢舒适的生活。孔子曾打趣说，如果他真的能够得到富贵的话，虽"执鞭之士，吾亦为之"。意思是如果真能得到富贵，他乐意做一个拿鞭子的人。

孔子提到的"固"，不是针对穷或富的状态，他"固"的是志，是操守。"君子固穷"是说，即便在穷困潦倒、穷途末路的境况下，依然要坚守自己的志向。

"小人穷斯滥矣"：小人一旦遇到这种状况，就无所不用其极了。小人的借口通常是"我没办法""我被逼急了""我是生活所迫""我也是不得不这么做"，然后放任自己落草为寇、坑蒙拐骗，取不义之财。小人是以贫穷作为借口，去做伤害别人、伤害世界、没有底线的事情。

孔子的"君子固穷"，是无论在穷困还是富有的状态下都不迷失本心，无论环境如何变化，都矢志不移；是"我能够接受外在的改变，我继续秉承自己的志向和操守"，是"三军可夺帅也，匹夫不可夺志也"。孔子所坚持的理念，始终是一以贯之的。

我猜想，孔子说完以后，子路应该愣在那儿想了半天，反思自己刚刚失控的表现。

一以贯之：遇事要向内求，自我反思

子曰："赐也，女以予为多学而识之者与？"对曰："然，非与？"曰："非也，予一以贯之。"

孔子在打哑谜。

在《论语》中，对于学生提出的问题，孔子总会尽量解释清楚，但每每提到"一以贯之"的"一"到底是什么意思，他都没有给出答案。

在这段话中，孔子问端木赐，也就是子贡："你以为我是一个特别爱学习、博闻强识的人吗？"

子贡回答："对呀，难道不是吗？"

孔子说："不是这样的，我靠的是'一以贯之'。"

孔子从来不认为自己是个"行走的图书馆"，他不觉得自己是靠大量的文章典籍堆积起来的人。博闻强识肯定是有实用意义的，但这并非孔子学习的真实目的。孔子学习的初衷，是为了帮助他形成一以贯之的"一"。

"一"到底是什么？

历代学者讨论过这个问题，但从来都没有一个标准的答案。有人认为肯定是仁，因为孔子推崇仁，孔子反复提到仁者爱人，反复论述仁者和不仁者的区别。

有人说，礼才是孔子一以贯之的"一"，孔子认为做事要符合礼。

孟子认为，反求诸己才是孔子思想的核心，是孔子的"一"。要以批判性思维来思考事情，关注自己能够掌控的是哪部分，不怨天、不尤人、下学而上达。

普通人总喜欢怨天尤人，将事情的不顺利迁怒于外在的环境，孔子是"君子求诸己，小人求诸人"，凡是遇到困境，就要先想想是不是自己的问题，自己是否有可以提升之处。

我在反复读了《论语》之后，认为孔子是一个抱着终身成长心态的人。孔子无论做什么事情，无论遇到何种情况，首先想到的都是自己能够从中学到些什么，下次应该怎样做——这就是一种终身成长的态度。他有"反脆弱"的"杠铃式配置"，他不会陷入对失败的恐惧，不会患得患失，他的心中永远都有着乐。

梁漱溟先生说，孔子跟其他人最大的不同就在于乐。比如墨子会感觉到不高兴、痛苦，孟子则经常生气、愤懑，而孔子永远是活泼的、快乐的、放松的。

以上都可能是孔子"一以贯之"的"一"。

西方有一个奥卡姆剃刀原则，即一个理论进化到最后，最好能够浓缩成一条，越简单的理论越具有说服力。我们也可以试着用奥卡姆剃刀原则，将我们触及的各类学问，浓缩到"一"。

佛教的"一"是"空"，最核心的是人的自性，人人都一样，这是佛教的"一"。

对于儒家来讲，我觉得"反求诸己""仁""礼"，都可能是孔子的"一"，孔子讲到的所有知识都围绕着核心的论点在展开。

对于我来说，到底什么才是孔子"一以贯之"的"一"，似乎也没有一个唯一的结论，因为我个人在不同的阶段有着不一样的感受。更多的时候，我认为"反求诸己"可能是孔子的"一"。

如果大家能将《论语》再多读一读，自己去琢磨，也会沉淀出自己的理解，所有的学问都是如此。南宋时的陆象山说"六经注我，我注六经"，这句话特别好。虽然有人批评"六经注我"是一句狂话，但实际上，这是一句老实话，是一个人在真正悟透了的情况下，才能说出来的话。

为什么"六经注我，我注六经"？

《诗经》教人的是温柔敦厚；孔孟教人的是仁、义、礼、智、信；《易经》教人的是穷通、变达，核心是人的自性。

陆象山有一天突然明白，自性是唯一不变的东西，虽然不同的学派、不同的经书对此有各式的演绎，但大家终归论述的都是同一件事。所以，是"六经注我"。

如果是"我注六经"，那就是"我"要按照经书说的去做，但经书那么多，各有各的观点，按照谁的去做呢？最后，反而会如浮萍一般茫然漂荡，找不到自己的根基。

知德者鲜矣：孔子感慨知晓德行之人稀缺

子曰："由！知德者鲜矣。"

由就是仲由，即子路。孔子说："子路，知晓道德的人实在是太少了。"

这句话没头没脑的。我猜测，也许是在绝粮于陈蔡之时，子路说了冒犯孔子的话，孔子才有了这样的感慨。

古语常常同音而同义，"德"者，"得"也，即得到之意。得到什么了？朱熹在《论语集注》中说："由，呼子路之名而告之也。德，谓义理之得于己者。非己有之，不能知其意味之实也。"如果一个人体内没有德，就无法体会什么是真正的德；一个没有道德的人，看到别人做有道德之事，都会做出错误的解读，会以小人之心度君子之腹。比如，"他这么做，得到了不少奖金""这个人真是沽名钓誉""他只是为了赶风潮"。说这种话的人，体内没有德，就看不到、不能理解他人的德。

孔夫子能发这样的感慨，可以想象他一定是个孤独的人。孔子做事是发乎心的，他一以贯之，靠着一股从心底而生的力量去做许多的事，而在大量的所谓隐者、狂者甚至政治对立面的人看来，他是居心叵测的，是内心欲望太盛，是为了名声。当一个人心中没有德时，他又怎么能够理解并看到别人的德呢？

孔子曾说"知我者其天乎"——没人理解我，真的理解我的，可能只有老天爷了，因为天有德。

孔子被误解得太久太久了，他说，世间的人"知德者鲜矣"——知道什么叫道德的人很少。

世间的人知道些什么呢？他们知道很多孔子不知道的事，比如名、利、权、情，通晓怎样在朝堂之上弄权，怎样在政治斗争当中打击异己，怎样牟取利益，怎样钩心斗角，许多人对此非常在行。

孔子认为"知德者鲜矣"，我们可以用这句话自省：当看别人不顺眼的时候，不妨先向内看，反省是不是自己的价值观出了问题。

所有的粗言恶语，实际上都是自己内心的投射。一个人怎样思考，他就会怎样看待世界；一个人心中有什么，他就会表达什么。反过来，如果内心光明，充满着爱，充满着道德，自然也会以善意看待他人，看待这个世界。

无为而治者：管理者要敢于放权

> 子曰："无为而治者其舜也与？夫何为哉？恭己正南面而已矣。"

这与《论语·为政》第一节中的"为政以德，譬如北辰，居其所而众星拱之"，阐述的道理相同。

孔子说，无为而治者，大概也就是舜。在孔子看来，在尧、舜、禹中，舜的德行是很高的。

"夫何为哉"是疑问句：他做了什么？

"恭己正南面而已矣"，他只是端庄地面南而坐，就能将国家管理得当。

宋朝的仁宗皇帝在位四十二年。在电视剧《清平乐》中，宋人评价宋仁宗，说仁宗皇帝百事不会，只会做官家。然而，就是因为他什么事都不会干，反而让士大夫们生活得很好，没有文人被杀，没有激烈的党派斗争，政治清明，人民安乐。

宋徽宗则刚好相反，什么都会，唯独不会做皇帝。

这就是两个人的区别。皇帝如果爱好特别广泛，需求旺盛，想干的事特别多，臣民难免会遭罪。比如宋徽宗喜欢建林园、盖房子、种树、画画……一天到晚忙着各种事，结果导致"楚王好细腰，宫中多饿死"。徽宗喜爱奇异的花木和石头，蔡京就派专差向民间搜刮，供皇帝赏玩，各地兴起花石纲，搞得民不聊生。

皇帝如果爱好太多，底下的人就一定会揣摩，经由层层放大，最后导致整个国家的重心偏离。

做皇帝最重要的一件事，就是少做事。宋仁宗少做事到什么程度？他半夜饿了想吃羊肉，想了想，忍住了。第二天早上上朝，跟大臣聊天，说昨天晚上真是饿得够呛，特别想吃羊肉啊。

大臣不解，说："你就吩咐厨房做只羊呗，多简单的事啊。"

宋仁宗说："不能这么做。按照惯例，厨房不会提前储备一只羊，但如果昨晚我临时让厨房来一盘羊肉，那么以后每天晚上厨房都会备一只羊，必然造成长期的浪费。"

宋仁宗非常清楚做皇帝要谨言慎行，自己的每一句话、每一个指示都会被不断地放大。

孔子讲要无为而治，他认为无为而治的人，大概也就是舜，他上山砍柴，樵夫都变成好人了；他下河打鱼，渔民也都变成好人了。尧为了验证他的人品，让自己的王公、大臣、儿子去和他交朋友"以查其外"，还将女儿嫁给了他"以观其内"。

当舜通过了内外审查后，尧才传位给舜。

尧传位于舜，是典型的禅让。三皇五帝时期，之所以会有禅让制，在很大程度上也是因为当时部落酋长的权力并不大，完全比不上一个帝国的国王。这些部落酋长作为首领，目的仅仅是带领大家对抗洪水和猛兽，他们的权力不足以支撑起家族地位的传承，只能禅让。到了禹，社会更为发达，禹不再禅让，传位于启。

孔子说无为而治者是舜。管理者要想真正实现无为而治，"恭己"很重要，要自己先恭端肃穆，成为全民的偶像，成为臣民的精神领袖，大家自然会像万千星宿围绕着北极星一样，各安其位，转动起来，无须管理者插手。

当然，从管理的角度来讲，要想真的做到无为而治，也是有必要条件的，其中最重要的两点，一是"得其人"，手下得有能干的班子；二是"得其道"，就是驾驭王国需要有道。有人、有道，事情就能够转动起来。

如果一家公司还在创业期，没有真正组建起成熟的团队，就想无为而治，两三个人天天喝茶聊天，那是不现实的，公司肯定办不下去。

当一个小小的团队慢慢地扩大到几百人，成为初具规模的公司时，领导就要去考虑转变自己在公司运作中的位置了。如果还是一竿子插到底，万事都要亲力亲为，那反而会打击员工做事的积极性，整个公司的效率就会降低。

学会在适当的时候无为而治，对于创业者来讲是很关键的。

言忠信，行笃敬：给自己安装一个"暂停键"

子张问行。子曰："言忠信，行笃敬，虽蛮貊之邦，行矣。言不忠信，行不笃敬，虽州里，行乎哉？立则见其参于前也，在舆则见其倚于衡也，夫然后行。"子张书诸绅。

子张曾经问孔子怎样当官。此次，子张来问行，"行"就是出远门。子张大概要到蛮貊之地去出差，他问孔子有没有什么要叮嘱的。

孔子说"言忠信，行笃敬"。针对一言一行，孔子告诉子张，言要忠信，要遵守诺言，别信口开河；行要笃敬，"笃"是厚重，"敬"是恭敬，也就是做事别张扬夸大，别因为来自大国，就傲慢招摇，正因来自大国家，更要展现出礼仪之邦的气度。怎样展现气度呢？最好的方法是笃敬、厚重、恭敬、沉稳。

"虽蛮貊之邦，行矣"："蛮"是南蛮，"貊"是北狄。中原地带的人把周边四方称为东夷、西戎、南蛮、北狄，蛮貊之地是对四方的统称。孔子的意思是，即便是去这些还未开化的地方，只要你做到了"言忠信，行笃敬"，一言一行都足够谨慎，那就可以放心地去了。

"言不忠信，行不笃敬，虽州里，行乎哉"：假如你说话不算数，经常胡言乱语，又没有敬畏之心，行事轻浮，常常得罪人，那么就算不去蛮貊之地，只在自己家附近，照样是寸步难行。

子张很年轻。孔子觉得子张这样的年轻人容易气盛，所以子张应该经常提醒自己冷静处事、谨言慎行。

接下来，孔子给了子张几个建议。

"立则见其参于前也"：只要你站着，就想象眼前有六个字——言忠信，行笃敬。

"在舆则见其倚于衡也"：坐车时，你就想象这六个字浮现在横木上。"舆"是坐车。

"夫然后行"：这是一个很重要的修炼法门，包含着暂停的智慧。我们平常做事情时，往往不肯暂停，不肯给自己思考的空间，总是按照惯性做事，受当下的感受驱使，立即做出反应。还有的人几乎是透明的，把自己的喜怒哀乐全部恣肆地展现出来，你看他的表情就知道他在想什么。

人不应该是全然透明的。格拉德威尔有本书叫《陌生人效应》，书中讲到，只有在像《老友记》这样情景化的电视剧里，人才是透明化的。你把《老友记》的声音关掉，也能看明白角色在想什么，因为每一个人的表情都很浮夸，都在极端直白地表达自己的内心。

而真实的世界并不透明，在真实的世界里，你很难判断他人在想什么。

但在实际生活当中，很多人习惯了透明化地面对世界，想说就说，想骂就骂，想哭就哭。

不妨给自己一个暂停键吧，在情绪失控的时候，在得意忘形的时候，想想自己的座右铭，这可能只需要花费一秒钟，却能让你成为一个成熟度更高的人，避免很多的麻烦，收获更多的信任。

孔子提醒子张"夫然后行"，告诉子张，只要时时看到"言忠信，行笃敬"

这六个字，以此为原则，那么不管去哪儿都没问题。

"子张书诸绅"，"绅"即衣带。子张觉得老师说得太好了，于是在衣带上写了一些字。我想，他写的可能正是"言忠信，行笃敬"，这六个字成了他的"衣带铭"，每天拿着衣带看一下，就可以练习暂停的能力。

子张的练习方法，是很有效的。

帕瓦罗蒂有一个暂停键，他每次在演出之前，都要习惯性地去找一种钉子，找到了这种钉子，他就会表现得特别好。因此，他的工作人员总会在他经过的地方钉一颗这种钉子，但是不告诉他钉子在哪里。帕瓦罗蒂在每次上场之前找钉子，及由此得到的心理暗示，实际上就缘于暂停——看到钉子，回归正念。

《正念的奇迹》里讲到，在吃一个橘子的时候，要能够停下来感受这个橘子，剥开它，放在嘴里细细品尝、咂摸，把自己带回到正念的状态。在日常生活中，我们可以经常像这样停下来，感受万物的存在，这样才不会随着自己的情绪起伏而茫然失措。

在看花的时候，感受花的存在，体会每一片花瓣的盛开；在听音乐的时候，感受每一个音符；在与人交谈的时候，感受对方，去倾听对方的每一句话……这就是生活中暂停的艺术。

孔子给子张讲的是相当实用的方法。我们每个人都在面对不确定的环境，要去出差，要去跟别人谈判，要见各种各样的人，要执行各种任务，心中也一定会不安、会惶恐，希望能有一个像孔子这样的人给我们一些建议。

孔子的建议其实很简单，他不是教我们去掌控别人，去耍心机，或者去祈求天意。他告诉我们，即便四顾茫然，即便前方凶险，即便路途艰难，我们只要做到"言忠信，行笃敬"，就能安心。只要时时刻刻提醒自己，注意自己的言行，那么无论在怎样的环境下，我们都能泰然处之；即便是去蛮荒之地，我们也能安心。

外界是不断变化的，但只要我们内心笃定安稳，那么一切都在掌握之中。

邦无道，如矢：让自己在不确定中受益

子曰："直哉史鱼！邦有道，如矢；邦无道，如矢。君子哉蘧伯玉！邦有道，则仕；邦无道，则可卷而怀之。"

史鱼是卫国的大夫，孔子对他的评价是刚直。

"邦有道，如矢"：国家有道，政通人和，他像箭一样直行。

"邦无道，如矢"：国家混乱，君王昏乱，奸臣当道，他照样像箭一样直射过去。

孔子感叹，直是非常难做到的。

关于"邦有道"和"邦无道"，孔子曾经反复讨论，他认为"邦有道"就要出来做事，"邦无道"则要隐退藏身。国家安定的时候，直话直说，能够建功立业。但如果政治混乱，直话直说，可能就会毁伤自己的性命。历史上有太多这样的例子，比如比干，在商纣王昏聩的时候，坚持进谏，最后被剖腹挖心；比如范仲淹，在朝堂之上不断地发表谏言，一次一次地被贬到边关去；再比如海瑞，忠心直谏，却被当权者厌恶，难以施展抱负。"邦无道，如矢"，就有可能会付出惨痛的代价。

孔子更欣赏的是蘧伯玉这样的人，伯玉的使者评价他"夫子欲寡其过而未能也"，孔子觉得这个评价非常贴切。《孔子家语》中也有对蘧伯玉的评价，是"直己而不直人"，他对外并不会有过度的要求，对内则自我要求极高，内直而外宽。

孔子特别赞赏他，认为他是君子，合于圣人之道，因为他"邦有道，则仕；

邦无道，则可卷而怀之"：国家如果好，就出来当官，为国家做事；朝廷一旦混乱，就卷而怀之，回家了。回家干什么呢？也许是回家教书，也许干脆做个退休的"员外郎"。

我在前文经常提到《反脆弱》里的"杠铃式配置"的原理，一个人运用这个原理，意味着不论在什么情况下，他都能在不确定性中始终获益。孔子认为这样的人很聪明。

如果想做一番大事，确实要先把自己保护好，这是为长远计——连自己都没有保护好，怎么能够实现理想？做事的前提，是要能够察言观色，观察周围的环境是否值得托付忠诚之心。

"邦有道，则仕；邦无道，则可卷而怀之"是孔子所选择的路线：让我当官，我就好好当官；发现不行，我立马就走，我在家里教书育人，删诗书、定礼乐。

我们都应该有杠铃式配置，不要只能够在经济环境好的时候才有能力工作，一旦经济环境不好，就无用武之地了。

我们应该懂得"君子不器"，人工智能没来，可以工作；人工智能来了，也不会被取代。君子不器，意味着人不要把自己变成固定的物体，永远不要让自己处于固化状态，要变成一个灵活的、可以随时学习新的东西、随时变化的人。

人必须得有能够拥抱不确定性的能力，能够随着环境的变化，不断地进步，一辈子乐于探索，无论外界怎样变化，都能找到自己的位置。

知者不失人，亦不失言：如何掌握沟通的技巧

子曰："可与言而不与之言，失人；不可与言而与之言，失言。知者不失人，亦不失言。"

这句话说得多好！

"可与言而不与之言，失人"：应该与别人说话、聊天，告知他一些事情，甚至是指出他的问题，给他提一些建议的时候，隐瞒了，后果就是错失人才，错失交往机会。

"不可与言而与之言，失言"：管不住嘴，不该说的时候还要说，这就是急躁，是失言。

人一旦急躁，就容易言语有失，如同人们常说的，人有两只眼睛、两个鼻孔、两只耳朵，但只有一张嘴。与这张嘴相关的事有两件：病从口入，祸从口出。尤其在古代，一失言，就有可能惹来杀身之祸。

最后，孔子说"知者不失人，亦不失言"。衡量一个人是否有智慧，要看他是不是能够在社会上游刃有余，做出一番功绩；要看他能否做到既不失人，也不失言。

不失人也不失言的核心，是他要拥有精准的判断力，否则就很难知道对方是可与之言还是不可与之言。这也是最大的难点。

在这段话中，孔子直接给出了结论：要既不失人，又不失言，该说话的时候，该指出别人缺点、提出不同意见的时候，一定要坦然相告；一旦发现情形不对、环境不允许、对方跟自己不是一路人，则要学会闭嘴。

孔子只在此节描绘出了这种境界，但没有讲在细节上应该怎样操作。我们很难单从这一句话就做到不失人也不失言，这需要经历漫长的修炼，东方的智慧常常值得我们用一生来领悟。

西方的著作对此也有论述。在《关键对话》中有一个原则：保证百分之百的尊重加百分之百的坦诚。这符合孔子早已教给我们的"既不隐瞒，又不急躁"。

《关键对话》给出了具体的步骤，首先你要能够做一个双核的对话人：一部分精力用来观察今天谈话的氛围，另一部分精力用来思考谈话的内容。当觉得谈话氛围不对时，优先调整氛围，比如塑造共同目标，向对方道歉，反映对方的情感，复述对方的话，等等。

气氛缓和以后，再来继续表达内容。表达内容时也要注意技巧，比如陈述客观的事实，坦诚地讲出自己的感受，最后提出具体的要求，等等，一切以平等的对话、尊重对方的情绪为原则。

东方和西方的教学方式是不一样的。东方的境界常常很高妙，孔子所说的这句话，确实值得我们反复玩味，也许到六七十岁的时候，我们才能突然领会到其中真意，感受到这种状态。

学习与成长需要参考东西方不同的知识，互相补充，互为利用。我们很难一步达到孔子所说的境界，但可以利用西方的工具，比如《非暴力沟通》《关键对话》等书中提及的原则，帮助我们过好当下的生活，朝着不失人也不失言的目标靠近。

有杀身以成仁：杀身成仁的勇气有多可敬

子曰："志士仁人，无求生以害仁，有杀身以成仁。"

这话说得多有力量！

孔子说，有志之士，仁德之人，没有求生以害仁的。

什么叫求生以害仁？

文天祥被元军俘虏，忽必烈不杀他，而是希望他能够投降。文天祥誓死不降，忽必烈甚至派了归降的宋恭帝来劝说文天祥。文天祥磕完头说，君臣缘分已尽，请圣驾速回。

投降的宋恭帝就是"求生以害仁"，为了活下去，继续求生，损害了仁德。而文天祥的做法则是"杀身以成仁"。

这句话提出了一个严肃的论题：生命与原则哪一个更重要。苏格拉底最后被判死刑，罪名是误导青年人、毒害青年人。苏格拉底可以辩解，可以逃跑，此外还有很多人过来营救他，但苏格拉底不走，他说，人生就是教育的过程，他选择为典雅的法律献出生命。

在苏格拉底看来，既然他整个人生的目标是希望教育更多的人，或许死亡本身也是教育的一部分。他还做了一个三段式的推论：所有的人都会死，苏格拉底是人，所以苏格拉底也会死。在他看来，死亡这件事情没那么可怕，没那么重要，反正每个人最终都要死。

苏格拉底在法庭上说："我现在去死，而你们将活着，究竟谁更不幸，只有天知道。"

对于苏格拉底来讲，生命就是这样一段旅程，终点到了，该结束了就结束。还有很多东西是比生命更重要的，比如那些能够延续千年的智慧、原则，以及他所倡导、所坚持的那些教育理念。

谭嗣同在戊戌变法失败的时候是有机会离开的，但他说，自古变法皆有流血者，今天的变法也得有人为此流血，他就要做那个流血的人。他说"我自横刀向天笑，去留肝胆两昆仑"，走的人也好，留下的人也罢，都是为了革命。

世界上真的有比生命更高贵的东西吗？我相信一定是有的。

人生短暂，大多数人也许还没有体会到这些，但孔子已经给我们总结出来了——"志士仁人，无求生以害仁，有杀身以成仁"。也许世界上有人会为了活命，出卖组织、出卖革命、出卖道德、出卖自己……但孔子说，如果一个人要当得起志士仁人这样的称呼，就绝对不能做"求生以害仁"的事。

工欲善其事，必先利其器：寻找第四种人际关系

子贡问为仁。子曰："工欲善其事，必先利其器。居是邦也，事其大夫之贤者，友其士之仁者。"

此节与"颜渊问仁""子张问仁"不同。"子贡问为仁"，"为仁"的意思是如何培养仁德。子贡问的重点不是仁的含义，而是达到仁的方法。

延伸一下，这个问题用在当下的生活中就是：将来我们要当领导，要管理一个小地方，或者管理一家企业，怎样让人们将仁德培养起来？

孔子说"工欲善其事，必先利其器"。这句话我们太熟悉了，几乎所有人都听说过，意思是要想将一件事情做好，首先得把做成这件事情的工具准备好。

什么是工具？孔子说："居是邦也，事其大夫之贤者，友其士之仁者。"

"居是邦"就是待在一个国家。

"事其大夫之贤者"，"事"是追随，即追随贤大夫，去给他们做事。所谓"良禽择佳木而栖"，就是要去找那些好的人，为他们工作。

"友其士之仁者"，这里"友"是动词。我在讲"无友不如己者"时，提到了"友"当动词来理解，意思是要选择跟那些比自己更好的人交往，此处验证了这个说法。"友其士之仁者"说的是，在年轻的士当中，找那些有仁德之心的人交朋友。

当你有了贤者和仁者的帮助，你才能够将仁发扬光大。

从这段话中，我们也能够看到孔子对子贡的定位——"事其大夫之贤者"。因为子贡是一个年轻人，孔子给子贡的定位是他应该处于士的阶层。他应该努力地向上靠，去跟随那些能够给他带来教诲的、比他德行还高的人，去为他们做事情。"事其大夫之贤者"的"事"也是动词，表示追随，为其做事。

孔子不仅讲到了做事，还讲到了做人。"友其士之仁者"就是让子贡结交平辈中能干的、有德行的人，与他们成为朋友。

人生在世，关于如何做人和做事，孔子用这两句话就涵盖了。我们还可以参考《他人的力量》这本书来加深对这句话的理解。看这本书，我们能够更加明确地知道应该结交怎样的朋友，我们要努力地去寻找"第四种人际关系"，对方既能够坦诚地指出你的不足，又能在你有进步的时候，由衷地为你感到开心，彼此坦诚相待，这才是真正能够助你成长的朋友。

放郑声，远佞人：文化自信从何而来

颜渊问为邦。子曰："行夏之时，乘殷之辂，服周之冕，乐则《韶》《舞》。放郑声，远佞人。郑声淫，佞人殆。"

这一节文字比较拗口。

颜回问的问题，涉及的层面较高。"为邦"就是怎样治理国家，或者说治理国家的时候，应该注意些什么。

孔子回答颜回的时候非常认真，他给出的要求也很高。

"行夏之时"：这强调了对历史的继承，意思是应该继承夏朝的历法。在古代，历法是非常重要的，改朝换代的时候，尤其遇到革命性的改朝换代时，一般首先就要改历法。历法一改，就意味着彻底颠覆了前朝的制度。

武则天在把唐的国号改成周的时候，首先就改了历法。这样一来，对她掌权不满的一些知识分子就无话可说了，因为她的意思是"你们整天总是说'吾从周'，今天我代表你们从周了，我们把唐朝的历法改成周朝的历法"。历法一换，就代表着改朝换代了。

对于孔子来讲，他认为夏历是非常完备的历法，只需继承下来即可，没必要在这件事上进行变革，这是对前人的尊重。

"乘殷之辂"："辂"是高级的马车。出行时，乘坐的马车也应当延续殷商时期的形制。为什么一定要是殷商时期？因为根据历史考证，直到商代晚期，中国才有了真正的马车。

"服周之冕"：周人的衣服是非常好看的，"冕"指代的不仅仅是礼帽，可能是整体的外在造型。

"乐则《韶》《舞》"：音乐要听《韶》和《舞》。《韶》和《舞》是怎么回事？西周制定了"六舞"：《云门》《咸池》《大韶》《大夏》《大濩》《大武》。相传，《云门》是黄帝时代的音乐，周代用来祭祀天神；《咸池》是尧时代的音乐，周代用来祭祀地神；《大韶》是舜时代的乐舞，周代用来祭祀日月星海；《大夏》是夏禹时代的音乐，周代用来祭祀山川；《大濩》是商代纪念商汤伐桀功勋的乐舞，周代用来祭祀始祖姜嫄；《大武》是歌颂周武王伐纣的武功的乐舞，周代用来祭祀祖先。

为什么孔子说要用《韶》和《舞》呢？关于《舞》，我认为"舞"应该通"武"，即代表周武王。用《韶》乐，用《舞》乐，意思是用舜时代的音乐，用武王时代的音乐。

"放郑声，远佞人"：孔子不喜欢郑国的音乐，因为"郑声淫"。"淫"不是淫秽，而是"过分"的意思，类似于靡靡之音，搅得人心很乱。有可能郑声是当年的流行音乐，而孔子欣赏的音乐都是舒缓的、庄重的、典雅的，演奏时余音悠长，令人内心平和幽静。郑声大概比较摇滚，孔子觉得令人心乱。

"佞人"就是谄媚的人。如果一个人特别会说话，一开口就句句入你心，说话像在唱好听的歌一样，撩动得你失去判断力，这种人叫作佞人。孔子说"佞人殆"，是说与花言巧语的人在一起是非常危险的。

我曾讲过一个佞人的例子。齐桓公有个大臣叫易牙，对齐桓公非常体贴，无微不至地照顾齐桓公的生活，齐桓公觉得易牙真是一个好人啊。当时管仲就对齐桓公讲："易牙很危险，要远离他，因为他对你好得过分了。"

齐桓公不信，说易牙只是照顾他的生活，有什么危险呢。

管仲离世之后，有一天，易牙问齐桓公想吃什么东西，齐桓公说想不到什么好吃的，易牙竟然回家把自己的儿子杀了给齐桓公作为食物。齐桓公大为感动。

易牙变态到这种程度，齐桓公竟然感受不到。

生活中，许多人跟齐桓公一样，在判断一个人时，不是看他怎样对待别人、对待社会，而只看他怎么对待自己，只要对自己足够好，无论对方做出什么丧尽天良的事情都能接受，直到自己也深受其害，才开始醒悟。

最后，齐桓公老了，易牙造反，把齐桓公关在宫殿里饿死。这就叫"佞人殆"。

遇到没有底线、没有原则、不断谄媚的人，一定要小心。

为什么孔子要跟颜渊说这些细节？穿什么时候的服饰，坐什么时候的车子，听怎样的音乐，结交什么样的人……这些东西在孔子看来都意味着文化的传承，而文化是治国的根本。如果把颜渊换成子路，子路可能不会以文化为治国的核心，他可能一上来就会大兴改革，赶紧富强兵马，然后打仗。但是，离开文化，国家可能会走偏。

有了文化作为依托，民族才具有凝聚力。顾颉刚先生的《国史讲话：春秋》一书阐述了中华民族是在春秋末期才形成了自己的文化核心，正是因为孔子的诞生。

自此，我们的自信心越来越强大，源远流长的中华文化基因让我们的文明屹立数千年不倒。

人无远虑，必有近忧：心存高远，意守平常

子曰："人无远虑，必有近忧。"

"人无远虑"的"远"，既代表时间，也代表空间。思考的范围不够大，就

称不上"远";思考的时间不够长，也算不得"远"。

"虑"指的是思考，而不是担忧。如果把虑译为担忧，这句话就成了：人如果不为长远的事担忧，那就会为眼前的事担忧。这样理解的话，一个人活着多累啊，"进亦忧，退亦忧。然则何时而乐耶"，人生就永远生活在焦虑不安之中，没有快乐的时光了。

孔子是一个快乐的人，乐是他与别人最大的不同。

"人无远虑"，指的是一个人思考问题得更加长远，得为百年甚至为千年以后考虑，得为除自己之外的其他众人考虑，为本县、为本省、为本国、为世界、为地球村，去进行思考。

"必有近忧"的"忧"，指忧患，而不是忧愁。如果人无远虑，眼前就会出现很多的麻烦和困难。

我推荐大家读一读《论大战略》这本书。什么叫战略？战略不是一个目标，也不是一个手段，战略是目标加手段，即为了达到某个宏大的目标，需要采取的多种策略，两者加在一起才叫作战略。"人无远虑，必有近忧"，讨论的就是要对战略进行思考。

就像在《论大战略》中林肯说的，"指南针可以带我们去到想去的地方，但前提是我们一定要学会绕过脚下的沼泽地"。假如一个人心中只有很远的图景，拿着指南针一直走，很有可能掉进坑里。作为一个有大战略的人，既要能够看到远方，也要能够解决眼下的麻烦。

有个故事可以让我们知道为什么人要有远虑。

宋仁宗的生母李妃是一个普通的宫女，直到她去世，宋仁宗都不知道她的存在。李妃死了以后，抚养宋仁宗长大的太后刘娥不想大张旗鼓地操办，只想草草了事，敷衍过去，反正只是死了一个宫人，埋掉就算了。这时，宰相吕夷简来见刘太后，说一定要遵循礼制，把葬礼办得体体面面的。

刘娥非常生气，说"相公欲离间我母子耶"，意思是"你是想要离间我们母子吗"。她不是宋仁宗的生母，所以心中有个坎，觉得吕夷简是想把这事放大。

吕夷简表达了自己的思虑，他说："皇后是否要为刘氏家族考虑？如果希望刘家的人能够继续富贵，有好日子过，希望你重新考虑眼下的事。"

刘娥想要敷衍过去，这就属于"人无远虑"。纸是包不住火的，一旦将李妃草草下葬，仁宗皇帝以后总会知道这件事情，那时他该怎样评价太后呢？当他知道太后对自己的生母这么残忍时，一定会怨恨刘家的人，说不定会让刘氏一族遭遇大祸。

听完吕夷简的话，刘娥立刻改变了态度，交由宰相吕夷简全权处理李妃治丧之事，以皇后的规格将李宸妃下葬。

当我们遇事不决时，不妨朝着更远的前方看看，一定要让自己看得更远。看得更长远，我们的决策才会更正确。一个人如果没有远虑，只贪图眼下的利益，很容易让自私、狭隘占据身心，导致每走一步都栖栖遑遑、战战兢兢。

吾未见好德如好色者也：战胜本能，是一种了不起的能力

子曰："已矣乎！吾未见好德如好色者也。"

这是很有名的一句感叹，在《论语·子罕》中也出现过。这里是重复记录，只是比之前多了个感叹句——"已矣乎"，感情色彩更浓烈了。

孔子在表达对某事失望时，经常会说"已矣乎"，意思是"算了吧""哎呀""……得了"。这次孔子说："我从来没有见过一个人，爱好德行如同爱好美色一般。"

这段话发生在孔子到卫国后，卫灵公邀孔子出游时，竟然要跟南子乘坐一辆车，而把作为国宾的孔子撇开了。孔子对卫灵公很失望，于是有了这样一句感慨。

孔子讲"克己复礼为仁"，一个人要懂得控制原始的欲望，才能够成为一个有仁德的人。这当然不容易，像卫灵公这样贪图霸业、贪图美色，是人的本能。在本篇的开篇，就记录了"卫灵公问陈于孔子"，说明他的心思根本就不在德行上，而在霸业上。

还有一种解释。有人认为孔子说这句话并不是在和卫灵公出游以后，而是在孔子准备离开卫国的时候。本来满怀着期望投靠了卫国，觉得可以在卫国实行仁政，结果卫灵公令他大失所望。我们可以想象，他在即将离开卫国的车上，回头感慨了一句"吾未见好德如好色者也"。

臧文仲其窃位者与：举贤荐能是领导者的职责

子曰："臧文仲其窃位者与？知柳下惠之贤而不与立也。"

"窃位者"，即尸位素餐者。孔子说，臧文仲这个人不会是个窃位的人吧？这是一个问句。

孔子在读史的时候注意到了一个人——柳下惠。柳下惠姓展，名获，字禽。展获、展禽、季禽，指的都是柳下惠。

"知柳下惠之贤而不与立也"，柳下惠那么出名、那么贤德，臧文仲竟然没有给他官位，也没有把他举荐出来。

在孔子看来，举荐贤能是地方官重要的职责。做一方的官员，一定要在此地寻找最能干的人，这是地方官最基本的职能，但是臧文仲竟然没有举荐柳下惠这个人才。

大家都听过柳下惠坐怀不乱的故事。关于这个故事，也有很多不同的说法。

第一个版本：柳下惠在路边遇到一个很年轻的女子，无依无靠，即将冻死，于是就把女子接到家里来。因为害怕她冻死，他又把自己的衣服解开，抱着女子，用这种方法来救人。大家说，他竟然能够坐怀不乱，真是个君子。

第二个版本：柳下惠有一次出门遇上大雨，看到一座古庙，正要走进去避雨，见庙里有一个女子正在换衣服，于是马上转身，重新走进大雨里。

总之，柳下惠因不好色而得到了一个很好的名声。但是臧文仲遇到了这样的贤人竟然不举荐，孔子觉得很疑惑，于是提出疑问：这个人难道不是一个尸位素餐的人吗？

臧文仲此前在《论语》中也出现过，"臧文仲居蔡，山节藻棁。何如其知也"，孔子对他的评价始终不高。

躬自厚而薄责于人："严以律己，宽以待人"者多么可爱

子曰："躬自厚而薄责于人，则远怨矣。"

"躬自厚"：责己的时候，对自己更加严格。

"薄责于人"：对别人稍微宽待一点。

"则远怨矣"：这样就可以远离他人对你的怨恨了。

有句话叫"以责人之心责己，则寡过；以恕己之心恕人，则全交"。人们在责备、批评别人的时候总是特别理直气壮，但是同样一件事情如果发生在自己或者自己的亲人身上，就会觉得没什么大不了的，不值得深究。

人们对陌生人要苛刻很多，这在心理学上缘于归因方式不同。当自己或者身边亲近之人犯了错误时，我们会将其归咎于不小心。但看到陌生人做同样的事情，就会大发雷霆，觉得人心不古、世道不好，认为对方居心不良、人品太糟糕。

这种归因的差异会让人与人的交往存在阻碍。面对同样的事情，由于视角不同、身份不同，我们会做出完全相反的解释。这种思维方式让我们与他人之间形成了巨大的沟壑，尤其是在与陌生人相处时，我们很难获得关系上的改善。而在互联网环境下，大部分的交往都要从陌生人开始。

如果我们能够以责人之心责己，用要求他人的标准来要求自己，看自己身上有什么可以改变的，我们与他人的关系就会发生改变。

曾国藩就特别擅长自省，他在日记里骂自己狠到令人不忍直视。实际上他是一个非常了不起的、优秀的人，但他常常责备自己——今天竟然下了这么长时间的棋，竟然看了戏，竟然看戏看得不想回家读书！他时时反省，以责人之心责己，可以寡过。

"以恕己之心恕人"：什么是恕己？当我们做错了一件事时，很快就能找到理由为自己解围，原谅自己。比如"我犯了一个大部分人都会犯的错误""我还是一个小男生""这事不光是我的责任"。如果在别人做了错事时，我们也能够像对待自己一样，再给别人一次机会，理解别人或许也是无心之失，则"全交"。

"全交"有两种解释。第一种解释：你可以和一个人交往很多年，一直做朋友。很多朋友走到半路就走散了，就是因为自己的责备心太重，而当你愿意以宽厚的态度待人，你就能拥有一生的至交。

第二种解释：你可以交往更多的人。

孔子说"躬自厚而薄责于人"，对自己要严格一点，对别人要宽厚一点，要严于律己、宽以待人。

如何做到薄责于人？对别人的问题，稍微提醒一下就好。如果你抓住别人的错误不放，得理不饶人，会导致对方自尊水平不断地下降，跟你在一起时会感到压力巨大，不仅不会改掉自己的错误，还会有意识地远离你。

如果一个人总感觉到别人不认可自己，总是批评自己，这些对立的情绪就会累积，一旦最后爆发，一定会给双方造成伤害。

对于别人的错误，稍微提点一下即可。比批评更有用的，是切实地帮助对方成长，帮助对方解决实际的问题，去发现对方的亮点，鼓励他、肯定他，他才能够有好的改变。

孔子是一个很懂教育的人，他总能春风化雨般地让学生们变得更好。希望我们也能把这种态度用在所有的人际交往中。

如之何，如之何：领导者要学会问"开放式问题"

子曰："不曰'如之何，如之何'者，吾末如之何也已矣。"

这句话听起来像绕口令。

孔子说："不说'怎么办，怎么办'的人，我也不知道该把他怎么办。"

"如之何"是领导者经常要讲的一句话。

有个典型的案例，就是刘邦。

刘邦的背景、出身和个人能力完全比不上项羽——

项羽是贵族出身，而且武艺超群，力能扛鼎；项羽学的是"万人敌"，精通兵法，打仗很厉害。

刘邦出身农家，只是小小的泗水亭亭长，而且他很怕打仗，也很怕项羽，因为他每次跟项羽打仗都输。

那为什么刘邦越输，地盘越大，项羽越赢，地盘越小，最后到了乌江自刎的境地？

刘邦对自己的总结是"夫运筹策帷帐之中，决胜于千里之外，吾不如子房；镇国家，抚百姓，给馈饷，不绝粮道，吾不如萧何；连百万之军，战必胜，攻必取，吾不如韩信"。他虽然能力不强，但身边有张良、萧何、韩信等人才，可谓群星璀璨。刘邦特别擅长用"如之何，如之何"来激发这些人才帮他出谋划策。《史记》中描写刘邦，最常说的话就是"为之奈何，为之奈何"。鸿门宴的时候，别人要杀他，紧急关头，他说的也是"为之奈何"。

他似乎总是在问"怎么办"。他不需要有特别强的个人能力，他最需要的就是倾听。

而项羽恰好相反，他最大的问题是"仅有亚父范增，尚不能听"，项羽太自傲。

这句话给我们的启发就是，领导者要培养倾听的能力。"如之何"即"怎么办"，这是一个开放式的提问方式。

我们在倾听的时候，要更多地问开放式问题，而不是封闭式问题。

不擅长领导的人，常常问封闭式问题："你们听懂了没有""你们有没有信心""你们明不明白"。这种封闭式的问题意味着领导者觉得自己没有错，员工只需要听懂之后执行就可以了。封闭式问题让员工没有表达看法的机会，这样下去，领导很容易成为容错率最低但是在公司里犯错最多的人。

如果领导能够学会开放式提问："怎么办，这个事你们有什么想法""来，大家帮帮忙，想想可行的方案""关于这个问题，怎样解决更合适呢，大家畅所欲言"……这样，员工才会有积极性，才会愿意发挥自己的才能，公司也才能够得到发展的空间。

如果遇到一个领导，他从来不问你怎么办，不问你对一件事有什么想法，只是问你"听懂了吗"，这也说明他不是一个懂得领导艺术的人。

孔子是一个很懂领导力的人。这段话有可能是在讨论季氏的问题，也许是批评"三桓"，或者是批评鲁公这样的上位者。

人一定要学会问"如之何"。关于这个话题，我想推荐两本书给大家。

一本是我的著作《可复制的领导力》，书中详细地讲到了关于倾听的话题。

另一本是《高绩效教练》，它教给我们用提问的方法，去启发和帮助另外一个人成长。大量的问题可以被模块化，分成四个步骤，一步一步地问，这样才能追根究底，找到对方真正存在的问题，帮助对方走出困境，同时让员工收获责任感和自信心。这才是做领导的艺术。

好行小慧，难矣哉：独立的思想有多么宝贵

子曰："群居终日，言不及义，好行小慧，难矣哉！"

孔子感慨，有一些人生活闲散，终日聚在一起，谈论的内容令人不知所云。英文里有一个词形容得特别好，叫作no point（没有重点），听的人根本不明白他在表达什么。这样的人"好行小慧"，爱卖弄小聪明，也很难教导！

孔子说过一句类似的话："饱食终日，无所用心，难矣哉！不有博弈者乎？为之，犹贤乎已。"孔子认为，一个人实在没事可干的时候，哪怕下下棋也可

以，至少锻炼一下大脑，对身心有益处，何必整天聚在一起空谈消耗时间呢？

学会孤独，是很重要的能力。我们总会有一些闲暇的日子，在这样的日子里，要能够自在而惬意地与自己相处。如果一个人无法忍受孤独，一闲下来就想呼朋引伴，反而会进入一种群体性的孤独——一群人凑在一起，看起来很热闹，实际上却是在荒废时日，根本没有收获和进步。

人到了晚年，用这种方法来解闷，是完全可以理解的。但孔子教育的对象是年轻人、青壮年，这些人正处于应该做事的年纪，如果一天到晚混在人群当中，说些不咸不淡的话，看起来似乎在认识人，其实是在进行无效社交。这种人想要出头很困难，你想教他也很困难。

有句话叫"士别三日，当刮目相看"，但我们发现，"士"并不代表所有的人。有的人"别三日"，真的如脱胎换骨一般，令人惊叹；有的人"别三年"还是老样子，甚至毕业二十年了，见了面还是老话题，脑子里思考的永远是同样的东西。

如何让自己真的发生改变？核心在于善待自己的时间。

孤独是能教人成长的。孔子希望我们能有自己独处的时间，能一个人去思考、去读书、去研究、去琢磨。有敢于孤独的勇气，才能够每天看到自己的进步。

通过学习和思考，有了真功夫，就不会"好行小慧"了。为什么有人"好行小慧"？因为他没有真正的才能，他做事的时候总想着如何钻营，想通过送点礼，说几句漂亮话，套近乎、拉关系来解决问题。这样做也许能够解决一些生活中的小麻烦，却解决不了人生中的大问题。

举个跟"行小慧"相对的例子。曾国藩打仗，从不"行小慧"，他没有那么多机灵，他用的办法叫"结硬寨，打呆仗"。曾国藩的部队不像部队，倒像个工程队，一群"民工"在干活。攻城攻不进去，就在外边安营扎寨。万一对方骑着马冲过来，伤亡很大怎么办？曾国藩的办法是，先挖条三丈宽、两丈深的大沟，把自己保护起来，令对方无法突袭，这叫"结硬寨"。

他围城的办法是挖一个更大的坑，把城墙围起来。围起来以后，城里面的人出不来，要么挨饿，要么投降。像这样打仗，就是下死功夫、硬功夫。

孔子不喜欢"好行小慧"的人。对于那些一天到晚靠着小聪明，靠旁门左道、油嘴滑舌来生活的人，孔子认为是很难教育、很难改变的。

君子义以为质：君子要学会外圆内方

子曰："君子义以为质，礼以行之，孙以出之，信以成之。君子哉！"

孔子在描述什么是君子。

"义以为质"，就是内方；"礼以行之"，就是外圆。

人们常说人要"外圆内方"，古代的铜钱也是外圆内方，这并不是一个世俗的要求，而是很高级的要求。铸钱的时候铸成外圆内方，除了便于穿绳，其实还是对人修养的提醒。

古人常常会向天地取法。古人认为，天是圆的，地是方的，从而觉得做人，外在要圆，内在要方。

"外圆内方"的核心是"义以为质"，即心中有原则。一个人心中应该有自己的道德标准，不能随便让步，内在要是方正的。但是在外在表现没必要太过刚硬，否则就成了"愣头青"，会与外界格格不入，导致与谁都没法合作。

外在要"礼以行之"，需要学会圆润地处事，懂得如何与他人进行有效沟通。

"孙以出之"，"孙"同"逊"，即谦逊地沟通。说话之前要思考一下，是否能够表达得更加清晰、更加委婉，是否能照顾到对方的情绪。

"信以成之"：做事的时候要讲究诚信，答应别人的事要努力做到，做事要靠谱。

孔子说，如果一个人能够做到外圆内方、说话谦逊、办事靠谱，那他就是君子。

或许我们常常感觉成为孔子口中的君子是很不容易的事，在此，孔子给出了一个核心原则——要想成为君子，最重要的是心中要有本分，要方正。

如果没有"内方"，一个人即便做到了对外讲礼、办事圆滑、说话谦逊，他还是不能被称为君子，因为他内心没有底线。

一个人成为君子的前提，是有底线。但这也是不够的，如果外在太过刚直，不懂权变，跟谁都没法合作，也不能够称其为君子。

要成为真正的君子，需要内外兼修。

君子病无能焉：专注于影响圈

子曰："君子病无能焉，不病人之不己知也。"

这句话对我影响很大。

我上大学时，对出名很渴望，希望别人都知道自己。我经常去看学校的海报栏，如果看到平时能力不如自己的同学都能上海报，我就开始焦虑，觉得不公平——我这么优秀，海报上为什么没我的名字？

后来读《论语》时，读到这句话，我觉得心里好受多了。

"君子病无能焉"：君子要担心的是自己没有能力。这里"病"是动词，代表担心。

"不病人之不己知也"：别因为别人不知道你而担忧。别人不知道你，这很正常，这里存在信息鸿沟。当关于你的信息没有传播出去时，你要继续做事，让自己的能力变得更强。

一个人如果在非常年轻时就急于出名，为别人不知道自己而委屈，就要重温一下《论语·学而》第一节中的这句——"人不知而不愠，不亦君子乎"。虽然别人不知道你，但你并不会为此纠结、难过、生气，你就是君子。

一个人有没有才能，是"影响圈"的事情；别人知不知道自己，是"关注圈"的事情。当我们做事情回归到影响圈中时，会发现自己能做的事很多。如果一个人只关注自己暂时无法改变的事，汲汲于名声，就会觉得自己面对生活太无力了。

再说一句题外话：为什么我们每个人都特别希望成名，希望别人知道自己？

当一个人被别人认识后，内心会产生一种原始的愉悦。在原始社会，一个人能够被陌生的部落接受，能够被更多的人认识、认可、接纳，意味着他活下来的概率越高。反过来，如果一个人不被人熟悉，就会被当成敌人去对待，会被驱逐或者杀死。渴望被人认识和认同，来自人原始的本能，是一种刻在我们基因中的欲望，这并不可耻。

但孔子始终提醒我们，"以礼节之"——要对这些原始的欲望加以控制。

君子疾没世而名不称焉：让自己的能力配得上自己的名声

子曰："君子疾没世而名不称焉。"

"疾"是担心、害怕的意思，君子担心自己离开这个世界之后，"名不称焉"。"名不称焉"有两种解释，我觉得都有道理。

第一种解释是不被别人知道，没有流芳千古。这样理解能够说通。

《怕死：人类行为的驱动力》是一本用科学手段研究心理学的著作，作者用了三十年时间做了大量的对比实验，最后得出结论：一个人在这个世界上所做的各种努力、各种折腾，其动力都是来自怕死。我们希望自己百年之后，还有人记得自己的名字，有人给自己立塑像，有人称颂自己，渴望永垂不朽，这也是因为怕死——我们在努力地战胜死亡。既然肉体无法战胜死亡，那就让名声和影响力去战胜它，让自己永远地活在人们的心中。

这个解释符合《怕死》这本书所做的研究，但是我个人觉得，这不像孔子的原意，因为孔子经常强调"不患人之不己知"。

第二种解释认为，"名不称焉"可以解释为名不副实。孔子在年轻的时候就已经名扬四方了，到了晚年，几乎成了国宝级的人物。无论是鲁公还是三家贵族，都经常跑来向孔子请教。孔子也很勤奋，不仅教书育人，而且删诗书、定礼乐、写《春秋》，留下那么多的文字。他知道自己名气很大，但他始终担心自己配不配得上这样的名气。孔子说"君子疾没世而名不称焉"，是担心在盖棺论定之时，自己是否配得上大家给予的荣誉。

希望我们能像孔子这样思考问题，尽量让自己在活着的时候做到实至名归，对得起别人的信任，让求名这件事情成为我们前进的驱动力，而不是为名所累。如果一个人没有德行，却坐在很高的位置上，德薄而位尊，这是十分危险的。

我更倾向于第二种解释，"名不称焉"是名不副实的意思。

君子求诸己：遇到问题从自己身上找原因

子曰："君子求诸己，小人求诸人。"

这是人们引用频率非常高的一句话。

"求诸己"，"诸"即"之于"。这句话可以译为"君子求之于己，小人求之于人"。

君子在任何情况下，遇到了任何问题，都会"求之于己"，在自己身上找原因、找答案、找解决方法。小人遇到任何问题，总会第一时间在别人身上找原因、找答案、找解决方法。

为什么总要在别人身上努力？因为这种行为可以减少自己的认知偏差。

比如一个妈妈自认为是好妈妈，她觉得自己小时候没好好上学，就把期望寄托于孩子身上。她费尽心力，希望能够把孩子培养起来，但她发现孩子的成绩并不好，考试总出错，甚至很简单的题目都做不对，因此大发雷霆。

这种行为就叫"求诸人"。我们都知道，骂孩子根本无助于孩子的学习，凡是有过被教育的经历的人，都有这种体会。

为什么这位妈妈还是要骂孩子呢？因为她自以为是个好妈妈，但孩子成绩却不好，这让她的认知出现了偏差，让她很不舒服。为了让自己"好妈妈"的角色立得住，为了让自己心里好受些，她会将孩子学习不好的事情合理化，把责任推在孩子身上——她依然是个好妈妈，是孩子太不争气。

当妈妈说出"我是不是已经说过了应该怎么做，我跟你说了多少次……"的一瞬间，她的认知偏差就得到了矫正，她就能继续心安理得地处于"好妈妈"的位置上。

"求诸人"太简单了，只需要把责任转嫁出去，然后就能心安理得了，但这根本不会让事情出现好的改变。

"求诸己"很难，但只有"求诸己"才能真正找到事情的解决方法。

想要做到凡事先"求诸己"，就要学会和认知偏差和谐相处，战胜自己心中因为认知偏差而产生的不适，敢于面对自省时的痛苦，这才是生活的高手。

还是要补充一下，小人并不是指不好的人，君子和小人是每个人都会存在的两种状态。人的内心常常存在小人和君子博斗的状况，我们不断地学习，是为了让自己多处于君子的状态，少处于小人的状态。

我们要清醒地明白：批评别人、指责他人、埋怨社会不公，就是陷入了小人的状态，比如，"要不是我小时候爸妈对我不好""要不是教育环境不好""要不是我孩子不听话，我早就成功了……"。

这种建立在对外界的指责上的自我安慰，心理机制其实和狐狸吃不到葡萄说葡萄酸是相同的。狐狸想吃葡萄，吃不到，求而不得，内心产生了痛苦。为了缓解这种痛苦，它解决的办法是骗自己"葡萄是酸的"。虽然这不符合事实，但在这一瞬间，它的认知产生了偏差，但它的心里舒服了。

这就是小人喜欢"求诸人"的根本原因，他以扭曲认知来改善、消除自我陷入痛苦的状况。

君子"求诸己"的态度是，即使吃不到葡萄，依然认可葡萄的价值，觉得葡萄是好看的，是好吃的，然后继续调整自己，或者努力地蹦得更高，去采葡萄；或者思考要不要回家自己种葡萄；或者改变自己的口味，用其他水果来代替……君子总会不断地提升自己。

喜欢把责任推卸在别人身上的人，最大的问题是不愿意改变自己，不愿意承认自己的不完美。当一个人不愿意承认自己不完美时，他不会愿意请教别人，不愿意提升自己，甚至连看书都不愿意。

当一个人能坦诚地接纳自己的不完美时，他就能理解自己并不能够应付世界上所有的事，才会谦逊地提升自己，通过看书和学习来解决问题。这就是"君子求诸己"。

不看书，不学习，只发表评论，发泄情绪，是小人做派。

这句话道出了人生的大道理，是能够伴随我们一生的箴言。

君子矜而不争：管理自己的欲望，不要被外物所诱惑

子曰："君子矜而不争，群而不党。"

"矜而不争"："庄以持己曰矜"，要有一颗不动心，庄重而矜持。所谓矜持，核心是一个人不轻易为外物所动。如果外在的任何诱惑——好车、大房子、高工资，都能让你大喊大叫，表示羡慕，就不是矜持。

孔子并没有要求一个人对任何外物都表示拒绝，都不感兴趣，《论语》中从没有这样的说法。

我曾和王蒙先生聊孔子，王蒙先生感慨，孔子说话怎么就那么合适，不过分。孔子绝对不会对一个人说"你不要羡慕别人有房子、有车子"这种空话，他的建议是，当你羡慕的时候，能不能让自己稍微停一下，矜持一点，不要瞬间扑过去。如果你太容易为外物所动，这样就可能会被别人利用，也容易成为

外在物质的奴隶。有的人为了得到一双鞋子、一部手机、一个名牌包包，一冲动就会做出很可怕的事。

我听说一个家庭，爷爷只是把手机给孙子玩了不到一分钟，孙子就花了一千多块钱去充游戏币。爷爷本身就不富有，孙子只是远远看着爷爷操作，就记住了密码，找机会拿手机给游戏充值。这个孩子当然知道这件事情一分钟以后就要暴露，他会被批评、被责骂，但他根本控制不了自己。我个人认为，在未成年人的游戏中，有些充值行为是要在商业上想办法禁止的，这是非常危险的一件事，会让孩子陷入最直接的物欲中。

总之，面对外物，人要学会矜，能够"端"着点，控制一下自己的欲望。

"矜而不争"中，"争"的产生，必定是为外物所惑。如果没有外在的东西诱惑你，心不动，便不会去争。人修炼到极致，就是要修炼一颗不动心。不过，孔子对人倒没有这么高的要求，他只是提醒我们不要扔掉矜持，不要总是汲汲于富贵。

"群而不党"："党"是动词。人为什么结党营私？目的也是争。不是为了争，何必要拉帮结派呢？

"群而不党"指的是，一群人可以一起努力地做有意义的事，但彼此之间应该是坦诚的，不需要为了维护相互的利益而结党营私。在宋朝，党争是重要的政治话题。有人说欧阳修、范仲淹、韩琦是一党，欧阳修为此专门写了长文《朋党论》，呈给宋仁宗。欧阳修说，君子也有党，君子之党有别于小人之党。小人之党是结党营私，而君子之党是一群很好的人在一起，做到廷争如虎。所谓"廷争如虎"，指的是就算同为一党，一旦在政治上出现分歧，在大殿之上也可以像老虎一样互相争执、辩论。

君子是维护原则的，是有自己所秉持的操守的，不会为了利益而保持统一战线，一起做坏事。

不以人废言：就事论事，别给他人预设立场

子曰："君子不以言举人，不以人废言。"

"君子不以言举人"："举"即举荐、推举、提拔。这句话的意思是，君子不会因为一个人说话好听就把他提拔起来。这样做太草率了。有的大老板事务繁忙，接触公司基层员工的机会很少，一旦有人说话说到他心坎里去了，他就感觉这个人不错，此人就有机会被火速提拔。

会说话的人当然也可以用。但是"举"是瞬间提拔起来了，这意味着不用磨炼、不用看业绩，就直接升职。

历史上有很多"以言举人"而造成严重后果的例子，比如赵括纸上谈兵，最后导致整个部队大败。

一个人必须得在生活中经历考验，才知道是不是知行合一。知行合一是"真知"，如果只会说漂亮话，那是"假知"。

"不以人废言"：不因为不喜欢一个人，而拒绝相信他的话。我们一般都喜欢听跟自己关系好的人说的话，觉得对方是一个好人，他说的话就可信。而事实上，好人也会说错话，也照样会导致事情出错。好人并不意味着他说的话就是真理。

我们要做到"不以人废言"，哪怕自己不喜欢那个人，他与自己的立场、观点不一样，但是，如果他说的话是有道理的，我们就要听。

当下，每个人都有在互联网上发声的权利。在网上，有的人看到别人说的话和自己想的不一样，就针锋相对，先指出对方私德不严，再揭露他的过去，

以证明对方是个坏人。坏人说的话就一定是错的吗？这个逻辑是不对的。与其花那么大的力气证明别人是坏人，不如客观地讨论他所说的话有没有道理，这才叫作就事论事。我们在网上进行辩论时，应该针对事情本身来发言，就事论事，而不是先讨论说话之人的人品，或是去揭露对方的背景，这才是"不以人废言"。这样的互联网环境，是我们应该努力去维护的。

不因某个人的立场、观点与自己不一致，或者私德不好，就不去听他说的话。如果他的观点是有道理的，我们就采纳，这才是一个人成熟的标志。

就像《思辨与立场》一书提醒我们的——思维的公平性是很重要的。

恕：培养同理心，推己及人

子贡问曰："有一言而可以终身行之者乎？"子曰："其恕乎！己所不欲，勿施于人。"

子贡问孔子："有没有一句话能够成为我的座右铭，让我一生奉行呢？"

孔子回答："那大概就是恕吧。"

恕，可解构为"如心"，即"如己之心"。恕的核心是同理心，是一种推己及人的能力。

我觉得子贡应该具有很强的推己及人的能力，因为他"亿则屡中"，只要去做生意，总是能赚到钱。孔子都感到很惊讶：子贡怎么这么会预测市场？

实际上，理解市场、预测市场，本身也离不开推己及人的能力。

有一本书叫《谁说商业直觉是天生的》。这本书告诉我们，商业能力的核心就是同理心，企业要把自己当成消费者，切实地感受到消费者的需求，这样生意才能做起来。

对于做生意的高手子贡，孔子所提的建议是"其恕乎"。

"己所不欲，勿施于人"，你自己不想被别人加诸身上的事情，就不要加诸别人身上，这是伦理学的核心。用一句话来概括西方伦理学，正是"己所不欲，勿施于人"。我们要用公平的态度来对待自己和他人。

孔子之所以会跟子贡说这样的话，有一个原因是"子贡方人"。子贡喜欢在背后对别人评头论足，孔子说"夫我则不暇"——换作是我的话，可没这个工夫。

我们在评判别人的时候，也要秉持一颗如己之心。想想如果是自己被别人在背后议论，我们会有怎样的感受；如果自己有同样的行为，我们会像苛责别人一样苛责自己吗？

去体会他人的感受，这就是"恕道"。

三代之所以直道而行也：孔子盛赞尧、舜、禹

子曰："吾之于人也，谁毁谁誉？如有所誉者，其有所试矣。斯民也，三代之所以直道而行也。"

此节是关于毁誉原则的讨论。

"吾之于人也，谁毁谁誉？如有所誉者，其有所试矣"：对于他人，我褒奖

了谁，又诽谤了谁？如果我对谁大肆褒奖，一定是经过了深入考察的。

"斯民也，三代之所以直道而行也"："民"就是孔子所称赞的人；"斯民也"，指的就是尧、舜、禹；"三代之所以直道而行也"，指尧、舜、禹三代之所以直道而行的原因。

有人认为，孔子所作《春秋》"一字之褒荣于黼衮，一字之贬严如斧钺"。在孔子笔下，如果得到一个字的夸奖，那比获得一生的爵禄都光荣，而如果被孔子用一个字批评了，那比被砍头还要难受。

春秋笔法，微言大义。比如《春秋》里提到"郑伯克段于鄢"，"克"这个字令郑伯一辈子都蒙上了一层灰，因为"克"是针对敌人而言的，而共叔段是郑伯的亲弟弟，郑伯竟然用对付敌人的手段来对付自己的手足兄弟。孔子用了"克"这一个字，大家就知道郑伯"非仁者"也。这就叫"一字之贬严如斧钺"。

孔子对于表扬谁，或者批评谁，是非常慎重的。如果真的是表扬，一定是认真地考察过了。对于孔子来讲，从尧、舜、禹，到商汤、文、武、周公，中华民族精神正是由这些人传承下来的。中华民族之所以有原则、有文化、有底蕴，就是因为有深厚的传承。

对于尧、舜、禹三代，孔子给了极大的赞扬。

吾犹及史之阙文也：做学问要有谨慎之态和敬畏之心

子曰："吾犹及史之阙文也。有马者借人乘之，今亡矣夫！"

这段话读起来很怪，按照字面意思来理解是读不通的。

"吾犹及史之阙文也"："及"是发现的意思；"阙文"义为丢失，有部分文章缺失了，或者是文章丢了几句。整句话的意思是，我还是能够发现史书当中空缺的地方。

"有马者借人乘之"：有马的人把自己的马借给别人骑。

"今亡矣夫"：今天没有这样的事。

这三句话单独看都能理解，但连起来就不知所云了。那么，孔子说的这段话到底是什么意思呢？

有一种解释是，"有马者借人乘之"是一句衍文。衍文就是誊抄时出现了错误。古代的书先是抄在竹简上传播，后来抄在纸上传播，可能有人在抄写的过程当中打瞌睡"串行"了，从别的地方抄了一句到这里。因此，要想理解这句话，直接把"有马者借人乘之"删掉就行了。

这样一来，这段话就可理解为——孔子说："我发现史书上有很多遗漏的地方，而现在没有了，该补的都补上了。"这代表着孔子对史书做了补充。

李零教授对此节有另外的理解，他认为"有马者借人乘之"不是一句衍文，这段话是有道理的。他认为古代史书上的阙文是史家故意留下来的，以便让后人考证清楚之后再补正。孔子是在褒奖古人的治学态度。

孔子说，古代的时候，文人写书时有不懂之处就空下来，留给后人完善，这就好像自己有马，借给别人骑——你写的文章，留下了一部分发挥的空间给别人，这难道不是跟把自己的马借给别人骑一样吗？只是今天没有这样的治学态度了，今天的人，不懂也要装懂。

以上孔子对于古代史书的评价，我觉得两种理解方式都说得通。

小不忍，则乱大谋：切莫因沉不住气而逞口舌之快

子曰："巧言乱德。小不忍，则乱大谋。"

孔子不喜欢巧言令色的人。"德"是美好的东西，"德"者，得也。你内心对于礼乐有所感知，对于仁义有所获得，才能拥有德。

但如果对一个人过度地夸奖，对楷模进行神化，就会"乱德"，即毁了一个人的德行，这叫"巧言乱德"。

有时候，人们树立起一个典型，对一个偶像过度地神化，不断地说他什么都好、什么都最棒，最后导致偶像坍塌了。这就如同我们常说的"捧杀"。

所以，赞美虽好，也不要过分，要实事求是，别将自己喜欢的东西说得天花乱坠，反倒让那些并不了解德行的人产生混淆，以为"德行真的有这么厉害吗"，以为德行好就能够呼风唤雨。

鲁迅先生评价《三国演义》，说"状诸葛之多智而近妖"，在描述诸葛亮的聪明时把他说得跟妖怪似的，让读者难以相信，这个形象太虚假了，还不如《西游记》，直接就写妖怪。

"小不忍，则乱大谋"，要与"巧言乱德"连起来理解。"巧言乱德"是说一个人对自己喜欢的东西过分推崇，夸张渲染，逞口舌之快，其实不该如此；"小不忍，则乱大谋"，是说你得控制着自己的情绪和表达欲，要注重细节，万事谨慎为好。

郭子仪就是"细节控"，他有八子八婿，封侯拜相，属于一个"十全老人"型的人。郭子仪晚年时，自己已经退休，子孙又挣得了功名，心情十分舒畅，

家里时常载歌载舞。

有一天，一个新任的年轻官员要来拜访他，郭子仪马上让旁边的妻妾躲起来，也别偷看。

妻妾不解："每次有宾客到访，不管多大官，我们都在旁边，怎么今天你这么紧张？"

郭子仪解释道："这是个小人，而且他长得特别难看，脸上有一个大瘤子。你们这些人胸无城府，如果在现场，看到他保不准会发笑，被他看到，他怀恨在心，咱们家以后永无宁日。"

果然，此人后来当权，很多曾经得罪他的人家都遭了殃，而正因为郭子仪处理得当，郭家幸免于难。

这就叫作"小不忍，则乱大谋"，在细节上你不够小心，没有控制自己，就有可能会导致大的战略上出现问题。

我联想到孔子说的"是可忍也，孰不可忍也"，这里也讲到"忍"，但这里的忍是"忍得下心"的意思。这句话是说，连这样的事你都忍心去做，还有什么样的事是不忍心去做的？

"小不忍，则乱大谋"的"忍"，提醒我们如果在小的欲望、情绪方面不做好自我管理，将来它很有可能会影响大的谋略，所以不要逞一时之快。

庆历新政时，范仲淹、韩琦刚做出一派新的气象，当时的著名学者石介专门写文章来颂赞他们，说韩琦、范仲淹、欧阳修都是君子。为了对比更鲜明，他还列出了小人的名字，夏竦居首位。文章是千古事，夏竦大为生气，他把石介的名字刻在牌子上放在自己家里，要让子子孙孙知道石介是家族的敌人。

范仲淹看到文章后果然发愁，跟韩琦讲变法要糟糕。这篇文章瞬间把敌我的阵营变得泾渭分明，给我方招来了大量的反对派，树立了更多的敌人。

过分的夸奖等同于毁灭。不要逞口舌之快，不要把德行夸奖得太过分。

众恶之，必察焉：练就一双识人的慧眼

子曰："众恶之，必察焉；众好之，必察焉。"

孔子经常会讨论关于举荐人才的问题，这是人力资源领域非常重要的话题。

孔子说，如果你听说所有人都讨厌一个人，都说他不好，你需要考察，要警惕。假如有一个人，所有人都说他的好话，都很喜爱他，也要去考察。

所有人都说他坏的那个人未必坏，都说他好的那个人也未必好。都说他好，很有可能这个人是"乡愿"，而孔子"恶紫，恐其乱朱也；恶乡原（愿），恐其乱德也"（《孟子·尽心下》。而"众恶之"的人，有可能因为坚持原则而得罪了很多人，有人说他的坏话，其他人也以讹传讹，于是众口铄金，积毁销骨。

要想真的了解一个人，是很不容易的。当一个人被众人喜欢，或者被众人讨厌时，这是不正常的。一个人有人"好"，也有人"恶"，才是常态。

不要轻易地随大溜，要以批判性思维看待所有的人、事、物。

《乌合之众》这本书讲到"羊群效应"——我们很容易跟着别人发表意见。有一句诗讲得特别好，叫"矮人看戏何曾见，都是随人说短长"。所以，不能轻易地通过大家的评论而认定一个人的德行。

要做到"必察焉"，要努力地去观察、去考验、去了解。核心还是孔子所说的"视其所以，观其所由，察其所安。人焉廋哉？人焉廋哉？"。

非道弘人：追求道，是一种无限游戏

子曰："人能弘道，非道弘人。"

这也是一句很有力量的话。

倪培民先生有本书叫《孔子：人能弘道》，就是讲的孔子。"弘"是弘扬的意思。"人能弘道"，就是人能够把道发扬光大，而不是把道当作装饰。

"非道弘人"：一个人不因学了道、觉得自己是一个有道之士了，就变得了不起。一个人再了不起，最终都将如过眼云烟，而道是永恒的，是可以一直持续、一直彰显的。

最能够给这句话做注脚的书，是《有限与无限的游戏》。所有用"道"来"弘人"的人，玩的是有限游戏，是以游戏结束为目的，为的是能够得到一个称号、一个地位。以道弘人的人，学道、学知识、发表文章，目的都是成就个体、成就名声，这属于有限游戏玩家的思维。

而无限游戏的玩家，是希望游戏持续下去，即便自己作为个体在世界上不存在了，游戏还要继续。玩家的目的，是拓展游戏的边界，让游戏变得越来越好玩，越来越具有生命力。这叫作"以人弘道"。

孔子说，"人能弘道，非道弘人"。如果我们把这句话作为座右铭，就会明白，一个人在做事情的时候是可以有使命感的，可以追求更加宏大的图景。

我们所做的事情，在历史上、文化上会留下什么样的痕迹和分量？自己作为个体的利益并不是最重要的，最重要的是游戏还在不断地继续，道还在不断地延续，不断地影响这个世界。而个人，能在道实现的过程中充当一个小小的触点，就已经足够了。

过而不改，是谓过矣：有错不改才是真的错

子曰："过而不改，是谓过矣。"

孔子说，有过错而不改正，这才真的叫作过错。

犯错是所有人都会经历的。如果一个组织不允许犯错，也就意味着这个组织不会允许进步和创新。作为领导，一定要对犯错有容忍度，一个组织内部要有一定的容错率。

《清单革命》一书提到过两类错误：一类是因为不会，所以犯错；一类是因为疏忽，所以犯错。

如果是因为不会而犯错，那么犯错本质上就是学习的过程，学会了自然就不会犯错。但是在生活里，人们往往在同一个地方重复犯错，一个组织也总在同一个问题上重复犯错，这就需要列出清单，防止头脑进入"自动驾驶"的惯性状态，降低犯同样的错的概率。

张瑞敏是海尔集团董事局主席兼首席执行官。有一次，他在一个关于创业比赛的电视节目里当评委，他问最后评选出的冠、亚军选手：作为管理者，在公司里最重要的、每天都要做的事情是什么？

我已经忘了选手的回答，但清楚地记得张瑞敏给出的答案，大意是，要去寻找那些重复犯错的地方，并且纠正。

其道理与"过而不改，是谓过矣"是一致的。

不如学也：思考要建立在一定的知识体系上

子曰："吾尝终日不食，终夜不寝，以思，无益，不如学也。"

孔子说："我有一段时间，不吃饭，不睡觉，专注地思考问题，结果想来想去没有什么收获，不如读书去。"

王阳明在年轻的时候听到别人讲"格物致知"，于是也去尝试。格物致知的意思是，人可以从任何物体上，松树也好，杯子也好，去找答案，去寻找宇宙苍生的共同点。但这是非常困难的一件事。

王阳明想学朱熹的方法"格物"，就跟几个朋友一起"格"竹子，每天对着竹子思考，希望通过竹子得到思想上的启发，结果"格"到生病，差点连命都没有了。

孔子年轻的时候，也许也犯过这样的错。他觉得只要自己使劲地思考，一定能够很快地学到东西。但实际上，一个人思考的东西有可能前人早就研究过了，已经写成了书，你只要把这些书读一读，就立刻站在了巨人的肩膀上。在大量的学习之后再去思考问题，才能拓展这个"无限游戏"的边界。

这并不是不允许创造，而是说创造的前提一定是有足够的知识作为支撑。牛顿也好，爱因斯坦也好，他们都是站在巨人的肩膀之上，了解了前人的研究，再去进行更新、更先进的创造。

杨绛先生曾收到一个女青年的来信，信里洋洋洒洒地写着对于人生的感悟，觉得人生在世苦不堪言，有太多的烦恼和痛苦，她用了大量的篇幅抱怨社会、抱怨家庭。杨绛先生在回信中就写了一句话——"你的问题主要在于读书不多，而想得太多"。

我们可以经常回味这句话，想想自己是不是"读书不多，而想得太多"。

君子谋道不谋食： 不要只追求物质层面的东西

子曰："君子谋道不谋食。耕也，馁在其中矣；学也，禄在其中矣。君子忧道不忧贫。"

"君子谋道不谋食"：君子每天谋求和思考的问题，是与道有关的，而不是只停留于物质层面。

"耕也，馁在其中矣"："馁"是饥饿之意。就算你每天辛勤地耕作，也有可能会饿肚子。这是实情，就像我们小时候读的古诗："春种一粒粟，秋收万颗子。四海无闲田，农夫犹饿死。"还有"苦恨年年压金线，为他人作嫁衣裳"。

"学也，禄在其中矣"：我学习的目的，本意不是挣钱、吃饱肚子，但是"禄在其中矣"。"书中自有黄金屋，书中自有颜如玉"，就是从这句话中演化出来的，意思是"只要我去努力地学习、求道，那么，得到金钱只是顺带的事情"。

"君子忧道不忧贫"：君子所担忧的，不是贫穷，无关于物质，而是自己有没有接近于道，是否能够帮到更多的人。学道和耕地这两件事有本质上的不同：耕地是解决自己的问题，或者解决自己身边几个人的问题。古代有一个学派就叫"农家"。"农家"认为，只有耕地的人才有资格吃饭，主张所有人都去耕地。这是非常小农思想的学派。

而求道是为了帮助更多的人。孔子和孟子认为，求道是很重要的一件事，因为求道更慈悲、更具大爱。求道虽然不是直接生产粮食，但能够让更多的人有饭吃，让更多的人懂得为人处世的道理。

冯仑先生曾说，他觉得人在经商的时候，心离钱越近，手就离钱越远。如果一个商人一门心思地想挣快钱，想把一切都赶紧变现，往往很难赚到钱。如果一个人的心离钱很远，做事情的目的是解决社会上的某一个问题，为了实现自己的理想，或者是得到乐趣，他反而能够在不知不觉中收获到金钱。这是阐述心和手与物质的关系。

那些只管埋头种地、只管自己赚钱、只管给自己刨饭吃的人，日子反而过得并不如意，生活往往陷入窘迫。

为什么呢？因为人的心胸开阔一些，就能站在更高的层面上，思考更多关于道的问题、关于世界的问题、关于他人的问题。当你以这样的思维方式去做事情，那么你所收获的一切利益就只是"理想的副产品"——它自然而然地会出现在通往理想的道路上。

我们的目标应该是心怀天下，去解决更大的问题。解决更大的问题，就能得到更大的回报，这是一个必然的结果。

很多人看起来很勤奋，但是也最值得同情，因为他的勤奋恰好缘于懒惰——他不愿意改变，只是将一件事情反复地做，拼命苦干，而始终不去思考更多人的利益，也不去关心道的问题。

智、仁、庄、礼：团队管理的四要素

子曰："知及之，仁不能守之；虽得之，必失之。知及之，仁能守之。不庄以莅之，则民不敬。知及之，仁能守之，庄以莅之，动之不以礼，未善也。"

这段话讲的是管理者的不同层次。

第一层："知及之，仁不能守之；虽得之，必失之。"

有些事情，你通过聪明才智是可以做到的，但如果"仁不能守之"，没有足够的仁德、涵养来保护它，结果就是"虽得之，必失之"。

《三国演义》中的吕布，勇武过人，攻城略地无人能敌，屡战屡胜，但最后却到了连立锥之地都没有的境地，原因是他没有仁德，得不到拥护，只能四处奔走，不断投靠不同的阵营。这就很好地诠释了"知及之，仁不能守之；虽得之，必失之"。

还有的人，在政府拆迁时为了得到更多的拆迁款而故意闹事，费尽心机得到钱之后，却发现这笔钱对他来说成了"烫手的山芋"。他带着暴发户的心态，琢磨着怎样痛痛快快地花这些钱，于是去酗酒、赌博、乱投资，最后依然是"虽得之，必失之"。

第二层："知及之，仁能守之。不庄以莅之，则民不敬。"

一个人通过才智得到了一些想要的东西，他也有仁德，能够守得住这些，但是"不庄以莅之，则民不敬"。也就是说，如果他不能用庄重的态度面对自己的收获，人们依然不会真的尊敬他。

这就是我们要强调"以礼节之"的原因。人们很难一眼看穿一个人是否

"仁"，而只能通过外在表现来评估。

第三层："知及之，仁能守之，庄以莅之，动之不以礼，未善也。"

当一个人能干又有仁德，平时为人处世也很庄重，但如果他动员老百姓做事的时候不合乎礼仪，就是不完善的。

第四层：要落实到以礼治国，孔子的观点是"使民以时"。

古代的职业分工并不完备，比如修长城、打仗，或者完成一项水利工程，都需要征用民力，让大家把手里的活放下，离开自己的家，帮国家做事。这时候，就需要有礼，需要有规则。礼和规则应该是老百姓跟国君共同认可的、大家达成一致的目标和信念。在遵循礼和规则的前提下去征用民力，才叫作尽善尽美。

孔子讲了这四个层次：智，是做事的能力；仁，是做人的素养；庄，着重于如何做领导；礼，强调了文化。

这也是带领团队的四个不同的境界。

我的著作《可复制的领导力》讲到了管理者的角色，其中也提到了管理的几个层次。

首先，管理者要能够建立信任，让别人相信你，愿意跟你一起工作。

其次，仅仅建立信任还不够，还要建立团队。建立团队意味着别人在你的领导下去干活，而不需要你自己去干。管理的本质，是通过别人来完成工作。

再次，建立了团队以后，还需要建立体系。建立体系意味着不是靠人管人，而是靠体系让团队有序地运行。

最后，要建立文化，这意味着企业并不是依赖规章制度在管人，而是依赖文化、依赖大家对一件事情的认同度来做事。当大家内心有着相同的愿景、相似的价值观时，自然就不会去打破规章制度。

以上四个层次，诠释了管理者不断进阶的过程。

小知与大受：用人要不拘一格

子曰："君子不可小知而可大受也，小人不可大受而可小知也。"

孔子说的"小知"有两层含义：一层是指人可以拥有一些小智慧，另一层可以理解为从小事上来看一个人。

"君子不可小知而可大受"："君子不可小知"，意思是不可以从细节方面来考察君子或给君子下定论；君子却"可大受"，意思是君子能够承担重任。

比如爱因斯坦和牛顿，都属于典型的"可大受"的人，他们解决了学术上的大问题，但是这两个人不拘小节，生活自理能力都很糟糕，几乎都不会照顾自己。

有一个故事说，牛顿家里养猫，他给猫开了一大一小两个方便出入的洞。有人就问他干吗开两个洞，他说因为大猫走大洞，小猫走小洞。小猫不能走大洞吗？大家觉得好笑，牛顿怎么这么笨。

虽然有的人在小事情上并不出色，但他可能是大智若愚，符合孔子讲的"刚、毅、木、讷近仁"。为什么这种在小事上不出彩的人却能承受起重大的任务？因为他不是靠手艺、靠心机、靠小聪明生存的，他是靠道生存的，他具有更大的智慧和才能。在小事情上出现各种各样的偏差，不修边幅、不通人情世故，甚至不了解生活常识，这都没有关系。

小人的特点是"不可大受而可小知"，小人在小的问题上能表现出小聪明，在没有面临巨大的考验和挑战之时，他往往表现得比君子更活跃、更积极，一旦遇到大的事情，他就承担不了了。

荆轲刺秦王时，带的帮手秦武阳就是如此。因为秦武阳年少时就犯下杀人案，所以在江湖上以勇气和武力著称，于是燕太子丹特意找到他，让他做荆轲此行的搭档。结果，在秦始皇的大殿上，秦武阳还没开始说话，就已经两股战战，脸色大变，差点露馅。这就是可以"小知而不可大受"——他仅仅是靠手艺吃饭，这叫"惟手熟尔"，但真遇到大事，就会"掉链子"。这样的人与道的境界，还隔着千山万水。

未见蹈仁而死者也：孔子感叹推行仁的难

子曰："民之于仁也，甚于水火。水火，吾见蹈而死者矣，未见蹈仁而死者也。"

这句话有两种理解，我觉得都讲得通。

第一种理解是，这段话是孔子的感叹。孔子叹道：仁真是一件美好的事啊！民对于仁的追求，就像对于水和火一样——人能离开水吗？能离开火吗？仁对于老百姓来说，比水和火更加重要。

水与火是人们赖以生存的条件，但我们经常会被水和火伤害，不小心被淹死，或者被烧伤。而仁对我们来说如此重要，却不会像水火一样伤人，多么美好！

如果这样理解，孔子所强调的是仁的重要性和美好程度。

第二种理解是，古人对水和火天然有一种恐惧感，如果把水火当作惧怕的对象，那这段话的意思就是，老百姓真是想不通啊。老百姓提到仁，就好像提到水火一样，避之不及。但是，为什么要害怕仁呢？我们这么怕水火，都有人愿意赴汤蹈火，为了冒险、为了获得财富，去跋山涉水，甚至刀口舔血。但是"未见蹈仁而死者也"，没有人愿意为了实践仁而付出生命。

如果这样理解，孔子是表达了对老百姓的失望。

我觉得这两种解读都有道理，但我个人更倾向于第二种解读。孔子所感慨的并不是仁的宝贵、稀有、难得，孔子所感慨的，是老百姓对于仁不够重视、不够尊崇，他只见过人们"蹈水火而死"，却没有见过谁为了实践仁而死。

当仁，不让于师：仁者具有真正的勇气

子曰："当仁，不让于师。"

"当仁"后面有没有逗号，是非常值得琢磨的。

如果在"当仁"后面加逗号，就是"当仁，不让于师"。此处的"师"就应该理解为老师。意思是，当我们面对实践仁道的机会，当我们对与仁相关的话题进行辩论时，不让于师。

亚里士多德说"吾爱吾师，吾更爱真理"，意同此句——虽然对方是我的老师，但是抱歉，在关于"仁"的问题上，我不能妥协，可以跟老师辩论。

如果这句话不加逗号，就是"当仁不让于师"。"师"既可以理解为老师，也可以理解为军旅之师，有"杀身成仁"之意：当我怀揣着仁义，面对着一列师旅，我依然可以威风凛凛地站立在这里，与对方作战。

以上两种理解都说得通。

有一个成语叫作当仁不让，把"于师"去掉了，反倒容易理解了，意思是人在遇到该挺身而出的事情时，就该站出来。

贞而不谅： 尾生之信不可取

子曰："君子贞而不谅。"

"贞"是古代占卜的行为，后演化成了信仰坚定的意思。

孔子说，君子在大是大非的问题上非常坚定。

"谅"是一种小的信用。比如尾生抱柱而死的例子，尾生之信，总归觉得有点没道理，尾生死得太不值当了，何必为了这么点小的信用而丧失性命呢？孔子不认同这样的信用。

孔子说："言必信，行必果，硁硁然小人哉！"只会盲目地遵从信用，而不是根据义，根据理，灵活处事，这样只是执着于小信用。

"贞"是大信用，"谅"是小信用。孔子说"君子贞而不谅"，就是不要去为那些没有太大价值的信用而做无谓的坚持和牺牲，要更多地考虑自己是否具有大信。

中国古人经常说"妇人之仁""匹夫之勇"，这与"尾生之信"有相似之处。

什么叫"妇人之仁"？比如两军对阵，有当权者觉得杀一个敌人于心不忍，导致输掉整场战役，牺牲更多人。比如在鸿门宴的时候，项羽可以随时杀掉刘邦，解决战斗，为天下带来和平，但他终归下不了决心，动了妇人之仁。

所谓"匹夫之勇"，则是那种打起仗来不管不顾的人，他们看起来勇往直前，但是没有考虑战略和战术，不懂得权衡和改变，这种勇也是低价值的勇。

敬其事而后其食：尽职尽责才能在职场中走得更远

子曰："事君，敬其事而后其食。"

"敬其事"是指认真做事。

"食"代表俸禄，"后其食"是指把对俸禄的追求放在后面。

这句话可以译为：在侍奉君主的时候，最重要的是认真做事，而把领取俸禄放在后面。

这是一个非常重要的工作建议。

我曾在中央电视台工作。当时的中央电视台没有像现在这样细化的人力资源管理方式。节目组聘人的原则是招聘热衷于做事的人，对开口就谈待遇的应聘者均不聘用。

这就是"敬其事而后其食"。要先看看自己能做什么，而不是先考虑能够得到什么样的待遇。

总是跟公司谈待遇，虽是很直率的一种表现，但其实并不利于自己的发展，因为收入和贡献的暂时不匹配本身就是一个常态，很有可能你的贡献值在不断地上升，但收入增长会稍稍滞后。如果由于一时的收入增长滞后，就放弃继续贡献和提升，最后受到伤害最大的只能是自己，而不是公司。

孔子提倡"敬其事而后其食"——先不要去考虑俸禄有多少，而要先想到能不能把事做好。

如果年轻人在工作时一味地追求绝对的公平，最后的结果将会一事无成，因为在这个世界上，绝对的公平是不存在的。不是每一件事都能用钱来衡量，如果斤斤计较，那么路只会越走越窄。

让路越走越宽的办法是努力地让自己变得更值钱，让自己有能力去贡献更大的价值。此时，就算在所在组织内不能得到公平的对待，当你走到大的市场中时，你依然会有用武之地。

有教无类：孔子最具特色的教育方式

子曰："有教无类。"

有教无类也是"樊登读书"最重要的宗旨。

有的教育存在"先选人"的特点。比如，有的幼儿园、小学会对生源进行筛选，一个孩子想入学，不仅自己要具备一定的技能，家长还要通过层层面试。这样，挑选出来的孩子不仅自己能力强，家长的素质也很高。这种学校，其学生的未来发展大概率是会很好的，因为它首选了家庭教育环境好，而且家长配合度高的孩子。

但这是教育的根本吗？教育的根本是有教无类。不应该按照高低贵贱给学生划分等级。孩子若存在问题，正需要通过教育来解决。教育的第一步绝不应该是给学生分类。

在过去，有贵族，有平民，贵族可能永远是贵族，平民则永远是平民，无法实现阶层跃迁。那个时代，出身背景的差异注定了教育的不平等性，因为平民没有受教育的机会，所以一代接一代，都是平民。

但孔子说，平民也可以接受教育，平民的智力也可以得到开发，平民也可以开阔自己的视野。即便平民受了教育也无法变成贵族，但能够有机会出将入相，有机会为社会做出贡献。这就是孔子的伟大之处。

现在，我们都能接受教育，也没有阶层的划分了。通过推行教育，所有人都有机会变得更优秀。

我曾经想过，如果我有机会办学，我对学生入学资格的要求很简单——先来后到，无差别地招收。谁先来，谁就可以报名。

不论孩子出身于什么样的家庭，无论是小学、初中、高中，都肩负起责任，把学生培养好，这是教育的本分。

有的中学过于追求市场效应、排名、口碑，只看名校录取率，这其实就偏离了教育的本质，把教育当成了商品，把孩子当成了产品，只在乎产品从校门走出去，和别人的产品进行比拼。

教育最核心的，应该是促使人的改变。当教育能够把一个一个顽皮的、看起来像小泥猴一样的小孩子培养得文质彬彬、知书达理又不失活泼灵动时，才是最有成就感的教育。

现在的知识付费提供了这样的机会，让更多的人能够有更低的门槛去学习以前接触不到的知识。希望大家能够抓住宝贵的机会，利用移动互联网多学一点东西。

通过教育，任何人都可以变得更好。

道不同，不相为谋：目标一致是合作的前提

子曰："道不同，不相为谋。"

曾经，"卫灵公问陈"，孔子说"俎豆之事，则尝闻之矣；军旅之事，未之学也"。这就是"道不同，不相为谋"。

这句话与孔子之前对卫灵公说的话呼应起来。如果两个人的政治主张南辕北辙，所尊奉的道不一样，所秉持的原则不同，就不要在一起谋划、共事。

价值感是否一致，表面上常常是看不出来的。如果两个人仅仅因为利益结合在一起，去共同创业，一开始会掩盖大量的分歧。大家先是很热闹地开始工作，之后往往会出现两种情况。

第一种情况是，合作出现裂痕，走入绝境。当生意不好、出现危机的时候，两人就开始相互指责、攻击、挑毛病，这时候就显示出每个人遵从的道到底是什么——是坚持、互相体谅、努力承担责任，还是想办法赶紧跑路，把责任甩给别人？

第二种情况是，事业越做越大。在生意赚钱的时候，也能够看出两个人的道是否相同。"蛋糕"越做越大，利益如何分配？是可持续发展，继续谋划更大的事，还是守着一亩三分地，保住原来的利益？这就到了见分晓的时刻。

如果在价值观层面双方有很多不确定性，只是因为利益而草率地合作，就会埋下分裂的隐患。

如何判断一个人与自己是道同还是道不同？这的确不容易，但也有迹可循。比如，孔子说过"视其所以，观其所由，察其所安"，我们可以留心从一些细节

处看出对方与自己是不是同路人。

"道不同，不相为谋"，是人们拒绝别人的时候常说的一句话，但是我也要提醒大家，不要动不动就把这句话说出来，因为这句话一旦出口，就没有挽回的余地了。我们要学会对待他人宽厚一点，对自己的要求高一点，"躬自厚而薄责于人"，不要让"道不同，不相为谋"这句话轻易出口。

当你想用"道不同，不相为谋"来拒绝别人时，不妨想想也许根本不是道的问题，只是行为方式不同。每个人出身不同、习惯不同、个人经历不同，外在表现就会有差别，这不应该被上升到道的层面。如果一个人总觉得和别人"道不同"，那跟任何人都无法达成合作。

既不能跟真正与我们"道不同"的人合作，也不能随意地把人认定是"道不同"的人。如何找到其中的平衡点？我们需要知道，道的核心其实是在利和义之间进行选择——一个人做事到底是为了赚钱、为了自己，还是为了一些更高级的目标，希望能够为社会解决一些问题。我觉得这是"道同"与"道不同"的重要分界线。

既不要总是以这句话来评判人，同时也别忘了这句话的重要性。

辞达而已矣：好的语言艺术，是信、达、雅

子曰："辞达而已矣。"

孔子说，言辞能够精准地表达出自己的意思就可以了。

孔子特别不喜欢巧言令色、花言巧语的人。

我们对翻译的原则是信、达、雅。信是准确、贴切，达是通顺、晓畅，雅是得体、优雅。但对于孔子来讲，行文、说话做到信和达就够了。

《论语》里说的全是大白话，言简意赅，通俗易懂。这种大白话极富生命力，流传了两千多年，到今天反倒成了雅言。

欧阳修在主持科考的那一年获得了最多的人才，一网打到了无数的"大鱼"。除了广为人知的苏轼、苏辙、曾巩，还包括张载、程颢，以及很多后来成为名臣、宰相的人才。原因就是那一年欧阳修开始了诗文革新运动，排抑"太学体"。

"太学体"是当时流行的一种文风，行文险怪奇涩，欧阳修认为当时的文人为了凑句子绞尽脑汁，过分地修饰文辞，导致词不达意，通篇都是赘语，想说的事情说不清楚，于是在阅卷时把所有太学体的文章剔除在外，让整个文坛的风气为之一新。自此，"唐宋八大家"中的六个人都开始施展才华、名扬天下，这可以说是宋仁宗时代文坛的一大盛况。

这就是孔子说的"辞达而已矣"——一个人说话、写文章，能够做到文辞达意而止，不以富丽工整为目的，不需要花里胡哨。这就是孔子的行文标准。

固相师之道也：待人接物，怎样做到让人如沐春风

师冕见，及阶，子曰："阶也。"及席，子曰："席也。"皆坐，子告之曰："某在斯，某在斯。"

师冕出。子张问曰："与师言之道与？"子曰："然；固相师之道也。"

这一节描述的是孔子的待人接物。

师冕是一个乐师，而春秋时候的乐师大部分是盲人。

师冕去见孔子时，孔子迎出来。到了台阶前，孔子提醒他这个地方是台阶。就座时，孔子告诉他，现在要入座了。所有人都就座以后，孔子给师冕逐一介绍大家的方位，比如"子路坐在这儿，子贡坐在那儿，对面坐的是子张"。

师冕离开后，子张跟出来问孔子："您刚刚展现的就是与盲人乐师交往的道吗？跟他们接触就是要这样吗？"

孔子说："对，这就是帮助乐师们的方法。"

通过这段话，我们能够看到孔子的不做作、不夸张。他待人接物很适度，既尊重对方，又让对方感觉很自然。

如果见到一个盲人走过来，咋咋呼呼地说"你看不见，让我来帮你"，这是没必要的。一个人发自内心地尊重他人，就会做到体贴而亲切，让对方感觉很舒适、很自在。比如孔子，我们能够想象他是如何以温暖的语调小声提醒师冕"这里是台阶"，告诉他周围都有谁，是谁在说话。这样简单、自然而友好，一定令师冕如沐春风。

孔子不仅在说话时表现得轻松自在，在行为上也表现得非常妥帖周全。虽然他不是盲人，但是能够体会到盲人的种种需求，这展现了他发自内心的尊重。

在商务礼仪上，我们会发现很多人不太注意这一点。比如，有的人带着朋友来到一个陌生的场合，遇到了熟人就立刻投入到新的聊天中，忽视了一旁的朋友。朋友跟在场的其他人都不熟悉，当然会觉得不自在。在投入聊天之前，我们至少应该给朋友介绍周围的情况，让大家彼此认识一下，让朋友感觉到被重视。

这是我们在待人接物中需要注意的细节。

季氏第十六

祸起萧墙：团队发展的前提是内部稳定

季氏将伐颛臾。冉有、季路见于孔子曰："季氏将有事于颛臾。"

孔子曰："求！无乃尔是过与？夫颛臾，昔者先王以为东蒙主，且在邦域之中矣，是社稷之臣也。何以伐为？"

冉有曰："夫子欲之，吾二臣者皆不欲也。"

孔子曰："求！周任有言曰：'陈力就列，不能者止。'危而不持，颠而不扶，则将焉用彼相矣？且尔言过矣，虎兕出于柙，龟玉毁于椟中，是谁之过与？"

冉有曰："今夫颛臾，固而近于费。今不取，后世必为子孙忧。"

孔子曰："求！君子疾夫舍曰欲之而必为之辞。丘也闻有国有家者，不患寡而患不均，不患贫而患不安。盖均无贫，和无寡，安无倾。夫如是，故远人不服，则修文德以来之。既来之，则安之。今由与求也，相夫子，远人不服，而不能来也；邦分崩离析，而不能守也；而谋动干戈于邦内。吾恐季孙之忧，不在颛臾，而在萧墙之内也。"

这是一段生动的对话，从中产生了很多名言警句，比如"不患寡而患不均，不患贫而患不安""既来之，则安之""祸起萧墙"。

这节讲的是孔子晚年回到鲁国以后发生的事情。季氏代表的是季康子，孔子的学生冉有和季路都是季康子的家臣，而且职位很高，是当时非贵族人士所能做到的最高职位。

颛臾是一个小城，在蒙山那个地方负责祭祀的小部落。

季氏将对颛臾发兵。冉有、季路来见孔子，跟孔子讨论这件事。

孔子说："冉求，这难道不是你的过错吗？以往先王安排颛臾负责在东蒙山祭祀，而且它在咱们鲁国邦域之内，是鲁国的属国啊。要打仗的话，应该对外，怎么打自己呢？"

冉有曰："我们俩都不愿意，但是季康子特别想去打颛臾。"

孔子接着与两位弟子分析辩论。

他提到了"周任有言"，有一种说法称周任是古代的一个很著名的人，但是无处可考，不知道他有什么事迹和故事。我觉得可能是"周人"，就是周朝的时候有人说过这样的名言。

孔子说："周人曾经说过一句话：有本事，你就吃这碗饭，进入这个班列，当值做臣；做不了，不能够解决问题，你就别当这官了。比如一个盲人，遇到危险的时候不去保护他，要摔倒的时候不去扶着他，要导引盲者的相有什么用呢？现在季康子将要做这么危险的事，你们作为辅佐之臣不能劝阻，那你们有什么作用呢？而且你说得也不对，老虎、犀牛从笼子当中跑了出来伤人，宝贵的龟甲和玉石装在盒子里却被摔碎了，是谁的过错？难道能够说是笼子不牢固，或者老虎和犀牛不温和？难道能说是盒子保护能力不够，或者龟甲和玉石不够坚固？这不是看守的人出了问题吗？"

孔子说到这里，冉有说了实话，他心中很清楚为什么要拿下颛臾。

冉有说："颛臾这个地方城墙坚固，易于防守，又靠近费县，现在不把它拿下来，今后可能会给季氏带来威胁。费县是季氏的边界，季氏的家臣公山弗扰曾经在费县这个地方盘踞、反叛过。"

孔子说："君子最讨厌那些不说自己想要，还文过饰非，找很多借口来掩饰自己想要的人。我听说，无论是诸侯还是大夫，不担心财富的多少，只要大家的财富差不多，国家就不容易乱；人口少不要紧，最怕的是不安定。如果我们国家内部的人能够把自己的欲望控制好，像季康子这样的人假如不去折腾事，不要有那么强的欲望，大家的财富基本是平均的，就没有所谓的穷人。如果我们是和睦相处的，就没有所谓的人少。我们和谐相处，安定团结，就不会打仗。

我们以仁德治国，做到均无贫、和无寡、安无倾，远方的人自然就会被招来归附于我们。既然把人招来了，就妥善安顿他们，让他们安定，在这个地方踏踏实实地生活下去。子路、冉有，你们两个人给季氏做家臣，不能让像颛臾这样稍远一点地方的人来归附；内部分裂，不能够保持安定统一，而打算在自己国家里边开战，以求解决问题。我担心季孙氏最大的威胁根本不是颛臾这样的小地方，而在鲁国内部。"

萧墙，也叫影壁，古代宫室内作为屏障的矮墙，进院就能看见。祸起萧墙之内，就是灾祸从自家内部引发。

孔子一语中的，最后季孙氏遇到的最大问题，是家臣叛乱，像阳虎、公山弗扰都是季氏的家臣。

这一段，孔子表面上是在批评他的学生冉有和季路，实际上讲的是近悦远来的道理。近者悦、远者来，实现均无贫、和无寡、安无倾，这是孔子的政治理念。

天下有道：遵循管理制度才能走得更远

孔子曰："天下有道，则礼乐征伐自天子出；天下无道，则礼乐征伐自诸侯出。自诸侯出，盖十世希不失矣；自大夫出，五世希不失矣；陪臣执国命，三世希不失矣。天下有道，则政不在大夫。天下有道，则庶人不议。"

孔子说，如果天下有道，政治清明，那么制定礼乐、征伐战略，都是由天子来主持。如果天下无道，整个世道乱了，那么礼乐征伐则由诸侯把持。

东周的时候，周天子大权旁落，春秋五霸把持天下，纷争四起，战乱频发。

如果礼乐征伐都是从诸侯出的，最多传下来十代，差不多就没有了。

更糟糕的是连诸侯都没有权力，比如像鲁公，基本上没什么权力，都是大夫说了算，也就是季孙氏说了算，那么"五世希不失矣"。

季文子得政以后，到桓子也就是五世，最后他们被家臣阳虎所囚。整个季氏内部发生了叛乱。阳虎权倾一时，基本上到第五代也就不行了。

"陪臣执国命"，大夫的家臣叫作"陪臣"，这句话的意思是"像阳虎这样的人造反"。

"三世希不失矣"，最多三代，一定消亡。

孔子分析，如果天下有道，那么政权不会落到大夫手里；如果天下有道，老百姓也不可能议论纷纷，没有那么多糟糕的言论。

中国历史上对于风闻很重视，尤其是宋朝，有谏官制度。谏官的责任就是收集市井风闻，听到民众对皇帝提出了批评，或者对大臣提出了批评，都可以上朝启奏、弹劾。因为庶人议与不议，关乎天下是否有道。

子孙微矣：团队管理忌讳越权做事

孔子曰："禄之去公室五世矣，政逮于大夫四世矣，故夫三桓之子孙微矣。"

这节跟上一节连起来理解，意义深刻。

孔子在这节论述了如果礼乐征伐都不断地层层下沉，一直到陪臣执国命的话，三代就要没落了。

这里孔子说"禄之去公室五世矣"。"禄"就是权力、权柄，比如能不能够掌控人事调动，能不能负责国家战略。"禄之去公室"，就是权力离开鲁公。"五世矣"，已经差不多五世。

"政逮于大夫四世矣"，"逮"是及的意思，政权落到大夫手中已经有四代了。根据前面说的十世、五世、三世的道理，所以孔子断言"三桓之子孙微矣"，掌握鲁国政权的这三个大夫的子孙会越来越衰微。

破坏了君臣之礼，破坏了以礼治国的施政举措，对所有人都是一种伤害。三桓只觉得自己当下是受益者，却不知道底下的人也会跟着学，阳虎之类的人也会反叛他们。

有人也许会问：难道不应该提倡授权吗？领导者把权力委托给各级管理者，国君领导各级官员，发挥更大的作用不是更好吗？

要注意，授权不是篡权，两者是有本质区别的。授权是君王调动起官员的积极性，希望他们能够帮自己干活，但官员需要明白自己的责权边界。

篡权是"挟天子以令诸侯"，国君的很多政令不起作用。这样整个组织就陷入了内斗，大量官员拉帮结派，有的是为了权力欲望，有的是为了自保而迫不得已。

在我们当下，孔子的言论也很有实际意义。比如有办公室政治的公司，你争我夺，明争暗斗，权力更迭让人目不暇接，必然摆脱不了"子孙微矣"的结局。

益者三友： 良性人际关系能帮助进步

孔子曰："益者三友，损者三友。友直，友谅，友多闻，益矣。友便辟，友善柔，友便佞，损矣。"

益者三友和损者三友的说法影响深远而广泛。

孔子说，对自己有益的朋友有三种，而损友也有三种。

"友直，友谅，友多闻"，指朋友正直，朋友诚信，朋友掌握的知识很多，这三类是有益于自己成长的朋友。跟这样的朋友在一起，能够丰富自己，帮助自己不断地提升、进步，自己也能够主动地从朋友身上学到很多。

有人说当代交友有如下原则：要么有趣，要么有信息量，要么给自己带来情感支撑。如果一个朋友既有趣，又有资源，还能够给你带来情感支撑，那就太难得了，就是益友。

有人要求益友要兼备这三个要素，就是说既要正直、诚信，还要学识过人。这样理解未免太苛刻，交朋友的空间会很狭小，可能交不到几个朋友。孔子说的原则中，只要满足一个，就是能帮到自己、值得结交的朋友。所以，益友三要素是并列的关系，不是串联的关系。

损者三友，"友便辟，友善柔，友便佞"。"便辟"就是谄媚，喜欢说好听的话，拍你马屁，让你高兴。"善柔"指口是心非，不讲自己的内心话，总是装着，你在他眼中就是岁月静好，什么问题都没有。但是，不管对谁都是一团和气往往就不能仗义执言。"便佞"指巧言令色、花言巧语。以这三种行为处世的人，就是损友。

生活中，我们很难抗拒这样的诱惑——便辟、善柔、便佞之人对自己的各种奉承或者夸赞。他们会察言观色，你需要什么，他们就给你什么，令你很舒服、高兴，不自觉地就认同、亲近他们。实际上，这样的朋友对你的成长毫无意义。

交朋友并不简单，也是需要学习的。你不妨看一看《他人的力量》，书中将人际关系分为四个层次：第一层次是孤立状态，第二层次是坏的联结关系，第三层次是虚假的"良好联结"，第四层次是真正的联结关系。只有第四层次的关系才能让你拥有完整的自我，成为真正的、真实的你，才是一种良性的人际关系。

孔子所说的便辟、善柔、便佞，属于前三层次的人际关系，益友才是第四种人际关系。益友在你做对事情的时候，能给予你足够的肯定，能看到你的闪光点，欣赏你，促使你更进一步；在你做错事的时候，能够给你指出来，而且会用建设性的方法跟你讨论怎样解决问题。

益友这种人际关系，不是简单地打击或是奉承。打击和奉承，都会使一个人的自我感知出现偏差。

交到一个好的朋友，相当于找到一面清晰的镜子，能将自己的优点、缺点都显现出来，从而促使自己改正错误，不断成长。

益者三乐：健康娱乐，学会适可而止

孔子曰："益者三乐，损者三乐。乐节礼乐，乐道人之善，乐多贤友，益矣。乐骄乐，乐佚游，乐宴乐，损矣。"

鲍鹏山先生讲《论语》，说此处的"乐"应该念 yào，这是古代的发音。很多字古今发音差别很大，语音在千百年来的不断变化中，慢慢地就形成了现代的发音。

孔子说"益者三乐，损者三乐"，有三种爱好对人有好处，有三种爱好有损于人。

益者三乐中，第一个是"乐节礼乐"，"节礼乐"就是以礼乐来调节自己。比如说今天累了，听一段帕格尼尼、德沃夏克、莫扎特、贝多芬，或者听一段《高山流水》《十面埋伏》，来调适、放松自己。这种通过礼乐来调节自己的心情、状态的方式，孔子认为有好处，因为这是内心之乐，通过音乐，通过对艺术的欣赏来获得内心的快乐。

第二个是"乐道人之善"，就是发现别人的优点，这是能够给自己带来快乐的方式。如果感觉不开心，可以试着找出别人的三个优点，并表达出来。我们平常在生活当中，并不是没有发现别人的优点，而是发现了却没有表达出来，这就让我们失去了深入了解别人优点的机会，失去了一次和别人友好沟通、向其学习的机会，也失去了一次获得快乐的机会。如果你不好意思当面表达，跟亲友谈论别人的优点也可以，比如谁做了一件事令你很感动，你找自己的好朋友分享一下，内心也能获得快乐。

第三个是"乐多贤友"，多交朋友，这是来自人际关系的快乐。交朋友是一件很愉快的事，"有朋自远方来，不亦乐乎"。

寻找自己内心的喜悦，发现别人的长处，营造良好的人际交往，这是令人受益的三种获得快乐的方式。

损者三乐中，第一个是"乐骄乐"，"骄乐"就是放纵、不节制。比如唱卡拉OK，唱上两个小时差不多了，有些人非得唱通宵。唱完通宵出来，再赶回家睡觉，人很累不说，还影响正常生活作息，对身体会造成不小的损害。何必非要放纵，骄乐只会带来坏处。

第二个是"乐佚游"，出去游玩无节制。比如想去哪儿就去哪儿，说走就走，没有规划和准备。这种获得快乐的方式也会给自己带来损害。

第三个是"乐宴乐","宴"是沉迷的意思，对一件事情沉迷无度，骄奢放纵，喜欢吃喝玩乐。孔子认为，快乐应该适可而止。各种娱乐方式对于我们的生活来说，是一种调剂。如果把娱乐当作人生追求，天天只想追求感官刺激，沉迷其中，玩物丧志，则很不可取。

当你在紧张工作或者承担压力之余，做一些娱乐放松的事情，体验会非常美好。但是，如果你把娱乐当成自己人生的本质，反而会变得很累。比如有人不想工作，但是真的在家里待几个月，就会感到无聊，特别想找点事干。那种全然松懈的快乐，有时会变成一种伤害。

侍君三愆：发表意见要重视方式方法

孔子曰："侍于君子有三愆：言未及之而言谓之躁，言及之而不言谓之隐，未见颜色而言谓之瞽。"

"愆"就是过失的意思。孔子说侍奉君子容易犯三种过失。也就是说，在朝堂之上侍君、为臣，或者说在现代企业中为CEO服务，有三种容易犯的错误。

第一种："言未及之而言谓之躁"。

"言未及之"，可以理解为还没轮到你说话，也可以理解为你没有理解透这件事，说得不到位。在以上情形下发表自己的言论，就犯了急躁的错误。

第二种："言及之而不言谓之隐"。

到了你该说话的时候，你也理解这件事，并且能说透彻，但是你不说，这叫作隐瞒。出现这种情况，可能是想得太多，或者私心太重，担心说出来会影响到谁，破坏人际关系。

第三种："未见颜色而言谓之瞽"。

"瞽"的意思就是看不见，用大白话讲叫没眼色。完全不顾别人的脸色，也不判断说话的氛围，只要想说就脱口而出，这就是瞽。

历史上关于"言未及之而言谓之躁"的案例很多。范仲淹在刚刚当上谏官的时候，发表了大量的言论，要求刘太后还政于仁宗，结果导致自己被贬，还连累身边很多朋友被贬。

苏辙也出过类似的问题，他在殿试文章中洋洋洒洒地把皇帝批评得一无是处，把宰相也批评得一无是处。文章交上去后，宰相吕夷简一看，感觉自己被骂得很惨。皇帝看了之后问大臣们要不要招收苏辙，引起了轩然大波。以覆考官司马光为代表的一派，认为苏辙真棒，能够指出这么多的错误，一定要录取。初考官胡宿不同意，认为苏辙对仁宗不恭，坚持要黜落他。

面对这种情况，作为朝堂宰相，吕夷简本应表态，但他却没有说，这便是"言及之而不言谓之隐"。

宋仁宗虽然被苏辙批评，但是他欣赏苏辙的才能，依然决定用他。这时候，如果再有人喋喋不休地说苏辙对他不敬，不能录用，那就是"未见颜色而言谓之瞽"了。

孔子所说的这三件事——不躁、不隐、不瞽，对年轻人来讲很难把握。其实，这种能力除了靠经验积累，还可以通过学习获得。比如我们可以从《关键对话》《非暴力沟通》《掌控谈话》这类关于沟通、谈话的书籍中去学习。

而我在《可复制的沟通力》里也意图把沟通这件事用工具化的手法一步一步地展示出来，让读者可以学到更多的沟通方法。

经常温习这些书，慢慢就能靠近孔子所说的境界了。

君子三戒：人生需要学会对抗心魔

孔子曰："君子有三戒：少之时，血气未定，戒之在色；及其壮也，血气方刚，戒之在斗；及其老也，血气既衰，戒之在得。"

孔子在这里着重论述了君子三戒。

"少之时，血气未定，戒之在色"：青少年血气未定，心智不够成熟，过于放纵容易消耗自己的体力，更容易犯下很多错误。青春期，大概是一个年轻人在二十岁以前的年龄段。青春期为什么危险？生理学研究表明，青春期的人在大脑发育方面，关于欲望的这一部分已经完全成形，就是说成人所能够有的欲望，诸如名、利、权、情，青少年可能都会追求。但是，关于控制欲望的这部分大脑还没有发育成熟，所以青春期的孩子容易为了欲望犯下很多的错误。

在青少年时期，要学会与欲望抗衡。与欲望抗衡的过程是很多人的成年礼。当你能够学会控制自己的欲望，并且跟自己的欲望和谐相处的时候，你才是真正长大了。

"及其壮也，血气方刚，戒之在斗"：壮年人血气方刚，气血旺盛，这时候要特别注意别跟人发生争执。按我们今天的划分，二十岁到四十岁或五十岁这个阶段，属于人的壮年时期。血气方刚之时，与人攀比争斗，很容易给自己惹祸，不如把这些精力放在思考怎么把事做好上。

人在壮年时期，要学会调适自己的情绪、欲望，规划好自己的事业、生活以及人生，将一腔热血用于对社会、人生有益的事情上。

"及其老也，血气既衰，戒之在得"：一个人老了，发现自己的精力也不旺盛了，也没那么争强好胜了，这个时候要注意别贪心。过去俗话讲，人老以后"贪财怕死没瞌睡"，就是喜欢要钱，喜欢攒东西，这儿藏一点那儿藏一点。有些人得了阿尔茨海默病以后，有一个典型的特征，就是在很多莫名其妙的地方藏一些吃的东西。人老了，失去了安全感，血气既衰，精力不济，就特别希望能够堆更多的东西来获得安全感。人在老年时若过于贪心，会给自己和家人造成很大的负担。所以，老年人戒之在得，不要太贪心，放宽心态，坦然生活，如此方能过得更加舒适。

人生的每一个时期，所需要面对的心魔是不一样的，这就是君子三戒。

君子三畏：做事心存敬畏才有底线

孔子曰："君子有三畏：畏天命，畏大人，畏圣人之言。小人不知天命而不畏也，狎大人，侮圣人之言。"

孔子说，君子在三个方面要心存敬畏。孔子说的是要敬畏哪三个方面？

"畏天命"：要敬畏天命。

"畏大人"：要敬畏那些比你位高权重的人。这不是谄媚，而是因为这些人定有过人之处。

"畏圣人之言"：要尊重前人所说的至理名言。

要注意，孔子说的是"畏"，并不是"信"，他的意思并不是让人一概接受。

做事情的时候，心存考量顾虑，这叫作"畏"。

君子三畏中，对畏天命的理解有一定的深度。天命不是命运，更不是宿命，而是世间的道与理。畏天命有什么好处？信奉"我命由我不由天"的人固然有可敬的一面，但并不可取。如果违背自然规律或者社会规章去做事情，很难成功，就算成功了也不见得就有益，最好的结果可能是事倍功半。而一旦失败，他就会觉得都是"自身"的问题，归因于自己，而并不觉得自己可能方向走错了。这就会导致其人生很累、很痛苦，忙忙碌碌而一事无成。

反过来看，一个人敬畏天命，可能是另一番景象。孔子说"五十而知天命"，"知天命"不是听天由命、无所作为，而是谋事在人，成事在天，顺势而为。畏天命的人做事，遇到解决不了的问题不钻牛角尖，而是积极地解决能处理的，剩下不能处理的就顺其自然。就像农民春种秋收，若是遇到风雨不顺而收获不佳，也能乐观地总结经验，来年再耕种，而不是倔强地要在年景不佳之时仍期望获得丰收。

孔子说畏天命，是指能更加放松地应对生活。天命之说是让人看到，一件事情的成功，除了靠自己的努力，还有天地自然、时代背景、社会环境、合作伙伴等因素的影响，需天时地利人和。一个意识到有"天命"存在的人，才是一个认真负责、理智和谐的人。

"畏大人"，就是尊重上位之人。"三人行，必有我师焉"，比自己地位高的人肯定有强于自己的地方，要学习他们的长处。当然，他们的一些言论行为不必全盘接受，给予尊重即可。

"畏圣人之言"，对圣人说的话，要思考、学习、尊重。不能妄自尊大、坐井观天地看待圣人言论，认为这不对、那不对，甚至非议前贤，说不过尔尔之类的话。

小人与君子相反，"小人不知天命而不畏也"。小人找不到自己的责任感，找不到与时代、社会、人民同呼吸、共命运、心连心的感觉。所以他不可能感知到天命，什么都不在乎，不存在敬畏之心。

"狎大人"，"狎"指亲昵而不庄重的样子，这句说的是小人从心里是轻视领导的。领导当然可以和气，可以跟下属打成一片，但是作为下属依然需要遵守界限。很多人跟领导开玩笑，甚至搂着领导的肩膀，跟领导沟通的时候插科打诨、油嘴滑舌，这就叫作狎大人。

"侮圣人之言"，则是说拿圣人说的话开玩笑，侮谩、不在乎、轻视圣人说的话。

孔子认为小人的表现，就是心中没有敬畏、没有底线。人得敬畏自然、敬畏生命、敬畏法律、敬畏道德。有了敬畏，有了底线，我们才能够在底线之上做事。如果丧失了这一层敬畏，任何底线都可以打破，那么社会就会变得很危险。社会上所发生的很多违法犯罪、违背道德、不知廉耻的事情，起因就在于这些当事者大多缺乏敬畏之心。

困而学之：学习让我们变得更优秀

孔子曰："生而知之者上也，学而知之者次也；困而学之，又其次也；困而不学，民斯为下矣。"

我劝别人读书的时候，经常会说到这一段话。

孔子把人分成了四类——

"生而知之者上也"：在孔子看来，圣人生而知之，像尧、舜、商汤这样的人，像释迦牟尼、老子这样的人，都属于生下来就懂得很多的一类人，是孔子眼中的圣人。

孔子谈及老子，说"其犹龙邪"。他觉得老子像龙——普通动物，可以用网捕捉它，用箭捕捉它，或者用陷阱捕捉它，但是龙，人们根本不知道怎么能够捕捉它的踪影。孔子觉得老子深不可测。

到底有没有这样的人呢？现代科学无法证明存在这样的人，我们更加相信知识通过刻意练习获得，生而知之者只是孔子的一个分类。

"学而知之者次也"：孔子认为次一等的，是努力学习就能够做到的人。我觉得孔子可能会把自己归到这一类，因为孔子说过，"十室之邑，必有忠信如丘者焉，不如丘之好学也"。有着十户人家的小村子，一定有比我更忠信的人，但是没有像我这么好学的人。

学而知之者爱学习，主动学习，有很强的求知欲。达·芬奇是这一类，生下来就好奇，什么事都想知道。

"困而学之，又其次也"：遇到了困难，遇到了挫折，懂得通过学习来解决问题，通过学习来找出路，这是孔子分的第三类人，这类人可以称作士。

第一类人是圣人，第二类人为君子，第三类人可称作士。说句不谦虚的话，我觉得自己属于"困而学之"一类。我小时候并不热爱学习，还认为上完大学就不用读书了。后来遇到很多困难，比如不会教孩子、不会管公司，突然意识到自己所知欠缺太多，感觉什么都不会，迫切地想要找人学。

可是没有人帮得上忙，怎么办？我就只好找书来看。看了大量的书，发现很多问题都有解决方法，有些书上就有现成的办法，我很后悔读书读得晚了。

塔勒布在《黑天鹅》里分享过，一个人能够有读书这个行为，就代表着他有着最起码的谦虚，起码他知道，世界上还有很多事是自己不知道的。

"困而不学，民斯为下矣"：一些人生活已经很困苦了，有那么多的烦恼，有时甚至觉得生无可恋、生不如死，尽管如此，但还是不想学习，这就是孔子认为的最下等的一类人。

孔子说的"唯上知与下愚不移"与这句话有呼应关系。上知（智）是生而知之的圣人，下愚是困而不学的人，这两种人很难被改变。上智已经达到极高境界了，很多事情他早就领悟了，自然思想坚定。下愚思维固化，再苦口婆心地劝导，他都不听。这个叫达克效应——越是无知的人，越不会知道自己无知，最终陷入无知的旋涡。

上智、下愚都难以改变，容易被改变的是中间两类，像我们这样的普通人。

我们不要把自己当作圣人，也不要把自己当成愚人，应该努力地学习，通过读书、学习来让自己变得更优秀。

君子九思：说话做事必须多方考虑

孔子曰："君子有九思：视思明，听思聪，色思温，貌思恭，言思忠，事思敬，疑思问，忿思难，见得思义。"

孔子说"君子有九思"，就是提醒我们不要进入"自动驾驶"的状态。人"自动驾驶"的状态，就好比脑袋撞到墙上，撞破了才知道疼。生活中很多人经常处于"自动驾驶"的状态，不会反思自己的行为，不懂得约束自己。

禅宗里讲的"主人翁何在"，就是问谁在管你，谁在你体内做你的主。

做事欠考虑的人，往往是欲望做主，想吃、想骂、想生气、想睡觉、想打游戏，就去做了。一个人不断地被欲望带着走，就丢失了自己的主人翁意识。

很多人之所以像一头闯进瓷器店的大象，把生活搞得一团糟，最重要的原因就在于做事缺乏思考。

孔子说君子有九件事要停下来思考一下。

第一件："视思明"。看的时候，要问自己看清楚了没有，看到的是表象还是本质。

第二件："听思聪"。听的时候，不只要听清楚话语，还要思考是不是听明白了话的意思。

这两点都不容易做到，很多人在看和听的时候，容易选择性接收。心理学的无数实验证明了，我们目力所及的很多东西我们是看不到的。为什么看不到？因为精力有限，运算速度有限，我们只能看到自己想看的几个重点，剩下的部分完全看不到。

《看不见的大猩猩》这本书就是讲的这个道理。一个人在你眼前，扮成大猩猩的样子，拍着篮球，跳着跑过去。当你注意力在别的事上的时候，你竟然看不见他。要做到视思明、听思聪，不是视力好、听力好就可以了，它要求人能认真地看、认真地听，没有心理预设，不带偏见，不选择性地接收。

第三件："色思温"。表情要时刻保持温和，这需要修炼，让自己能够不被欲望牵动，因为欲望一旦被牵动，喜怒哀乐就表现出来了，就做不到"色温"。只有在自己的欲望之上竖起防火墙，做好隔离，才能够做到色思温。

第四件："貌思恭"。容貌平和恭敬，这是外在的表现。

第五件："言思忠"。说话的时候要考虑是不是事实，自己的态度是不是诚恳。

第六件："事思敬"。做事要有诚敬之心，要能够敬重这件事。

第七件："疑思问"。遇到了疑惑、不明白的事，想想看去问谁，然后解决它。

第八件："忿思难"。我们很容易生气，一旦生气、气愤，就想做一些事情来解决它，比如发脾气，或者报复一下。这时候要想想"难"，也就是多想想这么做的祸患是什么，要考虑后果。有句话叫"冲动是魔鬼"，非常生动形象。生气的时候，切莫冲动行事，以免带来重大损失或者隐患。

第九件："见得思义"，也即见利思义。一个东西很好，想要，我们应该考虑一下获取的途径合不合于义，自己该不该得，不能够见利忘义。见利忘义和见利思义，是一对反义词，都是成语。

孔子说的九思指导我们做事很有意义，也很好记，一定要熟记领悟。

在日常生活中，一个人说话做事能经常以君子九思对照，不被外在的事物牵动，不丧失主人翁地位，不"自动驾驶"，能够先思考再做决定，就不会给自己和他人、家庭、社会造成伤害。

见善如不及：努力做事才能发挥作用

孔子曰："见善如不及，见不善如探汤。吾见其人矣，吾闻其语矣。隐居以求其志，行义以达其道。吾闻其语矣，未见其人也。"

这一段话讲的是孔子对于隐者的态度。当时除了孔子这样努力干活、努力追求人生理想的人，也有一群人隐居在闹市之外。

"见善如不及"：见到了善的行为，就好像怕自己赶不上一样，努力地去追寻，努力地去做事。

"见不善如探汤"："探汤"就是把手伸到沸水里，烫到了肯定要抽手。看到了不善的事，赶紧抽手，赶紧撤回来，赶紧回避。

"吾见其人矣，吾闻其语矣"：我见过"见善如不及""见不善如探汤"的人，也听过这样的言论。

接下来，孔子对比隐居于闹市之外的人，比如小小的看门人、荷蓧丈人、渡口摆渡人等。

"隐居以求其志"：为了保全志向隐居起来。

"行义以达其道"：努力地做符合义理的事情，来贯彻自己的主张。

孔子说，他听过这种人的言论，却没见过能做到的。

这里边隐含着孔子对于这些隐者的批评。隐者看起来是要做到"隐居以求其志，行义以达其道"的，但问题是孔子看到的隐士，就是在那儿隐居、旁观。他有没有求其志？可能有，但世人并不知道。他有没有行义以达其道？因为隐居起来，不去做事，人们就看不到他是否行义以达其道。

穷则独善其身，达则兼济天下。孔子希望每一个人对社会都要做出一份贡献，困厄的时候你独善其身，最起码能够求其志，有地位和能力的时候要能够为社会做点事。

"行义以达其道"是孔子追求的理想，但在孔子看来，那些退避、隐居的人很难做到。孔子并没有说这种人不存在，不是说"这种人就是吹牛"，他说的是他没见过这样的人。凡是孔子说"我没见过这样的人"，在我看来，是一种含有一丝幽默感的批评。

无德而称：崇尚德行胜于追求财富

齐景公有马千驷，死之日，民无德而称焉。伯夷叔齐饿于首阳之下，民到于今称之。其斯之谓与？

这里将两组人进行对比。

四匹马拉的马车叫作"驷"，"马千驷"就是四千匹马。有四千匹马的齐景公，在离开世界的时候，人们找不到他有什么德行值得尊重和称道的。活着的时候有马千驷，死的时候轻如鸿毛。

伯夷、叔齐是古时候的贤人。他们是孤竹君的儿子，周武王伐纣的时候，他们站出来拦着周武王说不要去，这是犯上叛乱。周武王不听他们的，灭了纣。于是，伯夷、叔齐立志不食周粟，跑到首阳山采薇为生。采薇就是采苔藓、野花、野草，伯夷、叔齐以此为生。后来有人非议，薇草不也是周朝的吗？伯夷、叔齐索性连薇草都不吃了，最后饿死在首阳山上。现在的百姓一说起这两人，都称赞他们道德高尚。

"其斯之谓与"：难道不是这个意思吗？这句话是突然出现的，在这节中是讲不通的。从前文中也看不出来内容是如何从"伯夷叔齐饿于首阳之下，民到于今称之"跳到"其斯之谓与"的。

有学者研究，这句前面漏掉了一句话，应该是《诗经·小雅》里的一句诗："诚不以富，亦只以异。"

"诚不以富，亦只以异"在《论语·颜渊》中也引用过，在"子张问崇德辨惑"那一节。在《诗经》里，这两句表达的是一个女子被抛弃后的怨愤：你离开我、抛弃我，不是因为她家比我有钱，只是因为你的心变了。

如果这里加上一句，变为"诚不以富，亦只以异，其斯之谓与"，整体意思就是，一个人最后能否被老百姓记住、称道，不在于他的财富，而在于他的德行。

不管是否漏掉了某句话，都无伤大雅，主旨依然是孔子认为德行要远胜于财富。

伯夷、叔齐之所以能够名垂千古，是因为他们注重内在精神。齐景公有马千驷，但他重视的是外在物质。重外在物质是"有限游戏"，只重视当时所获得的头衔、财富，但这些终究会烟消云散，其人在历史上很难留下名字。重内在精神是"无限游戏"，因为他是在推行道德，所以会被大家长久地记住，推崇敬仰。

子亦有异闻乎：待人接物要一视同仁

陈亢问于伯鱼曰："子亦有异闻乎？"

对曰："未也。尝独立，鲤趋而过庭。曰：'学《诗》乎？'对曰：'未也。''不学《诗》，无以言。'鲤退而学《诗》。他日，又独立，鲤趋而过庭。曰：'学《礼》乎？'对曰：'未也。''不学《礼》，无以立。'鲤退而学《礼》。闻斯二者。"

陈亢退而喜曰："问一得三，闻《诗》，闻《礼》，又闻君子之远其子也。"

陈亢（gāng），即陈子禽，在《论语》中看到子禽就是指陈亢。

在《论语》中，他的角色似乎是"包打听"，他特别喜欢打探一些小事。比如，陈亢有一次就问子贡："夫子至于是邦也，必闻其政，求之与？抑与之与？"陈亢对孔子好奇，又有点以小人之心度君子之腹的感觉，他总从细节上去打探、测试，分析孔子到底是不是一个好人。

有这种揣测的人，往往内心的世界太小，心中也不安定。当他没有德的时候，就看不到别人的德，总是在不断地测试他人。

这一次的对话发生在陈亢与伯鱼之间。伯鱼即孔子的儿子孔鲤。孔鲤出生的当天，鲁公赐给了孔子一条鲤鱼，孔子就给儿子起名叫鲤。孔鲤比孔子去世得早，孔子属于白发人送黑发人。

陈亢问他"子亦有异闻乎"——-你父亲有没有跟你讲过什么特别的学问，你跟我说说。

孔鲤说，好像没有什么不同的。然后孔鲤描述了几个场景，有一次他看到孔子在院子里边站着，弯下身子从旁边走过，等等。

这是一幅很有画面感的场景。我们想象一下，孔子下了班以后，回到家，没什么事，背着手站在院子里。

"趋而过庭"，就是弯下身子赶紧过去。传统家庭，父亲是很紧要的人物，为子女所敬畏，如贾宝玉见了贾政，总是低着头就走。

这一次孔鲤弯下身子，想赶紧过去，孔子把他叫住，说："你学《诗经》了吗？"孔鲤说："我还没学呢。"

孔子没有批评他，而是说"不学《诗》，无以言"，意思是如果不学《诗经》，跟别人讲话的时候就显得没有文化。孔子让孔鲤把《诗经》好好读一读。

这是孔子对儿子的教诲。孔鲤"退而学《诗》"，开始学《诗经》。

有一天，孔鲤又看到父亲站在那儿。他从旁边经过的时候，孔子问："你学《礼》了吗？"

孔鲤说："没学过。"

孔子说："不学《礼》，你没法在这个社会上立足。在这个社会上立足，跟别人打交道，需要把《礼》好好学一学。"

鲤退而学《礼》。

孔鲤对陈亢说："如果你非得说有什么不一样的话，那这两样是我父亲单独跟我讲的。"

其实，孔子绝不仅仅跟他的儿子讲学《诗》学《礼》，他跟所有人都在讲学《诗》学《礼》，这就叫"圣人无隐"。

陈亢打听到了东西，特别高兴，出来以后就说"问一得三"。我今天采访相当成功，问了一件事，得了三个信息：知道《诗》很重要，知道《礼》很重要，又知道君子并没有给自己的孩子"吃独食"，而是把自己的孩子当作普通的学生一样对待。

陈亢的这一次试探，发现孔子对待自己的孩子一如对待其他的学生，孔子的人生境界、品德修养很高尚。

南怀瑾先生讲过一个公案。民国时候有一个大居士去世，别人去探望其家属，就说："您的父亲真了不起，做学问真好。"他的儿子就说："我父亲也没有那么了不起，父亲主要能做到两件事。第一个叫视众生如子女，他把所有的人都视作子女，他觉得要好好地对待别人的孩子。第二件事叫视子女如众生，他对我们也跟对待别人差不多。"

"视子女如众生"就是"君子之远其子也"。对人一视同仁，没有过多的好恶，没有因为是自己的孩子而给予不同的待遇。要知道，分亲疏远近一定会带来更多的痛苦，会带来更多的失衡。一个人能够用什么样的心态去教别人的孩子，也尽量用同样的心态去教自己的孩子，这很了不起。

邦君之妻： 沟通要重视人际差异

邦君之妻，君称之曰夫人，夫人自称曰小童；邦人称之曰君夫人，称诸异邦曰寡小君；异邦人称之亦曰君夫人。

这一段话与我们当下生活没有太大的关系，其中提及的称呼是一种礼仪上的称呼。

邦君之妻，比如说鲁公的妻子，国君叫他的妻子要称作夫人。面对自己的丈夫，夫人自称小童。国内的人要把夫人叫作君夫人，在其他国家的人面前提到君夫人的时候要称寡小君（国君自称寡人，因此在向别人介绍国母的时候要称寡小君）。别的国家的人也要把她叫作君夫人。

今天很多人介绍自己的老婆时会说"这是我太太"。有文化根底的老人家听到就会哑然失笑。不能这么称呼，太太是对长辈妇女的尊称，现在指对已婚妇女的尊称或对曾祖母的不常用叫法。怎么能把自己的老婆称为太太呢？

当我们称呼自己的老婆为太太的时候，就好像跟别人说自己是一个特别厉害的人一样。

一般不要用"太太"这个称呼来介绍自己的老婆，恰当的是用"太太"来敬称别的已婚女性。

你可以说"这是我爱人""这是我老婆"。古代的人说的"贱内""拙荆"，现在也不合适用。现在谁这么称呼自己的老婆，那有可能要"跪搓衣板"了。

《陌生人效应》里讲到西班牙人到了南美洲，在跟印加帝国的人沟通时，产生了特别大的误会。

印加帝国人口众多，而且看起来文明程度非常高。

根据西班牙人的记载，对方俯首称臣，表达的意思是"我们这个蛮荒之地，什么都没见过，什么都不懂，希望你们这些天外来人能够……"。

西班牙人觉得这些人已经彻底臣服了，实际上并非如此。这是文化上的差异，翻译不了解，出了问题。当时印加帝国的语言文化，和我国春秋时期非常类似，谈到自己的时候都尽量谦虚。比如春秋时期，国君称呼自己的时候会说"孤""寡人"，给人一种鳏寡孤独的感觉，其实就是一种谦虚。

印加帝国人的谦虚话语被直译了过去。西班牙人听到后以为对方臣服了，就提了很多要求。可是对方并不答应，西班牙入侵者就特别生气，最后双方发生冲突。后来，枪炮、钢铁与病菌把强大的印加帝国彻底地从地球上抹掉了，这个人类文明消失了。

这就是文化、文明的冲突。语言、称呼也代表着当时的文化和思想意识。

《论语》中的这句话很少被引用，我们知道这是当时一个基本礼仪规则即可。

阳货第十七

阳货欲见孔子："义"比"信"更重要

阳货欲见孔子，孔子不见，归孔子豚。

孔子时其亡也，而往拜之。

遇诸途。

谓孔子曰："来！予与尔言。"曰："怀其宝而迷其邦，可谓仁乎？"曰："不可。好从事而亟失时，可谓知乎？"曰："不可。日月逝矣，岁不我与。"

孔子曰："诺；吾将仕矣。"

阳货又名阳虎，是当时鲁国最有权势的人。作为季氏的家臣，他把季桓子囚禁起来，甚至流放出去，从实质上掌控了鲁国的政坛。

由于阳货做了家臣篡位的事情，他在齐、鲁国、晋国口碑都不好，孔子更是排斥他。

阳货想招揽孔子为自己做事，想见孔子，但是孔子不见他。阳货想了个办法："归孔子豚"。"归"是赠送，他让人给孔子送去一只小猪。"大夫有赐于士，不得受于其家，则往拜其门"。根据儒家所倡导的《周礼》，孔子是需要去见阳货还礼的，得按照礼法来办事。阳货用礼的方式来挟制孔子。

这让我想到北岛的诗——"卑鄙是卑鄙者的通行证，高尚是高尚者的墓志铭"。礼在这里，成了坏人的手段，成了孔子的束缚。

"时其亡也"，"时"是动词，"亡"是出门的意思。孔子找了一个时间，趁着阳货出门去拜谢，结果"尴尬人偏逢尴尬事"，两个人在路上遇见了。

阳货对孔子说："来！予与尔言。"这种语气是非常难听的。孔子是当时大家都敬仰的文化大家，阳货却对这样一个知识分子说："你过来，我跟你说话。"

阳货说："一个人有能力、有本事，国家混乱，需要他，他却不出来做事。你认为这样算仁吗？"

曰："不可。"

这很像是孔子的回答，但是也有人认为，这是阳货自问自答。

如果这里是阳货自问自答，那么接下来这句"好从事而亟失时"，就是阳货对孔子说的。"我知道你内心当中是愿意出来做官的，但是总是失去时机，你这样做算是聪明吗？""亟失时"的意思就是屡次失去时机。

曰："不可。日月逝矣，岁不我与。"

这里还有可能是阳货自问自答，是阳货劝说孔子的话。"这不可以。时光流逝很快，你要再不干活，人就老了。"

孔子说："我知道了，那我便出来做点事情吧。"

这是历史上非常有名的一段对话，阳货为了能够让孔子出来替他干活、替他卖命，使了小伎俩。孔子想躲但没躲过去，答应了，"吾将仕矣"。但是后来，孔子并没有为阳货做事。

礼法，在孔子这里是必须遵守的东西，但在阳货那里，却是为达到目的而使用的手段。

坏人对于礼的做法是，能用的时候就用，用不上的时候放一边。但是对一个君子来讲，礼法所规定的东西是难以违背的。所以，尽管孔子不愿意见阳货，但他依然要上门去拜谢，于是礼就变成了他的一个枷锁和负担。

在这段对话中，还有一个需要我们探讨的话题：究竟要不要跟着坏人做事？我们做事的目的到底是什么？阳货此时当权，他已经掌管了鲁国，作为一个鲁国人，希望出人头地，就避不开阳货。这就是孔子所处的政治环境。那么，孔子要不要出山？

这里给大家推荐一本书——《你要如何衡量你的人生》。已故的克里斯坦森教授在这本书里分享了这样一个观点：在道德法律上，有问题的事一件也不要做。坚持百分之百的正直要比坚持百分之九十九的正直容易。不要去做任何触及法律的事，千万不要用"既然大家都这样"，或者"环境就是这样""自己不做，别人也会做"当借口。触犯法律和底线的事情，会成为一个人一生中的污点。重要的是，这样的手段即便让一个人达到了他想要的高度和位置，他的内心也还是会不安的。

所以孔子的选择是，尽管阳货不断地引诱他、招揽他，而且跟随阳货的确能得到声望，但是这并不是他所追求的。

孔子内心选择拒绝，但不会当面说"我才不会追随你""我跟你拼了"之类的话，这毫无意义。孔子说的是："诺；吾将仕矣。"说完这句话以后，孔子并没有去帮阳货做事，这再次印证了前面提及的孔子对"信用"的态度。信用在孔子的人生准则中，是"义之与比"，符不符合义才是最重要的，而不是"言必信，行必果"。

在读这一节时，不得不提一个比较戏剧化的故事。阳货跟孔子长得非常像，正因如此，孔子路过匡地时差点被匡人杀了，因为阳货曾经欺负过匡人。

习相远也：只有修习才能变得更好

子曰："性相近也，习相远也。"

中国人知道这句话，是因为它入选了《三字经》。

这句话和《刻意练习》的主题一致。《刻意练习》提出，世界上没有那么多天赋异禀的人，包括莫扎特、帕格尼尼，这种在别人看来是天才的人，实际上也是刻意练习的结果。

在我们生活当中，很多人特别喜欢强调先天优势。

有一天，我跟一个大哥在饭桌上还为此辩论起来。他说："一定要承认天赋，天赋非常重要，很多事你就不要干，因为你根本就干不了。"

社会上很多人喜欢强调天赋，喜欢传颂天才的传说和故事，这样做最大的好处是弥补认知偏差。当一个人发现在同一件事情上别人做得比自己好时，如果有人告诉他，别人做得好是因为别人努力，他要想做得好，就不能什么都不做，也得努力。只要他努力，也能做得到。这时候他就会产生认知失调，从而感觉压力很大、不舒服。

如果有人告诉他，别人做得好是因为有个好爸爸，或者是因为别人是天才之类，他内心立马变得安定，并得出判断：我不行不是因为我不用功，是很多客观原因限制了我。

"天才"的说法耽误了很多人。孔子虽然没有做类似于《刻意练习》的作者艾利克森所做的实验，但他看到了人的天资、禀赋、智商，这些所谓的本性是很接近的，正常人的智商差别并不大，天资、禀赋更是没有太大的差别。而修习慢慢地会让不同的人拉开差距，"习"不仅仅是学习，还是接触、练习、熏陶，因而孔子提出"性相近也，习相远也"的论断。

换个角度来分析，很多能人的父母都懂儿女的专业。这并不是遗传导致的，而是这样的家庭环境会形成耳濡目染的学习氛围。比如，爱因斯坦之所以对物理学那么感兴趣，十几岁就掌握了电磁学的很多知识，是因为他们家做电机、灯泡之类的生意。他每天跟自己的父亲、叔叔混在这些元器件中，自然而然就懂得了很多相关知识。又如，拉瓦锡的家里是开药铺的，他很容易接触到化学方面的知识。

因此，家长能够给孩子创造什么样的环境，让孩子接触到什么样的知识，至关重要。

人生下来，如同一张白纸，西方有"白板说"，说孩子如同一块白板，最后这张白纸或这块白板上会画出什么样的图形，由其所接受的教育决定。虽然也有人挑战"白板说"，认为这并不完全科学，但在大多数状况下，我们能看到人是会受环境影响的。

每个人所接收的信息，每天练习的内容，每天被熏陶的氛围，导致了人与人之间的差异化。

我们要更多地相信，能力的获得是后天的训练和努力的结果，而不应简单地把它归结为天赋。"这没办法改变""这是因为遗传基因"……这类说法只能让你更加懈怠，不利于你进步。

事实上，修习可以改变命运。

上智下愚：人不能放弃向上的机会

子曰："唯上知与下愚不移。"

孔子说有两种人没办法教导。一种是上知（智）——最聪明的人、最厉害的人。一种是下愚——完全封闭的人。

"不移"的意思就是改变不了他。

孔子见过老子。不过，对于两人见面的情形，道家的描述和儒家的描述不一样。但无论是道家写的，还是儒家写的，都能令人感受到，孔子对老子是非常崇敬的。

孔子说："我知道鸟怎么飞翔，鱼怎么游弋，动物怎么奔走。但是龙，乘风云而上九天，我无从可知。今天我看到了老子，就像是见到了龙一样。"

孔子想去对老子谈礼、谈仁、谈智，完全说不动他。老子说："以前讲那些道理的人骨头都朽烂了，现在你还在说这些。世界之所以这么乱，就是因为有那么多人讲智、仁、勇。"

孔子将老子称为上智，面对老子，孔子无处使力。上智都有自己所领悟的道，无法改变。

下愚是完全封闭的人，对自己认知以外的一切事情全不听。他只是对自己所经历的，自我论证，自我循环。有时候，他们还很得意，会嘲笑那些一直在学习和成长的人。

这句可以结合上一节的"性相近也，习相远也"一起来理解。上智和下愚难以改变，我们普通人应该怎么做？我们要怀抱希望，相信只要愿意学习，就一定会发生良好的改变。

我想起《世说新语》中王戎的故事。魏晋名士王戎的儿子死了，他痛哭。旁边朋友劝他："不要哭得这么难过，咱们都是有修养的人。"王戎讲了一句话很感人——"圣人忘情，最下不及情；情之所钟，正在我辈。"

最上忘情，认为"天地不仁，以万物为刍狗"。圣人庄子这种最上的人，他的老婆死了，鼓盆而歌，"生者寄也，死者归也"——她终于回去了。他已经忘情了，不会纠结于生生死死这些事。

最下不及情，只管自己温饱即可。苏东坡到黄州的时候，当地的百姓饭都吃不饱，生了孩子发现养不活，就扔在城墙根底下。为此，苏东坡专门写了篇文章。

而居于中间层次的人才会情之所钟，会难过、伤心、喜悦、快乐。在两者之间的人往往不惧生活困苦，又愿意接受教育、改变现状，也愿意花时间思考问题。

王戎所说的圣人和最下的关系，跟孔子所讲的"唯上知与下愚不移"，有类比关系：上智坚定，不需要移；下愚执着，闭目塞听。

我们在此也可以反思一下。真的有上智吗？真的有人生下来就知道一切吗？老子这样的人究竟是一个传说，还是真的有这样聪明的人？会有人把自己划分在上智的领域，标榜自己"不移"吗？

真的有下愚吗？真的有人愚到你跟他说什么都没用吗？电影里经常会有大反派，虽然本人很固执，但对他人造成巨大的伤害后也会很痛苦。现实中，很多穷凶极恶之人被抓后，表露心迹，也会对过往所作所为心存悔恨。

因而我们不要轻易地用"下愚不移"放弃很多人。

我觉得孔子说这句话，可能是他当时对很多人感到很失望，是对无法改变老子、无法教导阳货而发的感慨。

有些教育工作者可能因为不太愿意尽心教导不爱学习的学生，或者是教学效果不是很让人满意，就喜欢引用这句话为自己开脱。我希望更多人相信有教无类，不管教育的对象是上智还是下愚。做好自己该做的事情，能改变多少就改变多少，这是我们作为教育工作者应该有的初心。

小人学道：每个人都有学习的权利

> 子之武城，闻弦歌之声。夫子莞尔而笑，曰："割鸡焉用牛刀？"
>
> 子游对曰："昔者偃也闻诸夫子曰：'君子学道则爱人，小人学道则易使也。'"
>
> 子曰："二三子！偃之言是也。前言戏之耳。"

在《论语》中，孔子犯错了，直接被学生"掮"回来，并且承认错误的桥段，是很少见的。

"子之武城"，"之"是动词，孔子去武城。武城是曲阜旁边的小县城。

当时，子游在做武城宰，子游就是言偃（yǎn）。孔子到了武城，视察学生的治下。相当于孔子有个学生当县长，孔子跟着县长，在县里驾着车，看看这个县治理得怎么样。

弦歌是以乐教人，就是让大家能够学礼学乐。所以"闻弦歌之声"，代表这个地方的老百姓在学礼乐。按理说这是好事，满大街的并不是"哐哐哐"的锣鼓声，也不是杂乱无序的模样。

孔子笑了一下，说"割鸡焉用牛刀"。孔子那天可能是过于放松了，"割鸡焉用牛刀"意思是小地方的老百姓还需要学这个吗。礼乐是"牛刀"，多用在朝廷之上，以教育更多的知识分子。让老百姓学礼乐，孔子觉得没有必要。

子游作为县长，很严肃地对孔子说："昔者偃也闻诸夫子曰：'君子学道则爱人，小人学道则易使也。'"

我言偃以前从夫子这儿听过一句话，您说君子跟小人都应该学高级的东西，比如礼乐。

"君子学道则爱人"：一个人解决了自己的温饱问题，如能有机会上一所很好的大学，修行养德，就会更加懂得关心别人，更加努力为社会做事。这是君子学道的好处。

"小人学道则易使"，即便是贩夫走卒，如果能够懂道理、学礼乐，他也会成为一个有用之才，为社会的建设做贡献。

子游"当仁，而不让于师也"，即便孔子是自己的老师，他也依然坚持真理。何况他所坚持的真理正是老师当年所传授。

孔子听后说："你们诸位听一下，言偃说的这个话是对的，我前面说的是开玩笑的，是我太放松了，抱歉。"

孔子犯错，被学生指出来了，他就当着众多人的面立刻承认，这也是孔子的不凡之处。他没有跟子游翻脸，没有给子游穿小鞋，也没说"非吾徒也"。

对言偃说的正确的话，孔子是完全肯定的。那么，教普通的劳动者弦歌，让他们学礼乐，是不是"割鸡焉用牛刀"？

我个人觉得，言偃的做法肯定是对的。这不是牛刀和鸡的关系，我们特别希望华夏大地处处弦歌，中华儿女个个读书。这是多美好的情形。

有媒体报道过一个感人肺腑的真实故事。有个农民工在东莞打工十七年，后来因为找不到工作打算离开东莞，离开陪伴他十二年的图书馆。离开之前，他在图书馆写了一段留言："虽万般不舍，然生活所迫。余生永不忘你东莞图书馆……"虽然字写得歪歪扭扭，不是很好看，但朴素的语言和真挚的好学之情感动了很多人。网友们纷纷传播这个故事，还有很多人发给我，说"樊老师你看，这就是读书的力量"。

不论何人，不论身处何地，都有学习奋进的权利，也应该有学习奋进的追求。处处弦歌是一件很美好的事。

末之也，已：无处可去也别与虎谋皮

公山弗扰以费畔，召，子欲往。

子路不说，曰："末之也，已，何必公山氏之之也？"

子曰："夫召我者，而岂徒哉？如有用我者，吾其为东周乎？"

子路是孔子身边的一面镜子，永远保证孔子不要犯道德上的错误。

关于公山弗扰，在电影《孔子》中，有一场叛乱就是公山弗扰发动的，孔子在城上用滚烫的热汁浇下去，跟他打仗。

"公山弗扰以费畔"，"费"念"bì"，费县。公山弗扰占据了费县的位置，以这个地方为根据地，发动了反叛。发动反叛以后，看样子他是获得了一个短暂的成功，于是打算建立自己的政权。

他想招聘孔子，说"你来吧"。

孔子竟然动心了，"要不然咱去看看"。

子路不高兴。曾经孔子见南子，子路都不高兴，何况这次可能要去跟叛臣合作！

子路说："末之也，已，何必公山氏之之也？"

"末"就是无，"末之也，已"，可以理解成"难道你没地方去了吗"，或者说"这事就算了吧"。

"何必公山氏之之也"，第一个"之"是结构助词，第二个"之"是动词，意思是何必去公山氏那个地方呢。

孔子说"夫召我者，而岂徒哉"——他叫我去，难道是白来的吗？是随随便便的吗？我觉得孔子是在逗子路，他根本没有认真地去回答子路的问题。孔子有时候"撑"子路，只是为了调侃子路，和子路开玩笑。

"如有用我者，吾其为东周乎？"如果他真的能够用我，让我好好地有一番作为，我难道不能够在东方复兴周道吗？

孔子最后当然是没去，孔子如果去了那就不是孔子了。

在我看来，这类似于这样的情形：一个巨大的商业机会放在面前，多少会动心一下，在脑海中幻想一下，和周围的人讨论一下，小小地表达一下自己还是有人需要的。

比如有一家特别糟糕的企业，想找某个正直而有影响力的人代言。他不愿意，但很可能会讨论一下，问亲密的人："你们觉得这怎么样？别人给这么多钱，我还是被需要的吧？"但肯定不会去。

我就是猜测了一下孔子的状态。

从这段对话中，我们真正能够看到的是，孔子所处的真是一个"乱哄哄，你方唱罢我登场"的时代。公山弗扰、阳货，叛乱的人层出不穷。在"城头变幻大王旗"的处境下，一个人不论选择和谁合作，都是与虎谋皮。

当时的东周，国家权力旁落。周王的权力慢慢落入诸侯手中，后来诸侯也没权力，权力被贵族所掌握。经过层层叛乱，到公山弗扰这里，连贵族都没有权力了，权力被家臣掌握了。

因此，孔子不管跟谁合作，都很糟糕。这些人眼中只有名利权情，没有人会认真地去帮孔子把道弘扬起来，复兴周道。

很多人拉拢孔子，是因为孔子有弟子三千，其中有很多具有优秀的政治才能，也有很多擅长打仗。假如孔子把三千弟子武装起来，再加上弟子们所带的弟子，大概可以组成一支强大的队伍。可见孔子能掌控一股庞大的力量，但孔子说"军旅之事，未之学也"，在他的心中，对这样的事压根儿就不关心。

孔子说"如有用我者，吾其为东周乎"，让我们想到一个人寂寞了太久之后的感觉。孔子在鲁国做过事，他有做事的能力，也有做事的想法和愿景，但可惜的是他一直没事可做。

如果真的有人能够给他一个舞台、给他一个机会，他会考虑一下。但是，最终仁义战胜了欲望，孔子不会为公山弗扰所用。

在孔子面前有两个选择，一个是从上而下推行仁政，另一个是自下而上进行仁政的变革。

自上而下是孟子所用的办法，每次跟王谈，希望能够从上而下改革。孔子也跟这个层面的人谈过很多次，帮季氏出了很多主意，帮鲁公出了很多主意，却并没有什么用处。

所以孔子也可能会思考另一个选择：有没有可能自下而上，打击那些高层，建立一个新的政权，把周的礼仪恢复起来？

这两者在乱世其实都不是好的方法，整个社会大的潮流趋势是变得越来越乱，孔子一个人的能力也很有限，于是他最终选择了做学问。

子张问仁：经常反思自己的做事方法

子张问仁于孔子。孔子曰："能行五者于天下为仁矣。"

"请问之。"曰："恭，宽，信，敏，惠。恭则不侮，宽则得众，信则人任焉，敏则有功，惠则足以使人。"

子张曾经向孔子问干禄。子张是一个性子比较急的人，很年轻，想法比较多，既想当官，也想当老师。

子张现在又向孔子问仁——怎样能达到仁的境界？

孔子说：做事遵从这五个原则，并能够将其推广到天下，就算是仁。

子张就说：您跟我讲讲吧。

孔子回答：恭、宽、信、敏、惠。

在《论语》中，我们还可以看到其他针对为人处世原则的这种集中提法。比如，温、良、恭、俭、让是子贡描述孔子为人处世的五个词。此外还有我国古代社会讲的"三纲五常"中的"五常"——仁、义、礼、智、信。

在这里，孔子送给子张的这五个词是恭、宽、信、敏、惠。

为什么跟子张说这五个字？很有可能孔子在因材施教。

子张的缺点大概是对他人不够宽厚，比较急躁，所以孔子跟他讲恭、宽、信、敏、惠。

温、良、恭、俭、让和仁、义、礼、智、信，是讲做人的，而恭、宽、信、敏、惠是讲做事的。

子张是一个爱做事的人，所以孔子跟他讲的是做事的原则。孔子说："恭则不侮，宽则得众，信则人任焉，敏则有功，惠则足以使人。"

"恭则不侮"：如果你能够恭敬地对待他人，无论是对待在上位的人，还是对待在下位的人，都能够保持礼仪，那就没有人侮辱你。你怎么对待世界，世界就会怎么对待你，说的就是这个道理。

"宽则得众"：作为管理者、领导者，要心胸开阔，在一定程度上容得下他人犯错。很多企业的管理者吹毛求疵，每天盯着员工，觉得这儿不行、那儿不行。

千万不要觉得，你能够挑出员工的毛病，就代表你比员工的水平高。挑毛病可以说是人的天性，没什么好值得夸耀的。挑毛病容易，任何人都会挑毛病，为了改善生存状态，人天生就在不断地挑毛病。

老板的眼界高、肚量大，愿意跟随他一起做事情的人才会多。那些没有容人之心的管理者，员工为了不犯错就尽量不做事。老板只能每天自己做事、自己操心，所以最后老板往往成为整个团队犯错最多、最大的人。

"信则人任焉"：如果你跟着别人做事，就要讲信用，说出来的话要能够做到。如此，领导才会重用你，觉得你是值得信任的。"信任"这个词就是这么来的：信则人任焉。

"敏则有功"："敏"是机灵、聪明的意思。陕西话里有一个常用词特别好：灵醒。灵是机灵，醒是清醒，灵醒是指一个人机敏、反应快、逻辑清晰。这样的人能够做出事来，成就一番事业。

"惠则足以使人"：当你取得了一点成就，团队整个有了业绩的时候，要跟大家分享胜利的果实，要让大家感受到成功的乐趣，这样团队就更容易管理。

一个人出来做事，要么是带领大家做事，要么是帮领导做事，要么是自己去解决问题。这三种状况用"恭则不侮，宽则得众，信则人任焉，敏则有功，惠则足以使人"都能够应对。

我们读《论语》，更要用《论语》，可以对照《论语》来反思自己。比如，子张如果是一个"敏则有功"的人，他就应该对照这五个词来分析自己还有哪个方面可以更加完善。在《论语》中，我们经常能够读到子张跟别人吵架的内容，是不是他"宽则得众"做得还不好，对待别人有些苛刻，所以才有这么多烦恼？如果是，那么就要慢慢改正。

我们自己也可以对照一下："恭则不侮"，平常对别人是否做到了恭敬？是不是觉得有人侮辱自己？为什么？反思一下，很可能就能找到原因。我们还可以看看自己待人够不够宽厚，做事靠不靠谱，别人是否信任自己，办事效率高不高、灵不灵活，是不是有足够的逻辑思维能力，是不是够大方……努力成为仁人，成为有做事能力的人。

孔子因材施教，跟子张说的都是入世之法，就是怎样在世界上立足的方法。这对我们今天做事情依然很有帮助，毕竟没有人不希望自己能够做出一番事业。

磨而不磷：真心上进就没有放弃的借口

佛肸召，子欲往。

子路曰："昔者由也闻诸夫子曰：'亲于其身为不善者，君子不入也。'佛肸以中牟畔，子之往也，如之何？"

子曰："然，有是言也。不曰坚乎，磨而不磷；不曰白乎，涅而不缁。吾岂匏瓜也哉？焉能系而不食？"

"佛肸"是一个人名。"佛"，不念"fó"，念"bì"；"肸"，念"xī"。

佛肸是晋国赵简子的家臣。电影《赵氏孤儿》里长大的孤儿叫赵武，赵武的孙子就是赵简子。赵简子是贵族，他的家臣佛肸以中牟为据点发动叛乱。中牟是今天河南鹤壁市的一个小城市，是赵简子的封地。

发动叛乱的人往往喜欢招募有文化的人，大概是要利用文化来背书，因而佛肸召孔子。比如明代宁王朱宸濠想造反，就把唐伯虎招去当幕僚。唐伯虎没办法，只能装傻脱离。

"子欲往"，孔子又动心了。

我估计孔子每次遇到这样的聘请、机会，都会跟学生们讲讲，"你们看，别人又请我去了，你们老觉得读书没希望，这不是希望吗？有希望"。

别的学生听到孔子说这样的话都不来劝，知道孔子不会去的。但是子路率直，怕孔子出事，马上就发表意见，跳出来说："我以前听你讲过，那些去干坏事的人，君子要远离他。佛肸造反，是一个不折不扣的坏人。君子避之唯恐不及，你怎么能够跟他混在一起？难道你忘了吗？危邦不居，乱邦不入，佛肸占据中牟发动叛乱，你怎么还想着去呢？"

孔子承认说过那样的话，接着又说了一句诗："不曰坚乎，磨而不磷；不曰白乎，涅而不缁。""磷"，薄片，像鱼鳞一样的东西；"缁"是黑色；"涅"是矾石，古人用矾石把衣服染黑，这里是染黑的意思。这句诗的意思是，不是说真正坚硬的东西磨也磨不薄，真正洁白的东西染也染不黑吗？

战国时期的哲学家、思想家公孙龙写的《坚白论》，就是探讨石头的本质到底是坚硬还是色白。

孔子的意思是，我们在描述一种品德的时候，说它坚、白，坚就磨而不磷，白就涅而不缁。用我们今天的话叫"出淤泥而不染"。如果我真的是一个意志坚定的人，是不会跟着变坏的。

孔子最后说："吾岂匏瓜也哉？焉能系而不食？"

匏瓜是葫芦，嫩的时候能切着炒菜吃，等它长老以后，多是挂着当装饰，就没法吃了。我们小时候经常把坚硬的葫芦剖开，变成两个瓢，舀水用。

孔子说：难道我是个老葫芦吗，只能挂在门上，不能吃？孔子真正想表达的意思是"难道你希望我变成一个没什么用的人吗？我也希望自己的学识才华有用武之地"。

孔子其实是借着跟子路发牢骚来委婉地表达志向。孔子长期得不到重用，难免感到寂寞、孤独，他不希望变成一个系而不食的葫芦。

实际上孔子没有去佛肸那里。

有太多的挑战、机会对孔子来说都是引诱，如果孔子意志不坚定，放弃心中的大节，放弃自己曾经讲过的原则，他可能真的就去跟着别人造反了。但孔子始终坚守住了，只是会跟学生们打打趣、开开玩笑，检验一下自己面对这些问题的态度。

他是真的不在乎这些，才会跟学生说这样的玩笑。如果真要去，他不会跟任何人商量，悄悄地收拾包袱就去了。因为他出尔反尔，食言而肥，必然耻于见到学生。

孔子不想去，才会把这样的事拿出来跟学生们聊，做案例分析。跟一群学生在一起学习，教他们最有效的方法，就是拿一件一件事情来跟他们一起剖析，什么事情能做，什么事情不能做。

我们设想，如果孔子一上来就表态，说这种事咱们坚决不能去，就变成了喊口号。

孔子的办法是挑战他们，说"咱去吧，这次又有一个机会"。让子路这种持反对意见的人站出来，跟他进行辩论，这是一种非常棒的角色扮演的教学方法。

我在讲领导力的课程时，经常搞角色扮演、正反方辩论，让双方说出各自的想法和原则。这就是案例式、沉浸式、翻转式的教学方法。

同时我们也能看到，每次别人找他，孔子都要表态，"可以可以，我去看看"。

孔子认为自己并不是一个直人。孔子说"直哉史鱼！邦有道，如矢；邦无道，如矢"，意思是史鱼正直，当国家政治清明时，他像箭一样正直；当国家政治不清明时，他也像箭一样正直。史鱼是那种无论情况如何，该直都直的人，这并不符合孔子的处世原则。

孔子是一个追求中庸的人，孔子有保护自己的智慧。他认为自己肩负使命，所以无论邦有道、邦无道，都要保护自己。

在古代，拒绝权势阶层的邀请，正面刚很容易结仇，给自己招来杀身之祸。唐代诗人张籍的《节妇吟》有一句诗"还君明珠双泪垂，恨不相逢未嫁时"，表面看起来是描述一个已经嫁人的女子拒绝他人的追求，但实际上是一个文人回复地方势力聘用的婉拒之言。

孔子面对自己不认可的人，并不会与之正面对抗，每次都是用缓和而折中的方式应对过去。

六言六蔽：求学做事不能墨守成规

子曰："由也！女闻六言六蔽矣乎？"对曰："未也。"

"居！吾语女。好仁不好学，其蔽也愚；好知不好学，其蔽也荡；好信不好学，其蔽也贼；好直不好学，其蔽也绞；好勇不好学，其蔽也乱；好刚不好学，其蔽也狂。"

我早期读到这段话时，感触非常深，觉得好高级。《论语》的前半部分，孔子时常在教导我们要信、要直、要智。一个人学了智、学了仁、学了勇，似乎已经到了学问的终极了。

但是到了《论语》下半部，孔子兜家底儿地跟子路说了一些体己话。他告诉子路，直未必全是好事，仁未必全是好事。

为什么？如果一个人不好学，不以持久、动态的学习过程来矫正自己，而是刚性地认为仁应该是什么样子，直应该是什么样子，就会形成一个呆板的生活准则，必定会出大问题。

我觉得这和上一节中子路和孔子的对话是有关的。每一次孔子用案例式教学法讨论问题的时候，子路都是第一个站出来，跟孔子硬杠。孔子觉得应该教教子路，给他传授一些灵活应对事情的方法。

所以这一次，孔子问子路："你有没有听说过六言六弊？"

"言"是美德，"六言六弊"就是六种美德和六种弊端。子路说没听过。

孔子说"居！吾语女"，孔子对子路说："坐下来，我跟你说一说。"

这句话好有画面感，是完全生活化的状态。

接下来孔子对子路说了一段话——

"好仁不好学，其蔽也愚"：什么叫好仁不好学？一个人喜欢追求仁德，希望自己成为一个好人，但是不去践行，不学习、不进步、不提高自己的认知水平，就是每天嘴上喊"我要做个好人""我想对所有人好""我日行一善"。"其蔽也愚"，这个人就容易犯傻。

这种典型人物有很多。《东郭先生和狼》中，东郭先生心好不好？很好。《农夫与蛇》中，把蛇放在怀中温暖的农夫，是不是好人？是个好人。但这类人犯了一个错误：其蔽也愚。他们虽然想做好人，但他们不好学，不知变通，就容易变笨、变傻，成了傻好人。傻好人办事，有时候结果非常不好。

所以，人不能只标榜自己的目标是想做个好人。常常有人说"我的目标不是想学多少东西，就只是想做个好人"。在《透过佛法看世界》里，希阿荣博堪布讲到有人说"我觉得学佛没别的，我就是想做个好人"。希阿荣博堪布看到说："我很高兴，随喜你，能够愿意做个好人，但是我们首先得知道什么是好人。"如果连好人的定义是什么、好人的境界是什么都搞不清楚，就给自己贴个好人的标签，那八成是做不成好人的。

"好知不好学，其蔽也荡"：一个人喜欢聪明、喜欢智慧，追求知识，但是不好学，不发自内心地学习、改变、提升和颠覆自己过往的认知，那他可能会变得放荡不羁、飘忽不定。

金庸先生的小说《鹿鼎记》中的韦小宝就给人这种感觉。他计谋特别多，但是他计谋再多，和《神雕侠侣》中的郭靖、黄蓉比起来，读者明显能感觉到他少了侠之大者、为国为民的情怀。

"好信不好学，其蔽也贼"：一个人讲究信用，当然很好，但是如果他不好学，不以学问来提升认知能力，不以学问来矫正做事方式，那么其蔽也贼。"贼"是伤害的意思，就是说，这样的人特别容易被人伤害，特别容易被利用。

比如尾生抱柱而死，这种行为就是"其蔽也贼"，死板地遵守约定，从而丢掉了自己的性命。所以，我们需要不断地学习，提升认知、改变行为，懂得灵活应对各种情况和事情。

"好直不好学，其蔽也绞"："绞"是尖刻的意思。孔子认为"好直不好学"也存在一定的问题。一个人直，但他的认知水平太低，又不学习，就不能完善自己的性格，容易变得尖刻。

有的人标榜自己很直率，说我这个人是"胡同里边赶猪，直来直去"，是"竹筒倒豆子，有一说一"。子路就有这样的特点，他跟孔子说话常常都是硬杠。

有句话叫"山中有直树，世上无直人"，真正直的人很少。很多人是卖正直，明明有着自己的小九九，还要找一个借口，说自己性情直。也有些人是不太为他人考虑，不太理解他人的感受，才会直来直去地说些伤人的话。

"好勇不好学，其蔽也乱"：一个人勇敢，当仁不让，这当然是好事。但如果他不去学习、不去提升、不去改变，这个人搞不好会造反。《水浒传》中的李逵，想杀谁就杀谁，佛挡杀佛、人挡杀人，只等他宋江哥哥一声令下。这种匹夫之勇很容易造成很大的混乱。这种人不是靠价值观做事，只是盲从别人或者由着性子做事情，处理问题也只会采取这种破坏性的方式。

"好刚不好学，其蔽也狂"：一个人说自己刚正，无欲则刚，不被诱惑，这样是不是很好？不学习、不进步，执守刚正，把自己封闭在原有的认知里，会变得孤高狷狂。这种人容易成为隐士，成为游侠，在自己的小天地里出不来，过着对他人没有贡献的生活，还标榜自得其乐。

孔子没有把仁、智、信、直、勇、刚中的任何一个美德变成僵化的、固定的、不动的概念。如果一个人概念化、固化地看待美德，就很容易变成固定型人格，从而固执地追求某一个表象化的品德。

一个人如果知道美德是需要不断优化和改进的，通过提升自己的认知层次，他对一个事物的理解就可能变得和以前不一样，这就是成长型人格。孔子说的"无可无不可"就反映了这个道理。孔子是一个成长型人格的人，他在不停地学习演进，因而他对待事物的准则是良性动态的。

即便我们对自己的德行有良好的要求和掌控，也依然要继续学习，根据实际情况不停地调整。环境不同、情形不同、境界不同、格局不同、认知水平不同，对待具体事情的处理方法也就不同。我们每个人，不要觉得自己是一个好人、一个睿智的人、一个讲信用的人、一个直率的人、一个勇敢的人、一个刚正的人，就够了。我们要以谦虚的心态，通过不断地学习，通过和别人的交流和切磋，了解前人的观点，了解他人的观点，融会贯通，学以致用，才能够在追求美德的道路上走得更远。

没有终极真理，也没有终极的人。我们只有朝着正确的方向不断向前，让更美好的人引领着我们前进，在这个过程中变得越来越好。我们不要觉得自己已经做到了某一点就停在原地，这样最终可能会变成一个"坏人"。

这一段话，孔子讲得很深刻，这是他对自己最爱的学生所讲的肺腑之言。

何莫学夫《诗》：知识孕育认知能力

子曰："小子何莫学夫《诗》?《诗》，可以兴，可以观，可以群，可以怨。迩之事父，远之事君；多识于鸟兽草木之名。"

有一天，孔子突然跟学生们感叹："你们这些年轻人，为什么不好好学《诗经》呢?《诗经》可以兴，可以观，可以群，可以怨。"这是孔子认为诗的四个最重要的作用。此外，我们可以从《诗经》中学到三种表现手法：赋、比、兴。

"可以兴"："兴"是抒发感慨，引出话题，先言他物以引起所咏之词。比如，我们跟别人说话的时候，可以先引用一句诗，然后再讲后边的内容。我原来主持节目的时候，也常用到起兴这种手法。上台先来一句诗，"问渠那得清如许，为有源头活水来"，然后再讲当天的主题。

"可以观"：孔子认为可以在《诗经》中看到民风，比如了解一个地方的人在思考什么，那里流行的价值观是什么，人们是怎么表达思想和情感的。

《诗经》中的《风》有很多来自南方小国。在森林里，人们一边砍树、割草，一边唱歌；或者在水边，一边干着活，一边唱歌。周围都有绿色的植物，植被覆盖得很好，歌声不用太高，温声细语，悠扬动听。

我们听一个地方的诗和歌，就能感受到当地的民风。比如，太行山区的开花调，藏族地区跳的锅庄舞，都能让人感受到民风民情，这就是孔子说的"可以观"。

"可以群"：就是诗歌有凝聚作用，可以把大家团结起来。当一群人共吟一首诗的时候，情感会产生共振，形成集体认同感。"岂曰无衣，与子同裳。岂曰无衣，与子同袍"是出征之前，大家一起念的诗。

"可以怨"：人们通过诗提出不同意见，表达自己的感慨。诗歌是社会非常重要的黏合剂、调味品，可以调剂社会氛围，比如"硕鼠硕鼠，无食我黍"。

孔子希望年轻人多学点诗歌。孔子还讲过"不学诗，无以言"，可见他对诗歌的推崇。

孔子讲完《诗经》可以"兴""观""群""怨"之后，接着说"迩之事父，远之事君"。

"迩之事父"："迩"是近的意思。往近处、小处说，《诗经》中蕴含的道理可以让家庭和睦，让你可以为你的家族做出贡献。

"远之事君"：往大了说，《诗经》中蕴含的道理可以让你为国为民，侍奉君主。

孔子最后说"多识于鸟兽草木之名"。到这一句话，方向突然转了。孔子在前面已经讲到事父事君，最后突然来了一个更接地气的，说最不济，通过《诗经》还能多认识点鸟兽草木之名。

《诗经》中，"参差荇菜，左右芼之""桃之夭夭，灼灼其华""蒹葭苍苍，白露为霜"等诗句都提到了植物。

千万不要小看识别鸟兽草木之名，如果一个人真的见到什么植物都能叫出名字，或者见到什么动物都能知道是哪个纲、哪个目、哪个科、哪个属，那这个人的修养不会差。

《知识大迁移》这本书讲了一个重要的心理学实验所验证的观点：一个人的知识积累情况会影响他的认知水平。

比如有人说，网络时代不用知道很多事，因为有搜索引擎，遇到不懂的，上网搜索一下就什么都知道了，学很多东西没用。

这种认知很浅薄。脑海里没有相当的知识储备，都不知道应该在网上搜索什么。你脑海中原来有什么是很重要的，尽管搜索引擎上拥有一切，但你脑海中没有知识储备，你就不能把它充分利用起来。

而且，当一个人脑中空空如也的时候，它影响的并不是这个人不能言之有物地去和别人说话，而是空空的脑袋孕育不出有价值的思维方法，也不会产生深刻的观点。

所以孔子讲的"多识于鸟兽草木之名"，其实也是一种提升自己修养的可靠的办法。

我们都应该好好读一读《诗经》。很多人让我讲《诗经》，可我自认为目前水平不够，讲不了。今后好好研习《诗经》，等学有所成，就可以跟大家分享一下心得体会。

面墙而立：学习也需要掌握策略

> 子谓伯鱼曰："女为《周南》《召南》矣乎？人而不为《周南》《召南》，其犹正墙面而立也与？"

孔子曾经跟伯鱼讲，"不学《诗》，无以言""不学《礼》，无以立"。

这一次，孔子就问到了细节，说："《周南》和《召南》，你学过了吗？"

这里补充一点常识。《诗经》分为《风》《雅》《颂》。《风》包括了十五个地方的民歌，"十五国风"分别是：《周南》十一篇、《召南》十四篇、《邶（bèi）风》十九篇、《鄘（yōng）风》十篇、《卫风》十篇、《王风》十篇、《郑风》二十一篇、《齐风》十一篇、《魏风》七篇、《唐风》十二篇、《秦风》十篇、《陈风》十篇、《桧风》（桧即"郐"kuài）四篇、《曹风》四篇、《豳（bīn）风》七篇。

孔子问伯鱼是否学过《周南》《召南》。没有等伯鱼回答，孔子就接着说，一个人如果不懂或者没学过《周南》《召南》，就如同面对着墙站立，目无所见。

面墙而立，视线被堵住了，看不到东西，接收不到信息，闭目塞听，比喻不学无术。

为什么不懂《周南》《召南》，就是不学无术呢？

《周南》中的《关雎》《桃夭》，《召南》里边的《鹊巢》《采蘋》《羔羊》《小星》等，都是《诗经》中的名篇，意义与影响都不凡。

《周南》第一篇《关雎》，诗言"关关雎鸠，在河之洲"，讲淑女配君子。在古代社会，这是三纲之首、王教之端。孔子以礼乐、诗歌为重要的教育工具，人伦之常先有男女、夫妇、父子，之后才是君臣。懂得这些义理和相处之道，才知道该如何去生活。在《乡土中国》这本书中，费孝通先生讲"差序格局"就是从男女相恋起始。

孔子叫伯鱼先读《周南》《召南》，我们学习《诗经》也不妨从《周南》《召南》开始。对于现代人来说，读《诗经》有一定的难度，其不仅篇目繁多，文言难懂，还有很多的生僻字词。选择学习的内容不当，很容易打消积极性。那么可以先学《周南》《召南》中的名篇，其中有我们熟知的成语、歌词，甚至是书名，比如琼瑶的《在水一方》，名字就出自《蒹葭》。在学习中发现这些，便能逐渐找到读《诗经》的快乐。等这些名篇学得熟稔通透后，不仅有了学习的兴趣，还有了一定的知识积累，再去学习其他篇目，就容易得多。

礼云礼云：制度执行不能流于形式

子曰："礼云礼云，玉帛云乎哉？乐云乐云，钟鼓云乎哉？"

这是孔子的感叹。

在《八佾》篇中，孔子曾说："人而不仁如礼何？人而不仁如乐何？"一个人如果不仁的话，礼和乐都不能约束他。

在这里，孔子又发出了感叹"礼云礼云"。

有人把"云"作为语气助词，这句话就是"礼呀礼呀"。还有人把"云"作为动词，"说"的意思，这句话就是"你总说礼""你嘴上整天挂着礼"。

"玉帛"是玉器和丝帛，都是当时礼仪活动中涉及的物品。

"礼云礼云，玉帛云乎哉"：整天说礼呀礼呀，难道说的都是玉器、丝帛之类物质上的东西吗？

"乐云乐云，钟鼓云乎哉"：整天说乐呀乐呀，难道说的都是敲钟打鼓这类形式上的事吗？

孔子这里讲的，是外在的形式背离了礼乐制度的本质，没有做到内外合一。如果周公制定的礼乐制度能够进入每个人心中，人们发自内心地奉行礼乐制度，孔子不会发出这样的感慨。

周公之礼是在什么时候变了呢？当礼乐执行变成走过场，变得形式化，变得官僚化的时候，周礼便名存实亡了。面对礼崩乐坏，孔子内心忧虑，发出了无奈的感叹。

孔子的感慨让我反思当今对待节日的态度。现在很多节日都过成了购物节，比如三八节要购物、父亲节要购物、母亲节要购物，还有很多传统节日也要购物。节日设置多数为了庆祝、感恩、纪念、提示一些事情，有丰富的文化、思想内涵，但是在商业化的炒作下都变成了买买买的"剁手节"。

孔子强调过这样的道理："祭如在，祭神如神在。"流程和仪式感到底是为什么而存在？孔子认为，是为了能够更好地体现这件事情的本意而存在，而不是为了把它搞成一个形式。如果真心诚意，不需要奢华、繁缛，一缕清香，足以表达心中感念。若心无敬意，对节日、祭祀、礼仪不尊重，那么流程再精细，物品再奢华，也没有太大的意义，都是铺张浪费而已。

《工作需要仪式感》这本书就是告诉我们，工作中一些固定的仪式是为了调动整体工作的气氛。其不只是讲仪式感很重要，还分享很多营造仪式感的方法，目标在于改变团队的工作氛围。这就类似于孔子所追求的礼和乐。

色厉内荏：行事正义才能内在强大

子曰："色厉而内荏，譬诸小人，其犹穿窬之盗也与？"

这句话产生了一个成语：色厉内荏。

"色"是外在的表现，"荏"是白苏，一种可以食用的草，这里比喻软弱。色厉内荏，比喻外在强悍吓人，内里却懦弱不堪。

"譬诸小人，其犹穿窬之盗也与"：假如用小人来做比喻，就好像那些穿窬之盗。"穿窬"，就是在墙上打个洞；"穿窬之盗"，便是爬墙挖洞的小偷。

历史上，吕布、袁绍是典型的色厉内荏。外在看起来很厉害，仪表堂堂、武力过人，打仗也很勇猛，可谓杀人不眨眼。但他们其实是靠杀人来维持自己的强硬，显示自己的手段，实际上内心不够强大。

黔驴技穷、虚张声势都与色厉内荏有差不多的意思。在《黔之驴》中，老虎初见驴，有点害怕。听到驴叫，老虎大骇而远遁。老虎多番试探，都不敢对驴动手。直到驴发怒，踢老虎，踢了几次，老虎都没发现驴有什么大本事，就发动攻击把驴吃了。这个寓言故事告诉我们，没有本事的人往往色厉内荏，看起来吓人，其实不堪一击。

在反腐专题片中，贪官在位时姿态做派高高在上，一旦被调查，内心因做坏事而长期积蓄的痛苦和虚弱瞬间爆发出来，痛哭流涕。一个人如果做的是正义的事，心存正气，那么他在任何处境下都会淡定从容、坦然自若。这就是"为人不做亏心事，半夜敲门心不惊"。

贪官往往表现得色厉内荏，是因为他们知道自己在做坏事，又怕别人知道，所以做出各种姿态来掩盖。

遇到小偷、强盗，为什么"路见不平一声吼"他们就落荒而逃了？因为他们做的是坏事，心虚胆怯。

而正义，是一种由内而外的力量。一个人深明大义、心怀坦荡、行事光明，内心自会有强大的支撑力。我们去了解一下抗日战争的历史，便知道很多仁人义士在惨遭迫害、面对死亡时凛然不惧。他们所展现出来的，正是人性的光辉、正义的力量。

乡愿，德之贼也：无原则的退让是助纣为虐

子曰："乡愿，德之贼也。"

"乡愿"是一个固定的词。"乡"，代表着鄙俗、大众；"愿"，近似于忠厚。两个词组合在一起，是指一类人，"大众好人""老好人"。为什么孔子非常厌恶这种人？因为乡愿往往缺乏原则，模糊标准，混淆是非。他们做事，谁都不得罪，对谁都说好；真遇到问题，能和稀泥就和稀泥，不成则抽身就撤。

有时候他们会助纣为虐。对正义的事情，他们不能态度鲜明地表示支持；对不义之事，他们也不会坚决反对。不能惩恶扬善，实际上就是放任丑恶滋生。

乡愿会做一些道貌岸然的事情，让自己在周围收获一些好名声，实际上并不会真心付出。

总的来说，乡愿是没有道德底线，不能伸张正义，只知道媚俗趋时，与流俗合污的伪善者。

孔子认为乡愿会戕害德行，是"德之贼"。

我们对比分析一下，乡愿和强盗对德行的伤害孰轻孰重。强盗，摆明了是坏人，以丑恶的面目示人，出现就会遭到社会的抵制与打击，更没有人跟他们学。不仅如此，强盗的出现还会促使人们团结起来，与之做斗争。强盗更会成为道德教育的反面教材，危害是短暂而有限的。而乡愿，伪善媚俗，看着像好人。因而大多数人对乡愿都疏于防范，就算有点小问题，也不会过于追究。在长年累月、潜移默化的影响下，社会正义感就会下滑。这种损害，犹如温水煮青蛙，等闲发现不了，一旦出问题，就难以弥补了。

这样对比一看，乡愿比强盗之流对道德的损害更持久、更大，因而孔子特别恨这种人，如同"恶紫之夺朱"。孔子不喜欢紫色，认为紫色接近红色，容易令人混淆。

圣人堂堂正正，值得我们学习。没有问题的时候，乡愿是道貌岸然的老好人，跟圣人有相似之处，令人真假难辨。如同《西游记》中，唐僧师徒在"小雷音寺"的遭遇，黄眉怪假冒的如来佛与如来佛外表一样，让人真假难辨。

孔子分辨乡愿的方法非常简单而实用，即看其处世态度是否恩怨分明。孔子提倡以德报德、以直报怨，而不是和稀泥，劝别人要大度一点。

我们不要轻易给别人贴"乡愿"的标签。在很多电影里，小人物开始隐忍，似乎有点乡愿的感觉，但是在最后关键时刻，他展现出了勇敢、血性的一面。生活中也一样，世间大多数人都是普通人，不是圣人，对一些无关大节的事情忍让，是想更好地生活，毕竟没有人生来就伟岸不凡。

我们分辨一个人是乡愿还是圣人，或者是乡愿还是君子，要透过现象看本质，看这个人是否会拿原则来做交换。不守原则底线退让容忍的人，是典型的乡愿。如果一个人心中有一条底线，且在任何处境下都能坚守，那么这个人便称得上是有容人之量、有操守的君子。

罗曼·波兰斯基执导、获得多项奥斯卡金像奖的电影《钢琴家》讲述了这样一个故事：一个犹太人钢琴师藏在废墟里，饥寒交迫地过了很多年。有一天，他被一个德国军官发现。德国军官问他是干什么的，他回答是一名钢琴师。德国军官说"这里有钢琴，你演奏给我听听"。

这其实是个惊心动魄的场景。当时德国人在杀犹太人，不管犹太人会不会弹钢琴，都有可能被杀戮。

钢琴师坐下来，很镇定地弹了一首钢琴曲。影片到此处，很多观众应该没有看出什么波澜。有一回，我和乌尔善导演聊到这个场景，他的剖析令我大有收获。他说："这是全剧的高潮，如果你能知道他弹的是什么曲子。"

从人的趋利避害的本能来看，钢琴师完全可以弹一首贝多芬的钢琴曲。贝多芬是德国音乐家，这样的示好可能有机会活命。但是钢琴师没有。他弹了肖邦的曲子，名字叫《G小调第一叙事曲》。

这首曲子并不是特别出名，但是懂钢琴曲的人应该知道，这是一首鼓舞波兰人民反抗异族压迫的钢琴曲。电影中，钢琴师在演奏时看起来平静如水，但钢琴曲却表现出了他的从容赴死之心。

钢琴师躲躲藏藏、苟活于世，被发现也没有与德国军官拼命，但他内心的底线没有丧失，敢于在德国人面前演奏这首充满爱国主义情怀的曲子。他显然不是一个乡愿，而可以看作一个君子。

《辛德勒的名单》这部片子，最初想找波兰斯基执导，但是波兰斯基表示自己不能拍这样的片子，他没办法站在一个德国人的角度来重新看待这个故事。

后来影片由史蒂文·斯皮尔伯格执导。斯皮尔伯格与波兰斯基都是犹太人，但他们之间有一定的区别。波兰斯基是从集中营里出来的人，而斯皮尔伯格出生于美国，没有经历奥斯威辛集中营的苦难，所以他能从其他角度来梳理电影所讲述的故事。

在这里，两部电影都推荐大家看一下。

道听途说：学会控制自身的原始陋习

> 子曰："道听而途说，德之弃也。"

这句话经常促使我自我反思。人们喜欢道听途说，我也是到了现在的年纪才慢慢地懂得警惕这个问题。从耳朵到嘴的距离太短，耳朵听了嘴就想说。可能回家路上听到一件事，还没到家就和别人讨论上了。

网上有太多谣言，很多浏览者不知真假、是非，既不去求证，也不考虑谣言会对当事人造成多大伤害，只是一时觉得有意思就分享、转发出去，这种传播就是典型的道听途说。

道听途说难戒，为什么？难戒的事物往往是从原始社会带来的习性。原始人最重要的目标是生存，生存最有效的手段是好人缘。如果一个人跟周围部落里的很多人关系处得不错，就容易被包容，容易活下来。怎么能够处得不错呢？广泛地传递消息。听到一个消息，马上分享给别人，这样被分享的人就觉得你不错，你很重要。在现代社会里，我们也会发现，喜欢道听途说的人人际关系往往不错。

孔子认为，道听而途说这件事，"德之弃也"，是背离道德、抛弃道德的事。

在这里讲一些延伸知识。我们要尽量控制住自己的原始欲望，比如嫉妒、愤怒。一些人开车有"路怒症"，当自己的车被"别"了一下时，就想冲过去跟对方打架，这就是原始社会的生存本能。在原始社会，要想保住自己的命，就必须得让周围的人知道你不好惹。这是原始人的生存方法，只要跟对手打一架，哪怕打输了，头破血流，周围其他的人也会知道这个人不好惹。

在当代社会，跟别人在内环高架桥上打一架，周围谁都不认识你，甚至打架的双方此后都不再相见，这种做法对于在现代社会更好地活下去显然毫无帮助。所以，对于这种从原始社会带来的人类集体无意识传承，我们应该尽量去控制。

孔子讲"克己复礼为仁"，指的就是一个人想要修炼自己，想在社会中活得游刃有余，要能够靠道德文化来解决问题，要将人从原始社会带来的本能和基因里的不良因素控制住。

道听途说跟路怒症、吃醋、嫉妒都是一回事，都是从原始社会传承下来的集体无意识。

当今是信息爆炸的时代，谎言容易制造，也容易传播。道听途说经常会传递错误的消息、虚假的消息、幸灾乐祸的消息、落井下石的消息，甚至有时候会带来恐慌，造成大量社会资源的浪费。

我们需要训练自己，听到一个消息，先在脑海中存几天，让"子弹"先飞一会儿。千万不要为了获得关注，为了让别人认为你是一个消息灵通人士，而着急去分享、发表偏颇的言论。

患得患失：执着得失不如勤奋做事

子曰："鄙夫可与事君也与哉？其未得之也，患不得之。既得之，患失之。苟患失之，无所不至矣。"

成语"患得患失"就出自这里。

人难免有患得患失的时候。大学毕业的时候，纠结考研还是找工作；有两个异性朋友，考虑和谁发展会更好；工作生活，选择在大城市还是回老家……这些都让人左右摇摆，举棋不定。

孔子的修炼之法是从心出发。按照本心来决断事情，会少很多的纠结，该干什么就去干，不太会患得患失。

"鄙夫可与事君也与哉"，有两种理解——

第一种理解是，你能与坏人一起侍奉君主吗？可以跟他做同事吗？

如果我们开始就认定对方是坏人，这就是个循环论证。既然已经认定对方是个坏家伙了，当然不想跟他一起共事。

第二种理解是，孔子也担心与那些出身特别低微的人合作。"鄙夫"就是那种出身特别低微的人。

原因在于，"其未得之也，患不得之。既得之，患失之。苟患失之，无所不至矣"。这样的人往往在没有得到权力的时候，整天担心能不能得到，为此纠结、痛苦。一旦让他拥有了一定的权力，他又会担心别人会不会顶替自己，自己手上的权力会不会失去。当他开始担心别人威胁到他，担心自己要失去一些东西时，就会因为利益铤而走险，无所不用其极。

我们想想看，自己的痛苦是不是多数来自患得患失。人与人之间的矛盾也往往来自其中一方患得患失。

我们应该怎么办呢？可以学一下岳麓书院那副著名对联中的名言警句：是非审之于己，毁誉听之于人，得失安之于数。

"是非审之于己"：关于对错，自己内心要有个判断标准，道德审判是由内而外的，对自己要有道德上的要求。

"毁誉听之于人"：嘴长在别人身上，别人说的话不要过于看重，不要让别人嘴里的话干扰到自己的生活。奉承之言不可尽信，诽谤之语也不必当真。诽谤严重了，可以用法律来解决。

"得失安之于数"：孔子说"不知命，无以为君子"。计较得失的人喜欢搞小动作，喜欢跟别人争来争去，就是因为他觉得没有"命"这回事，要争就什么都能争到。机关算尽太聪明，就是这个道理。做事注重过程，踏实肯干，必然不会一无所获。

生活中有足够多这样的案例，很多人不怎么争，最后获得的东西反而更多，这就叫作"得失安之于数"。这是患得患失和安之于数之间的区别，也是匮乏心态和富足心态之间的区别。

抱持匮乏心态的人，觉得世界上的资源相当有限，别人得了自己就没有了，那就会天天跟人争。公交车来了，车上全是空座，还有人硬要挤到门口往前冲；排队上飞机，买好票了，每个人一个座，有些人也要冲挤，这就是习惯性的匮乏心态。

抱持富足心态的人，觉得这个世界的空间足够大。上不了这趟公交车，那就等下一趟，说不定下一趟更好。在他们看来，人生路长，这次被挤下去了，他们可以再寻找新的机会，可以扩展出很多新的事业版图。

争与不争，是患得患失在本质上的分界线，争则"患"，不争自然就"无患"。

患得患失，对人来说是一种很痛苦的状态，因为他内心永远都不安宁。

民有三疾：做事不要损害他人利益

子曰："古者民有三疾，今也或是之亡也。古之狂也肆，今之狂也荡；古之矜也廉，今之矜也忿戾；古之愚也直，今之愚也诈而已矣。"

很难得听到孔子说古代人的缺点。孔子极少说古代人不好，他总认为古代人比今人好，"古之学者为己，今之学者为人"。

这一次，孔子说古代的老百姓有三种缺点，但是"今也或是之亡也"——今天好像已经没有了。

看开头以为孔子"进步"了，但是往后看，孔子还是回到老路上。今天的人没有了古代的毛病，不是变好了，而是变得更糟了。

孔子说，"古之狂也肆，今之狂也荡"。

古代有狂人，但是他们的狂，表现在轻率、随便上。这类人放得开，无拘无束。如箕子、微子这样的人，身随意动。还有孤竹君的两个孩子伯夷、叔齐，说"不食周粟"，就上山隐居。

今天也有狂人，但是这些人放荡不羁，放荡不羁的表现是无法无天。

这两者的区别是，"狂也肆"是不干扰别人，而"狂也荡"会影响到周围的人，会给别人制造麻烦。比如，不想工作了，有的人在家练瑜伽，安安静静，不影响别人。但有的人在家玩摇滚乐，"叮叮咚咚"震山响，影响邻居。

孔子说，"古之矜也廉，今之矜也忿戾"。

"矜"，矜持，这在孔子看来是一种缺点。"忿戾"是愤怒、暴戾，充满着怨气。

古代矜持的人有自己的棱角，有所不为。拒绝做某些事情的时候，说"我不配合""我不去""我不参与"。但是现在的人是忿戾，看不惯别人，生气、抱怨、骂人，甚至造谣。有的人拿着把小钥匙划车，说"我就看不惯这帮暴发户"。

孔子说，"古之愚也直，今之愚也诈而已矣"。

古代笨的人也有，但是他憨直，像子路这样的。但今天很多人"傻"，是扮猪吃老虎，是骗人、是卖直，都是装作愚直。

有个特别有意思的例子。宋仁宗不欣赏王安石，纵然王安石是青年才俊，名声很大，但宋仁宗就是不重用他。因为有一次，王安石参加宫廷的"垂钓嘉年华"。宫廷给参与者分配有鱼饵，王安石可能在想事情，心不在焉，没有去钓鱼，反而在那儿吃起了鱼饵。宋仁宗开始觉得有意思，但是看到王安石慢慢地把他的鱼饵吃完了，就非常不高兴。宋仁宗认为，一个人看到皇家鱼饵漂亮，或者不识鱼饵，吃一下能理解。但吃一两颗也就差不多了，吃光就不太符合常理，所以他肯定是为了博取关注。这种公关手段心机太重。

总结孔子言论，其依然符合他"古之学者为己"的观点。在孔子看来，古代人内敛，立足己身。今天的人狂而荡、矜而忿戾、愚而诈，是向外的，影响别人。人心不古，人学的东西越多，外在的物质越丰富，计谋研究得越深刻，社会越不好管。

巧言令色，鲜矣仁

子曰："巧言令色，鲜矣仁！"

这句在《樊登讲论语：学而》里讲解过，此处不赘述。

紫之夺朱：不能被事物的外表欺骗

子曰："恶紫之夺朱也，恶郑声之乱雅乐也，恶利口之覆邦家者。"

孔子为什么和"紫色"过不去呢？依照周礼，国君应该穿大红色，红色是正色。紫和朱接近，容易让人误解为红色。就像乡愿和圣人，看起来很像，但本质不同。孔子不喜欢紫色，是因为"恶紫之夺朱也"。但据说齐桓公跟鲁桓公都喜欢穿紫色服饰。

"恶郑声之乱雅乐"：孔子说"放郑声，远佞人"，意思是要少听郑声，要远离那些品德不好的人。

音乐对人的思想有一定的影响。美国曾经有过一个大案子，涉及的是死亡摇滚导致青少年自杀的问题。在死亡摇滚的背景声中，有出现超出人耳听力范畴的声波频率，那种暗示死亡的声音。这种声波藏身于音轨当中，虽然耳朵听不到，但据心理学家分析，能影响人的潜意识，进而可能对人的行为产生影响。

孔子说别听郑乐，"郑声淫"。"淫"应该不是今天的意思，或许是郑声撩拨人心，抑或是郑声不遵行雅乐乐理。我们没听过，当然不知道郑声到底是怎样的。在我的想象中，郑声可能类似于今天那种有冲击力的音乐，"社会摇"的感觉，有别于美声或者民族音乐。"恶郑声之乱雅乐"，孔子认为好好的音乐被郑声给破坏了。

"恶利口之覆邦家者"。"利口"就是特别能说。为什么"远佞人"？"佞人"便是巧言令色之人，强于口舌，疏于务实，轻则蛊惑人心，重可祸国殃民。比如有的书倾向不好，靠内容可以讨好一些读者，虽然暂时繁荣图书行业，但这样的书多了，实际上会毁坏全民阅读的根基。

一些我不看好的书，居然被人奉为名著，我经常当众提出来，为此得罪了很多人。有的时候，我会收到留言，说"樊老师，能不能讲某某书"。我很尴尬，因为那书的内容被很多科学家证明是伪科学。

有人热情地给我留言："樊老师，能不能讲讲《厚黑学》这本书？"《厚黑学》被塑造成经典，有点贻笑大方。

一本书内容平庸，不过度包装，口碑也平庸，读者消遣地看看，并不会造成恶劣的影响。怕的是混淆视听。有的书内容很差，思想低俗，却被包装得高大上。很多人去买、去读，被影响而塑造出错误的价值观。比如有的书宣扬"要成功，先发疯"，这是多么恐怖的观点。

孔子就是感慨教育工作不好做，得跟恶俗不良的教育思想做斗争。

正如前面论述的，可怕的不是恶人，而是乡愿。很多人愿意和真小人交恶，也不愿意与伪君子交好。真小人算计和心思能够看出来，兵来将挡，水来土掩。但像《笑傲江湖》中岳不群这样的伪君子，就是孔子讲的"恶紫之夺朱也，恶郑声之乱雅乐也，恶利口之覆邦家者"，让人防不胜防。

天何言哉：很多至理要靠自己感悟

子曰："予欲无言。"子贡曰："子如不言，则小子何述焉？"子曰："天何言哉？四时行焉，百物生焉，天何言哉？"

孔子在这一天又发出了郁郁不得志的感叹，"我以后都不想讲课了"。

孔子像开了一个师资班，教三千学生，这些学生都有传递思想火种的责任。如果孔子不讲课，问题之大可想而知。

因而子贡说："你如果没有言论，那我们学什么？我们向别人转述什么？我们怎么教别人？"

孔子回应："你听过上天说话吗？但是春夏秋冬，时运有序；万物生长，兴衰有常。这一切并不需要上天命令安排。"

这个感慨有浓厚的哲学意味。老子说"道生一，一生二，二生三，三生万物"，自然运行有序，因为有道、有规律。这个道看不见也摸不着，但确实存在，有规律可循，世界运行循环往复，其间的生物生死交替。

中国古人效法天地，认为天无私覆，地无私载，不会偏心。天宇不会因某个人好给他光明，因某个人坏则给他阴暗；土地不会因某个人好而承载他，因某个人坏而不允许他行走。

天地有大美而不言，无私而成其私。它不用说话，就能够把这些东西全部都推动起来。

孔子虽然没有学过复杂科学，但对复杂科学有深刻感知。如果他读了《大历史》这样的书，或者《起源：万物大历史》这种讲宇宙大爆炸的书，也会感慨"英雄所见略同"。神奇的大自然是靠简单的规律不断地进化，形成"四时行焉，百物生焉"的状态。

孔子很仰慕上天的力量，虽然他不知道天地是如何运转的。孔子发出这样的感慨，有可能是受了挫折，有点像曾经跟子路讲的"乘桴浮于海"——道不行，就到海外去。

在传授知识的实践过程中，老师有时候少说一点也有道理。老师少说一点，学生的主动性就会多一点。学生自己探索、自己实践，比老师灌输效果要好。因而这一段话，也可能是孔子在反思自己的教学方法。他可能觉得自己讲得太多，反而没有把至理传授给学生。

取瑟而歌：待人处事要爱憎分明

> 孺悲欲见孔子，孔子辞以疾。将命者出户，取瑟而歌，使之闻之。

这段故事特别能体现孔子的性格。

孔子是一个爱憎分明的人，他心里有情绪就会表达出来。

孺悲想见孔子，但孔子不想见他，便和传话的人交代："你跟他讲我病了。"传话人刚从孔子的屋里走出来，在孺悲还没走的时候，孔子就取瑟而歌，特意让孺悲听见。孔子这么做的目的就是让孺悲明白，他的身体很好，生病只是个借口。

孺悲是鲁国人，他跟孔子学过礼。从这段话来看，他应该是被孔子开除了。至于他是否做了什么有违道德的事，或者触及孔子底线的事，《论语》和史料都没有记载。

古人特别善于替孔子总结，把孔子各种言行的意义拔高。有些人认为，孔子这么做是一种教育，叫"不屑之教"。不屑之教就是表达出对一个人极度的失望，而希望对方自我反省的教育方法。

我不认同这种说法，我认为孔子就是不高兴、生气，看不惯孺悲。一般我们不想见某个人，为了面子上过得去，会称病推辞。但孔子在称病拒绝见孺悲后，又让孺悲知道他是在称病推辞，就是想让孺悲知道自己不屑见他这个事实。孔子可能对孺悲极度失望，想借此表达自己的不满。

孔子的行为是不是"不屑之教"，能不能"教"到孺悲，我们不知道。就算孔子有"不屑之教"的意思，能否收到成效则要看孺悲的领悟能力。如果孺悲是一个君子，会因为受到这样的刺激而反思奋进，改正错误；如果孺悲是一个小人，不会反思，不仅学不到东西，还可能会仇恨孔子。

这段文字很明确地给我们展现了孔子的性格——不怕得罪人。一个人不敢得罪他人，与所有人都交好，未必是好人。真正的好人一定是好的人说他好，不好的人说他不好，因为他敢于得罪不好的人。

现在性格鲜明的人越来越多，类似于孔子的这种做法可以说是很常见的。比如你对某人不感冒，当他发来冒犯你的信息时，在不予回复的同时，你可能还会发一条朋友圈，让对方看到你的动态。这么做的潜台词就是：我在线，但我就是不想回你的信息，你看着办。孔子的"取瑟而歌"，就是这个意思。

三年之丧：孝顺父母需有所执

宰我问："三年之丧，期已久矣。君子三年不为礼，礼必坏；三年不为乐，乐必崩。旧谷既没，新谷既升，钻燧改火，期可已矣。"

子曰："食夫稻，衣夫锦，于女安乎？"

曰："安。"

"女安，则为之！夫君子之居丧，食旨不甘，闻乐不乐，居处不安，故不为也。今女安，则为之！"

宰我出。子曰："予之不仁也！子生三年，然后免于父母之怀。夫三年之丧，天下之通丧也，予也有三年之爱于其父母乎！"

这一段很有名，给我们解释了古人服丧为什么要三年。

宰我是"孔门十哲"之一，是言语科的典范。他曾经昼寝，孔子骂他"朽木不可雕也，粪土之墙不可杇也"。在孔子看来，宰予的德行有些问题。这段宰予再次出现，也是比较负面的形象。

有一天宰我对孔子说，"三年之丧，期已久矣"。"期"如果读成"jī"，就代表一年。宰我的意思是"三年服丧时间太长，我觉得一年都很长了"。

宰我认为，人们守孝三年，三年不为礼乐，礼乐没人治理，容易崩坏。比如一个村里，能称得上君子的儒生可能就一两个，如果他们三年不维持村里礼乐事宜，那这个村子的教化很容易就此中断，一蹶不振。

接下来宰我又点出了实质，他说"旧谷既没，新谷既升，钻燧改火，期可已矣"。古代是农业社会，农业是一切的根基。秋天的时候，陈粮差不多快吃完了，要打扫粮仓，然后将新收的谷子装进去。新粮入仓要举行一个礼仪，叫作登礼。"钻燧改火"，古人钻木取火用的木头有讲究，叫"春取榆柳，夏取枣杏"。春天的时候，钻木用的是榆树、柳树，夏天的时候用的是枣树、杏树。这是礼节的规定。一年之内，粮食都换了一茬，连钻燧的木头也改了。因此宰我的结论是，服丧一年就足够了。

孔子问他："既然你觉得服丧一年就够了，那你在吃白米饭、穿好衣服时安心不安心？"古人守丧期间有要求，不能穿精美的服饰，要披麻戴孝，穿粗布麻衣；不能吃精细的食物，饮食要粗糙。

宰予直接答孔子"安"。都服丧一年了，还不能吃点好的吗？我觉得宰我挺可爱的，从这个回答来看，他属于"真小人"。

他说完这句话之后，孔子懒得跟他理论，只想让他赶紧出去，便说："你觉得好，就这样做吧。君子在服丧的时候，吃肥美的食物也没有觉得味道好，听到音乐也不会觉得开心，居住在好的房子里也不会踏实。你现在觉得这么做心里安宁，就按照自己的想法行事吧。"

在服丧期，古人常找一个破旧的小屋搬进去住，有的人甚至搭一个茅草棚子住。我们到曲阜看看，一定会被子贡感动。孔子的大墓旁边，有伯鱼墓，有子思墓，这叫"携子抱孙"，一家三代在一起。旁边有个小茅草房，是子贡住的。很多人为孔子守孝守三年，守孝期间在那儿种树，守孝期满挥泪而别，留下一片孔林。子贡说完再见，走到门口，心中大痛，非常难过，觉得"我离不开我的老师"，又回去守了三年。

子贡给孔子共守孝六年。好比一家上市公司董事长，富可敌国的大儒商，放弃了荣华富贵，住在破草房子里为老师守孝，规定三年，他守六年。这就是孔子说的"食旨不甘，闻乐不乐，居处不安"，虽有好吃的、好玩的、好住处，但都无心享受。

宰我出来，得了令，觉得还挺好，服丧一年就够了。

宰我走了之后，孔子说："宰予这家伙，算不上仁啊。"接着解释一番："子生三年，然后免于父母之怀。夫三年之丧，天下之通丧也，予也有三年之爱于其父母乎！"

这段话非常感人。为什么父母走了，要守孝三年？因为孩子从生到养，得要三年左右才能离开父母的怀抱独立行走。所以从古至今三年服丧，天下都是如此。宰我对父母之爱够怀念三年吗？他恐怕做不到。

孔子不想再和宰我辩论，既然他觉得安心，那这个道理就没办法讲了。

父母走了，人在很长时间里都会很悲伤。人的痛苦，往往既来自在场的痛苦，也来自不在场的痛苦。

有时候即便在美好的环境中，人也有可能难过。比如看到晚霞漫天，华美异常，但想到落日带着红霞西沉，又或者想到自己和初恋曾经一起看过晚霞，转瞬之间就会莫名难过。人就是这样，多愁善感。

我们通过学习心理学知识，通过修炼和训练，就能够比较好地控制情绪。但是对于父母之爱，在孔子看来是天性，是我们应该保留的那一部分。

古代能够守孝三年，守孝六年，到宋朝、清朝还有丁忧，官员回家守孝，自然是时代背景和文化背景的原因。而我们现在的情况，是难以与之直接对比的。古代是农业社会，生活节奏慢，几年不工作，社会环境变化不大。但是现代社会变化太快，生活压力大、节奏快，如果人们因为守孝而三年不工作，那很多事情都会变得很复杂。

在我看来，就实际情况而言，现在的人很难为父母守孝三年。但是敬意、怀念是必须有的，难不难过别人看不出来，但是穿着素雅一些，尽量少参与娱乐活动，也是默默缅怀的方式。

饱食终日：学会适当地放空自己

子曰："饱食终日，无所用心，难矣哉！不有博弈者乎？为之，犹贤乎已。"

"为之，犹贤乎已"，这是句很著名的感慨。

我小时候有一次坐着发呆，我爸走过来冲我说"饱食终日，无所用心"。对于一个人吃饱后什么都不做，筲帚倒了都不扶，他看不顺眼。

对于这样的情况，孔子说"难矣哉"。"难矣哉"可以理解为难教、难处理，就是拿这样的人没办法。

孔子曾经说"群居终日，言不及义，好行小慧，难矣哉"。遇到那种无聊度日，不做正事，又喜欢耍点小聪明的人，孔子也拿他们没办法。这两种人其实可以看作一类人，游手好闲的人。

"不有博弈者乎？为之，犹贤乎已。"在孔子看来，即便下棋也比无所事事好。博、弈在古代是两种游戏，博叫六博，弈就是下围棋。六博年代久远，具体玩法已经失传，所以现在我们不知道这是什么游戏。

孔子的意思我们可以理解为，真要闲来无事，可以下围棋、象棋、飞行棋。

这段话应该是孔子看到很多人无所事事而发的感慨。在农业社会，务农的人秋收以后就没什么事情忙了，就是等着过年。有时候觉得农村生活真的挺美好，远离喧嚣和网络，春节也有浓厚的传统年味。

"饱食终日，无所用心"是不是真的就一无是处呢？心理学领域有个很新的研究成果，就是讲放空的好处。当一个人的大脑什么都不想的时候，大脑的压力状况会快速下降，海马体会得到修复，记忆力反倒会提高。

在这个社会上生活，如果能够"饱食终日，无所用心"，那也很不容易。

我们推荐过《自驱型成长》这本书，家长们可以去读一读。书中提到，让孩子变成一个内驱型的人，核心在于不替孩子做大量的决定，不给他太大的压力。

一味地给孩子压力，可能会导致孩子完全放弃对自己头脑的掌控。每天给孩子放空的时间，允许孩子什么都不想，闲坐着，反而是帮助孩子变成内驱型的人的一个有效方法。

我家嘟嘟偶尔一个人坐在沙发上发呆。我有时候问他："嘟嘟，你干吗呢？"他说："发呆。"我说："挺好。"发呆是大脑进行自我修复的过程，能够让大脑变得更灵光，能够整理记忆。

孔子没有研究过大脑的这个作用，所以不知道"无所用心"也有一定的好处。

若是把孔子说的"饱食终日，无所用心，难矣哉"，理解为"饱食终日，无所用心，很难做到"，就跟我说的放空有点类似。想放空，也不是那么容易的事情，毕竟人心杂念太多。

《庄子》里出现的孔子和颜回，经常坐忘。坐忘的时候，形如枯槁，面如死灰，越坐越没有自我。庄子认为这是修炼的一个非常重要的方法，与孔子的想法有些出入。孔子情愿闲的人去老年俱乐部下围棋。

至于是静坐好，还是下棋好，仁者见仁，智者见智。

义以为上：遵循法理为做事准绳

子路曰："君子尚勇乎？"子曰："君子义以为上，君子有勇而无义为乱，小人有勇而无义为盗。"

子路是一个非常勇敢的人，最后杀身成仁，死得也非常英勇。

也许子路觉得，自己身上除了勇敢，找不到其他突出的优点，并以自己的英勇为荣，所以来问孔子，英勇是不是君子的一个特点。

孔子说"君子义以为上"。

我们的国歌《义勇军进行曲》，"义"在"勇"的前边。先要看到义，为义而勇，才是君子所为。

孔子讲"君子义以为上"，就是要先明白，自己是因什么而勇敢。你拼命奋斗的目标究竟是对的还是错的，这才是最重要的。

"君子有勇而无义为乱"，如果一个大人物有勇而无义，就容易作乱。比如阳虎、公山弗扰，就是有勇而无义。他们权力很大，势力很强，但没有正确的价值观，所以后来犯上造反。这里的"君子""小人"是说大人物跟小人物、管理者和被管理者。

"小人有勇而无义为盗"，"小人"指地位低的、被管理的人，这些人有勇而无义就会成为强盗，比如李逵之流，拦路抢劫、杀人越货。

孔子的局限性在于怕乱，乱是孔子最不能接受的事情。虽然孔子武力值不弱，射箭、打仗都很行，但是孔子心地仁慈，怕战乱带来的生灵涂炭。

为什么说孔子怕乱的思想存在局限性？因为历史发展到一定时期，乱是一定会出现的。

秦末的时候社会乱了，所以有陈胜、吴广揭竿而起。如果刘邦和项羽都不起义，接受秦朝的严酷统治，老百姓遭受的苦难将无穷无尽，这种危害会更大。清末如果不乱，长久维系下来，才是对社会的戕害。清末世态乱了，才会有辛亥革命。

大乱大治，不破不立。民不聊生的时候，有人站出来起义，是历史进步的必然趋势。

孔子坚定地认为社会安定胜于一切，也一直在寻找让天下长治久安的方法，但并没有成功。他觉得君子有勇无义和小人有勇无义都是不对的，提醒子路注重德行修养。

在《泰伯》里有一句话，"好勇疾贫，乱也"，与此是同一个道理。像李逵这样的人，勇武过人，又不安贫乐道，就容易引发祸乱。

君子有恶：不以自己的好恶评判他人

子贡曰："君子亦有恶乎？"子曰："有恶：恶称人之恶者，恶居下流而讪上者，恶勇而无礼者，恶果敢而窒者。"

曰："赐也亦有恶乎？""恶徼以为知者，恶不孙以为勇者，恶讦以为直者。"

有一天子贡问孔子："君子有没有特别讨厌的事情？"

很多人认为君子修炼德行，到最后看什么都顺眼。比如孔子，觉得什么东西都挺好。所以子贡也有点好奇，想问问老师有没有看不惯什么的时候。

孔子说，君子也有看不惯的东西。

"恶称人之恶者"：君子厌恶那些整天在背后说人坏话、到处宣扬别人不足的人。没有完美的人，谁都有一些不足之处。有些人以议论别人的缺点、问题为乐，还四处宣扬，极度让人讨厌。尤其是那些落井下石的人，当别人麻烦缠身、失魂落魄的时候，还给予打击、批评来获得优越感。这种人别说君子，圣人都会厌恶他。君子不是不知道别人的恶，而是不会到处去散播别人的恶。

"恶居下流而讪上者"：编造领导莫须有问题的人。"下流"就是指在下位者，"讪"是诽谤、造谣的意思。员工应该维护自己的领导，而不应该诋毁领导。前面讲过，孔子出行的时候，有人问他关于鲁君的坏消息，孔子尽量地为鲁公辩护。即便有的事情存在争议，孔子也不会参与到负面的讨论中去，何况是毁谤领导？

"恶勇而无礼者"：君子讨厌那些看起来很勇猛却莽撞无礼的人。什么叫勇而有礼？举个例子，《三国演义》中张飞见到丞相，从来都是毕恭毕敬的，认真倾听。这就是勇而有礼、粗中有细。又如樊哙，在鸿门宴上对答如流，说的每一句话都在维护刘邦，这也叫作勇而有礼。

勇而无礼的人，比如《水浒传》中的李逵、《三国演义》中的吕布，他们张扬起来，有种不把任何人放在眼中的感觉。

"恶果敢而窒者"："窒"是窒息的意思，形容堵塞、封闭起来的感觉。一个人做事果断是好的，但如果他闭目塞听，就很可怕，容易冲动做坏事。这种人往往目光短浅、刚愎自用，听不进别人的话。典型人物就是王阳明的对头宁王朱宸濠，他果敢但是看不清形势，是一个敢而窒者，所以最后造反。

孔子说完讨厌的四种人，又问子贡："赐也亦有恶乎？"

孔子问子贡问题，子贡觉得很荣幸。在此前的对话中，孔子没有反过来问过子贡问题。

子贡说："恶徼以为知者，恶不孙以为勇者，恶讦以为直者。"

"恶徼以为知者"："徼"就是抄袭，把别人的思想观点拿过来用，当作自己的研究成果。这种人不尊重别人，也不尊重别人的知识产权，抄袭别人的东西还借以卖弄。

"恶不孙以为勇者"：一个人分不清楚不逊与勇敢的区别，桀骜不驯，逞匹夫之勇，还觉得自己是真正的勇敢，很让人厌恶。荆轲刺秦王的助手秦武阳，在集市上就敢杀人，但在刺秦王的时候，还没有走到跟前就两股战战，这就是"不孙以为勇者"。

"恶讦以为直者"："讦"读"jié"，有一个词叫攻讦，就是恶意揭发别人的隐私。这些人往往貌似耿直，但实际上并不是，只是喜欢逞口舌之利。

这是子贡最讨厌的三种人。

我看这段话，像在看师徒两人相互吐槽，彼此说说心中讨厌的人。这样彼此坦露心声是一件很过瘾的事。但是真要拿这样的标准去评判一个人，就会发现绝大多数人都做得不够好。

孔子和子贡的逻辑思辨能力很强，是非曲直也分得很清，我们可以把以上任何一条拿出来，对照和审视自己。现在很多人的思维和语言表达能力就粗糙了很多，吐槽的水平没有那么高，不容易说出令人引以为戒的句子。

对于孔子和子贡所说的好恶标准，我们可以学习使用，进而反思自己的行为。注意，不要用这些标准去攻击别人，严于律己，宽以待人，也是一种美德。

在企业界，我认为最应该小心的是"果敢而窒"。为什么二次创业失败率特别高？因为很多人一次创业运气好，或者赶上了潮流，赚了一笔钱，心态就有些膨胀了，接下来就乱投资，进而很容易失败。

这就叫作"果敢而窒"。投资者既要勇敢，也要勇于不敢，也就是懂得审时度势、知难而退。勇于不敢其实非常难做到，凭一时之气就能做到勇敢，而做到审时度势、知难而退则需要大智慧与大胸怀。

远之则怨：与人相处应掌握分寸

> 子曰："唯女子与小人为难养也，近之则不孙，远之则怨。"

"小人"是指那些地位低下的人，有人解释为奴隶之人。

孔子说女子与小人很难相处。为什么？因为跟他们相处，"近之则不孙，远之则怨"。比如，跟他们关系亲密了，他们与你相处就没有分寸，跟你使脸色、没大没小、推推搡搡、勾肩搭背，或者把你不当回事、开你玩笑、顶撞你，等等。如果疏远他们，他们就怨恨，不高兴。

这句上半部分是感慨，下半部分是讲人与人相处的分寸。我们今天的人一定不会说女人和小人是人群中的特殊群体，但是在孔子的年代，女性很难有接受教育的机会，而没有接受教育的人容易犯没有分寸的错误。

人际交往的分寸感来自哪儿？"晏平仲善与人交，久而敬之"。人与人相处的时间长了，却依然能够保持非常恭敬的态度，这才是有学问的、受过教育的人该有的行为。

分寸感来自独立的人格和思想，"我"的价值并非来自别人的投射。

人为什么会"近之则不孙"？有的人，当别人对他好的时候，他的价值意识就膨胀了，认为自己职位高、能力强，别人有心交好自己，于是就轻视对方。他的价值感来自别人对他的态度。万一别人对他不好，他就觉得自己糟糕，没有价值。这种人没有独立的人格和思想。与这样的人交往，远近都不行，都会令他痛苦和不舒服。

像孔子、晏平仲这样的人，善于与人交往，无论别人是否对他投射光芒，他都秉持君子之交淡如水的心态。小人之交甘若醴，小人之交是甘甜得不得了，如同甜酒，但甜酒放置的时间长了就会坏，只有清水才可以保存得更长久。

君子对自己有着恒定的认识。君子明白，别人说"我很仰慕你"，不代表别人亲近他、抬高了他；别人说"你有缺点"，也不代表别人疏远了他、憎恶他；别人对他冷淡，他也不会觉得委屈，或者觉得自己人格低下。

一个人对内在的自我人格有清楚的认知，自尊水平足够高，有明晰的思想和判断能力，他的价值就不再取决于别人对他的态度。在与人交往时，他始终能保持自己独立的人格，关系近不得意忘形，关系远不记恨哀怨，始终能愉快地与人交流。这样的人，哪怕分别多年，见了面依然是朋友。真正的好朋友就是这样，两个人坐在一起不说话也不会觉得尴尬，不需要营造氛围，不需要一个劲儿地为彼此加油。

因孔子抱怨女子难养，而孔子妻子的史料记载又非常少，所以历史上存在很多关于孔子夫妻关系的争论，多数认为他们夫妻关系不太好。孔子结婚是父母做主，不是青梅竹马自己谈的。不过，这并不能说明什么，古代社会不流行自由恋爱。不能因为孔子一句抱怨女子的话，就断定他们夫妻关系不好。且不说抱怨的这"女子"是不是他的妻子，就算是，夫妻之间有点小矛盾也正常。何况孔子这样的君子，必然不会因为妻子的问题而以偏概全地指责所有女子。

孔子夫妻关系如何，世人不可知，这里也不做判断。不过可以确定的是，孔子对女人存在一点点偏见。在这里，我们要替孔子向女性道歉，他的话打击面太广。当然，我们能够从孔子的话中反思，明悟接受教育很重要。当代社会，女性受教育的程度很高，她们人格独立，人身自由，自尊自信，与古代情形截然不同。

我们还能从孔子的话里，学到任何时候都要先过好自己的生活的道理。在《亲密关系》这本书里，有一句话令人震撼：婚姻是一个人的事。即便在婚姻这样的亲密关系里，每个人依然要明白，过好自己的生活是一切的基础。当你自己的生活过好了，和谁在一起都可以；如果自己和自己都没有相处好，那么和任何人在一起都会失去分寸感。

四十见恶：人生要不断地学习成长

> 子曰："年四十而见恶焉，其终也已。"

这一句与孔子跟原壤讲过的一句话意思很像。

原壤是孔子的发小。有一次，原壤两腿摊开而坐，姿势不雅。孔子拿一根棍子去敲他的小腿，说："幼而不孙弟，长而无述焉，老而不死，是为贼。"

这里孔子说，"年四十而见恶焉，其终也已"。"见恶焉"，并不是说不喜欢，而是被大家厌弃。人到了四十岁，还被众人讨厌，不招周围人待见，那这个人这辈子也就这样了。

古人平均寿命不高，活到四十岁就差不多快到人生的终点了，五十岁算不错的，六十岁能算高寿，七十岁以上很稀少。那时候四十岁，准备准备墓志铭，给自己找块墓地，提前想一想身后事，并不过分。

有一本书叫《百岁人生》，讲的是现在的人寿命变长。假以时日，人们的平均寿命可以达到一百岁。如果以百岁来看，四十岁处于人生什么阶段？人生一半都不到，处于年轻的阶段。现在身边很多三四十岁的人并没有着急结婚生子，我们要尊重每个人个性化的选择。

但如果一个人今年已经八十岁了，还遭到周围人厌弃，那他这辈子真的就这样了。

人到老了，也要不断进步。在孔子看来，如果一个人到了很老的时候还令人厌恶，可能看得出来他这一辈子都没有怎么进步。想想看，一个人如果持续学习，就算进度再慢，到了八十岁起码也是个慈祥的老爷爷。在古代，一个人到了四十岁，起码是个端正的长者。

孔子的这句话，是在批评那些一生没进步的人。一个人但凡有点进步，在四十岁之后都不会令周围的人厌弃。

微子第十八

殷有三仁焉： 商朝的三位仁人

微子去之，箕子为之奴，比干谏而死。孔子曰："殷有三仁焉。"

《论语·微子》讲了一些隐士和佚名的故事。

殷商后期是纣王当政。纣王无道，昏庸残忍。有很多关于他残暴的传说，比如他发明了炮烙之刑，把人绑在烧红的铜柱上烫死，还曾把人的腿打断，看看骨髓到底什么样。

应该如何面对如此凶残的君主呢？

"微子去之"：微子是纣王同父异母的哥哥，"去之"就是离开了，逃到别的国家去了。

"箕子为之奴"：箕子是纣王的叔父，也是大臣。"为之奴"，就是装疯，最后变成奴隶，苟且偷生。

唐伯虎也有装疯的经历。他被请到宁王府做客，不久就看出宁王要造反。造反是必死无疑的，他也知道宁王赢不了，即便赢了，也是乱臣贼子。怎样才能与宁王划清界限呢？唐伯虎就装疯，做了很多出格的事情，衣不蔽体、对人又踢又骂，丑态百出。宁王以为他真的疯了，就把他赶出了宁王府。唐伯虎借着装疯卖傻摆脱了这一劫。

"比干谏而死"：比干在朝堂之上跟纣王直谏，纣王很生气，问他："你说的这些话是从哪儿来的？"

比干回答："我凭着一颗忠义之心。"

纣王说："我听说忠义之心有七孔，是七窍玲珑心，我想看看你的这颗心是否如此。"结果比干遭挖心酷刑而死。

以上三个人都不和纣王合作。所以孔子说，"殷有三仁焉"。

千万不要小看这个评价。孔子的这个评价代表着他认为当君王昏庸无道时，这三个人的方法都是对的：一个人是离开、逃避，是不合作的态度；一个人是装疯卖傻、做奴隶，也是不合作的态度；一个人是强硬地对抗，表现出强烈不合作的态度。总之，不能够助纣为虐，不能同流合污。

这三人的做法，叫"不降其志，不辱其身"，是孔子认为的"仁"。

《微子》用这一节开篇，引出了更多佚名、隐士的故事。

枉道而事人：环境对一个人的影响有多大

柳下惠为士师，三黜。人曰："子未可以去乎？"曰："直道而事人，焉往而不三黜？枉道而事人，何必去父母之邦？"

"士师"就是典狱长，属于司法工作者，负责诉讼、判案子、抓犯人。

柳下惠在做典狱长的时候，三次都被罢免了。这个工作不好干，比如包龙图升堂，经常审到皇亲国戚，经常会得罪人。

柳下惠三次被罢免，有人就问柳下惠："你为什么不走呢？这国家对你不好，不能让你好好地做事，你离开不就行了吗？"

柳下惠答道："直道而事人，焉往而不三黜？枉道而事人，何必去父母之邦？"

大意是，如果我用"直道"、用现在这样的态度秉公执法，不怕得罪人，我去到什么地方不会被人罢黜呢？是鲁国还是齐国，或者是晋国还是宋国？天下乌鸦一般黑，不论在哪里，我都会遇到"三黜"的事情。

"枉道而事人，何必去父母之邦"，就是说，假如我换一种方式处世，变得懂得迂回、斡旋，不再那么直，懂得用圆融的手段，那么我不离开我的老家和祖国，也能顺风顺水。

这话的潜台词是，我要是愿意变得油滑，我早学坏了。世俗的那些东西谁不会呢？问题是我不愿意改，那么我去哪里不都一样吗？

大家初听可能会觉得柳下惠说得还挺有道理的。

实际上，柳下惠的认知是有问题的。孔子的应对方式跟他不一样。孔子敬佩柳下惠，觉得他的品行道德值得赞叹，但是孔子并没有效仿他的做法。孔子四方游历，四处奔走，就是到处在找能够跟自己合作的人，他没有放弃自己的理想。

心理学当中有个规律叫"耦合效应"，强调了一个人的行为和状态离不开环境的影响。一个坏人做坏事通常是与环境分不开的，当他离开这个糟糕的环境以后，可能就不再做这样的坏事。

如果你将一个城市里最脏乱差的、犯罪率最高的地方治理好了，可能有人会认为这些犯罪分子只是去了别的地方。事实并非如此——当糟糕的地方被治理好以后，这里的犯罪分子也许真的会消失。这是因为环境的耦合性被破坏掉了。

人的行为和环境是相互影响的。如果柳下惠能够像孔子一样相信环境的力量，那么他不仅可以继续保持直道，还会努力去寻找能够实现他"直道"的国家。

什么叫好的国家、好的城市、好的公司？就是能够让人安心过日子的地方。在这里，你是一个奉公守法的公民，你的日子就能够过得很好；在这里，有理可说，有道可循，有法可依。

假如在一个环境里，讲理的人处处受气，有势力的人有话语权，那人们的生活就无法安生了。

柳下惠的这句话，虽然看上去逻辑完整，但是是有漏洞的，他没有意识到环境的重要性。他认为一件事情的结果如何，跟自己有关，跟环境无关。他的观点是，天下哪里都一样，这是"固定型心态"。

孔子跟他的不同之处就在于，孔子依然抱有希望，不断地去换不同的环境，尝试寻找能够施行仁道的国家，这显示了孔子是"成长型心态"。

吾老矣，不能用也：孔子再一次怀才不遇

齐景公待孔子曰："若季氏，则吾不能；以季、孟之间待之。"曰："吾老矣，不能用也。"孔子行。

这一段话看似是连起来说的，其实前后两句话并不是在同一时间说的。

"齐景公待孔子"，就是齐景公在讨论关于孔子的待遇。

鲁国的三家贵族中，季氏的待遇最高、掌权最大。齐景公说："如果要求我对待孔子像鲁君对待季氏一样，给他这么大的权力、这么高的地位，我可能做不到。"

孔子毕竟是外来的人。

孟孙氏在三桓里排在末等。齐景公说："我待孔子可以比孟孙氏的地位高，比季孙氏的地位低一点。可能就是叔孙氏的这个地位。"

即便是孟孙氏，也是鲁国当时的三根支柱之一。"季、孟之间待之"这句话相当于齐景公给出的承诺。

我想，孔子在那段时间大概是非常高兴的，觉得自己终于有用武之地了，他的弟子们也应该对未来有所期待。

结果，后面突然就变成"吾老矣，不能用也"。孔子在等待任命，等啊，等啊，过了很长很长时间，等来齐景公派人传话说"对不起，我老了，用不了你了"。

齐景公的托词是，"我年纪大了，不再励精图治了"。

孔子是想改革的。这期间，双方可能有过很多次的交流，齐景公也在反复判断，仁政到底能不能施行，孔子所说的礼乐教化到底能不能够令自己在诸侯中生存下去。最后，齐景公放弃了。

孔子曾经评价齐景公"有马千驷，死之日，民无德而称焉"。齐景公比孔子去世早，盖棺论定时，老百姓没有称赞他的，虽然他有那么强大的军队。

双方对彼此都感到失望。

齐景公以"我老了，不再励精图治"为托词拒绝了孔子，孔子没有赖在那儿不走，也没有退而求其次，谋个低一点的岗位。

孔子转身就走了，去了别的地方。

有人曾经讲，齐景公为什么会突然改变主意？也许是因为晏婴。晏婴跟齐景公讲，不能留孔子，因为孔子曾经策划和参与过"白公之乱"。

但李零教授在书中为晏婴正名。"孔子适齐"是在公元前517年，齐景公卒于公元前490年，晏婴卒于公元前506年前；"孔子适楚"是在公元前489年，在齐景公死了以后。而白公之乱发生在公元前479年，按照生平年表分析，孔子不可能参与白公之乱。

所以，齐景公不用孔子，肯定跟晏婴没关系。

孔子是很欣赏晏婴的。

总之，齐景公没有用孔子有多种可能，可能是有人阻挠，也可能是他自己后悔了，还可能是他真的觉得孔子并不好用。

齐人归女乐：孔子离开鲁国的另一个原因

齐人归女乐，季桓子受之，三日不朝，孔子行。

这一段故事在电影《孔子》当中也提到了。

据说，孔子做了鲁国的大司寇以后，摄行政事，国内路不拾遗、夜不闭户，整个鲁国的治理面貌焕然一新。

这时候，"齐人惧，归女乐以沮之"。鲁国发展壮大了，对齐国是一个威胁，齐国就派人送了很多漂亮的姑娘和技艺高超的乐手过来，赠送给鲁国的大夫们。

"季桓子受之"：季桓子很愉快地接受了。

接下来，孔子每天听见宫里传来歌声、乐声，连着三天宴饮作乐。孔子就失望地走了。这是关于孔子离开鲁国的一个说法。

还有一个说法就是，祭祀之后，鲁君没有将剩下的肉分给孔子，孔子觉得自己已经完全不受待见了，就走了。

总之，孔子从此开始周游列国。

其实，这里反映了孔子的两个困境：内外交困。

外有齐国人捣乱，送一些诱惑人心的东西来干扰；内部则是季桓子借着由头，表达对孔子的不满。因为在三桓看来，孔子做的很多决定是对他们不利的。孔子的目标是让鲁君重新掌权，拥有他作为国君应有的地位，季桓子自然视孔子为眼中钉，导致孔子被排挤，离开了鲁国。

往者不可谏，来者犹可追：出世还是入世，这是一个问题

楚狂接舆歌而过孔子曰："凤兮凤兮！何德之衰？往者不可谏，来者犹可追。已而，已而！今之从政者殆而！"

孔子下，欲与之言。趋而辟之，不得与之言。

"楚狂接舆"是指楚国的狂人接舆，他很有名，在很多古书里都出现过。"狂"是外表看起来疯疯癫癫的样子，可以想象《红楼梦》中癞头和尚和跛足道人的形象。

孔子的车停在那里，接舆唱着歌，从孔子的车旁边走过。他唱的是："凤凰呀，凤凰呀，为什么现在道德竟然衰微到这样的程度，你还要出来。过往已经发生的那些事情，那些让人糟心的政治、战争都已经过去了，你现在去提建议也没有用。你能不能多关注自己的未来？能不能让自己活得更好？算了吧，算了吧，现在这些从政的人，危险了，搞不定了，世道要大乱了！"

为什么提到凤凰？这里有一个前提：过去人们认为"凤鸟待圣君乃见"，如果圣君在位，凤鸟才会出现。

接舆的意思是，孔子是这样的圣鸟，是像凤凰一样的高洁之士。

孔子听到了他唱的这首歌。我想象了一下这个场景：接舆哼唱着走过去，孔子赶紧从车上下来，想拦住接舆聊两句。对方却"趋而辟之"。"趋"就是身子一矮，快速地走过去，离开了。

孔子很遗憾，遇到了这么一个高人，唱着歌来点化他，说"你算了吧，别跟他们混了，这些人你搞不定的"。孔子大为感动，结果竟然没有谈上话。

这段话谈到出世和入世的区别。大家普遍认为孔子是入世，努力地想要在世上做出一番功业，想帮助到更多的人。而老子和庄子接近于出世，老子出关，庄子在漆园做小吏。还有另一种说法，说庄子可能更入世，因为庄子所倡导的跟楚狂接舆很像，即不要跟不好的人混在一起，这说明庄子是具有人文关怀的。

但过于重视人文关怀是很痛苦的，也是很伤神的。庄子看透了这一切以后，开始养生，他认为让自己好好地活下来就已经很好了。

孔子是一个典型的"知其不可而为之"的人。他们选择的方向不一样，其实都是入世的，都是表达着自己对世人的关怀，只是用的方式不同而已。

天下有道，丘不与易也：人生的不同选择

> 长沮、桀溺耦而耕，孔子过之，使子路问津焉。
>
> 长沮曰："夫执舆者为谁？"
>
> 子路曰："为孔丘。"
>
> 曰："是鲁孔丘与？"
>
> 曰："是也。"
>
> 曰："是知津矣。"
>
> 问于桀溺。
>
> 桀溺曰："子为谁？"
>
> 曰："为仲由。"
>
> 曰："是鲁孔丘之徒与？"
>
> 对曰："然。"
>
> 曰："滔滔者天下皆是也，而谁以易之？且而与其从辟人之士也，岂若从辟

世之士哉？"耰而不辍。

子路行以告。

夫子怃然曰："鸟兽不可与同群，吾非斯人之徒与而谁与？天下有道，丘不与易也。"

这是比较难读的一段，但故事很有意思。

"长沮""桀溺"这两位是不知姓名的隐居高人。

"耦而耕"：指两个人并肩耕地，说明这两个人关系是很不错的。"耦"就是并肩。

"孔子过之，使子路问津"，这个典故叫"子路问津"。"津"是渡口。

孔子派子路去问渡口在哪儿。长沮就问驾车的人是谁。

这就是明知故问。他们都是明眼人，一看子路这些人气度不凡，就能猜个八九不离十，但故意发问。

子路说："是孔丘。"

孔子声名在外，但是长沮还是继续明知故问："是鲁国的孔丘吗？"

子路说："是的。"

长沮说："如果是孔丘，那还问什么路，他应该知道渡口在哪儿。"

长沮真是会气人，他的意思是，孔子不是无所不知吗？他怎么会不知道渡口在哪里呢？长沮没有帮子路指路。

问于桀溺。子路还真是好耐性，又转头问另外一个人。

桀溺问："你是谁？"

子路老实回答："我是仲由，是子路。"

桀溺又问："是鲁国孔丘的门徒吗？"

子路回答："是的。"

桀溺说："这个天下，江水已经泛滥了，洪水已经滔天了，全天下都逃不过，而谁能改变这些呢？"

接下来，桀溺又说了一句很重要的话："你跟着辟人的人，不如跟着我们这些辟世的人。"

辟人、辟世、辟色是三种不同的境界。桀溺的意思是，孔子是一个"辟人之士"——孔子觉得鲁国的季氏、鲁公皆不足以成事，他就离开这些人，他希望重新找到可以安身的地方。

"辟世之士"的观点是，整个世道都坏了，鲁国也好，齐国也好，卫国也罢，没多大差别，天下乌鸦一般黑。

桀溺说完，"耰而不辍"。"耰"（yōu），这是一个耕耘的动作，指撒下种子后，用耙子耙土，覆盖种子。这意味着他在跟子路说话的时候，头都不抬，是一边干活一边说："哎呀，世道不行找谁都一样。你跟着孔子还不如跟着我们……"

子路回来，把方才的境遇告诉了孔子。

孔子说："鸟和兽能在一起相处吗？鸟走鸟的道，兽走兽的道，物种不同，不可同群，我自然也无法与飞禽走兽共处。如果我不跟季氏、孟氏、卫灵公、齐景公这些人打交道，那我又要和什么人打交道呢？如果天下太平，政治清明，我自然不会拼命地和他们待在一起，想要进行改革了。"

孔子讲的这段话，是发自内心地讲出了自己的苦衷，也抒发了自己的理想。正是因为天下无道，他才要不断地努力。他要想推行仁政，让天下太平，只能跟从政的人去打交道。如果不跟他们待在一起，怎么改变他们呢？

和辟世者一起种地，能改变天下吗？如果天下真的有道，孔子好好地教书就很满足了，哪用得着这么费劲，颠沛流离，四处奔走呼号？

从中我们看到了不同的人生选择。人可以选择像长沮、桀溺一样"采菊东篱下，悠然见南山"，过着田园生活；也可以选择像孔子这样，知其不可而为之，试图尽自己的努力，为世界做出一点点改变。如果能够给一两个大人物带来影响，说不定真的能把仁政推行起来。

行其义也：如何理解"四体不勤，五谷不分"的孔子

子路从而后，遇丈人，以杖荷蓧。

子路问曰："子见夫子乎？"

丈人曰："四体不勤，五谷不分。孰为夫子？"植其杖而芸。

子路拱而立。

止子路宿，杀鸡为黍而食之，见其二子焉。

明日，子路行以告。

子曰："隐者也。"使子路反见之。至，则行矣。

子路曰："不仕无义。长幼之节，不可废也；君臣之义，如之何其废之？欲洁其身，而乱大伦。君子之仕也，行其义也。道之不行，已知之矣。"

我上中学时，这一段入选了高中课本，叫作《荷蓧丈人》。

"子路从而后"，意思是子路赶路的时候掉队了。掉队之后遇到一位上了年纪的老人家，老人家"以杖荷蓧"。"蓧"，有人念diào，有人念tiáo，还有人念dí，三个发音，对应的是三种不同的东西。

蓧（diào）是一种除草的工具、一种竹器；蓧（tiáo）是一种蔬菜，是一种植物；蓧（dí）是一种其他的农具。

我认为应该是diào，一种竹器。

他拿着一根棍子，把竹器搭在肩膀上。子路问："您见到我的老师了吗？"

接下来，就是名句——丈人说："四体不勤，五谷不分，孰为夫子？"手脚都不劳动，五谷分不清，这种人凭什么做老师？

这个丈人很有可能是"农家派"。春秋时候有一派就叫"农家",认为人必须耕作,其他的事都没有意义。古人干不干农活,一眼就能看出来——手上硬不硬,有没有老茧,皮肤是否粗糙。

丈人骂孔子,然后"植其杖而芸"。

"植其杖而芸"有几种解释:第一种是把"植"理解为"置";"芸",同"耘",耕耘的意思。此句的意思是,他把拐杖插在地上,就去除草。

第二种解释是,丈人把杖放在一边,开始下田工作。

第三种解释是,"植",是倚立的意思。此句应理解为"丈人拄着拐杖去除草"。这是目前普遍认同的理解。

子路被震住了,拱手站在旁边,被人教训得一头冷汗。

老人家一看,子路这个态度还不错,反正子路也找不着老师了,于是决定留子路吃饭,还专门为子路杀了鸡,做了米饭,好好地款待他。

这个画面让我想到杜甫的这句诗——"夜雨剪春韭,新炊间黄粱"。农家收拾、洒扫、做饭,炊烟袅袅。

老人家还把自己的两个儿子叫出来,给他们介绍说,这是大名鼎鼎的子路。

子路第二天出发,找到孔子后,向孔子说了荷蓧丈人的事。

孔子说,这是高人,让子路回去,邀请老人家过来聊一聊。孔子想跟老人家认识一下。

子路赶回去,却没有看到荷蓧丈人。这有点像《西游记》里边的神仙,帮了孙悟空,就不见了。

这时,子路说了一段话,这里有两种解释。

第一种解释是子路回头对孔子发表感慨——

"不仕无义":你有能力,却不肯出来做官,不肯为国为民做事,这就是不义。

"长幼之节，不可废也；君臣之义，如之何其废之"：这样的秩序，是不能够随便偏废的。如果连家里的长幼之节都不能够废掉，那为什么要废掉君臣之义呢？你一个人躲在这里，心中还有国君吗？

"欲洁其身，而乱大伦"：看起来你们是要做好人，洁身自好，但其实乱掉的是君臣大义。

"君子之仕也，行其义也"：君子出来做事，才是实行大义。子路的言外之意是，你认为我的老师"四体不勤，五谷不分"，什么都不会做，但是我告诉你，君子做事是为了行义，是为了做自己该做的事。

"道之不行，已知之矣"：我们很清楚，天下滔滔，道很难行，但我们一定要知其不可而为之。君子就是做自己该做的事，行所当行。

子路的这段话中，"道之不行，已知之矣"说得多有气魄！

儒家特别强调"行所当行"，做自己该做的事。别人说"你做这件事没有用""你做这件事，别人会反对""你做这件事，半途会失败""没人知道你做这样的事"，这都没关系，君子就是要"行其义也"。

子路很有可能是在被"撑"之后，酝酿了一晚上，想要用这些话来为夫子做辩驳，解释夫子的大义。

第二种解释是，荷蓧丈人不想见他，躲起来了，于是子路就和丈人的两个儿子说了这样一番道理。意思是，"你们家老爷子说我老师不行，那我现在告诉他，实际上我老师的境界高着呢。"

无可无不可：什么是"无我"的境界

逸民：伯夷、叔齐、虞仲、夷逸、朱张、柳下惠、少连。

子曰："不降其志，不辱其身，伯夷、叔齐与！"谓："柳下惠、少连，降志辱身矣，言中伦，行中虑，其斯而已矣。"谓："虞仲、夷逸，隐居放言，身中清，废中权。我则异于是，无可无不可。"

"逸民"就是那些隐逸山林的人。孔子在梳理从商到周期间有名的隐士。

伯夷、叔齐是孤竹君的儿子，因周武王伐纣，而不食周粟，最后饿死在首阳山上。

虞仲、夷逸、朱张、柳下惠、少连，他们用各种各样的方法过隐居的生活。

孔子把这些人的行为归了类——

伯夷、叔齐叫"不降其志，不辱其身"——彻底不合作，不说软话，也不配合。孔子说，他们的气节很高。

柳下惠、少连属于"降志辱身"。柳下惠数次做官，数次都被罢免，但还不离开。少连也属于这种情况，愿意合作，也能够坚忍地承受这种屈辱。

"言中伦，行中虑，其斯而已矣"："中"念zhòng，"言中伦"意思是符合伦理纲常，"行中虑"就是做事深谋远虑，"其斯而已矣"是说柳下惠、少连也还是值得认可的。

虞仲、夷逸这两位属于"隐居放言"。"隐居放言"有两种解释，第一种是躲在山里，说什么，别人也听不见，所以什么话都敢讲。

第二种解释认为，"放"有流放的意思，意思是躲到山里去，什么都不说了，不干涉尘世，不发表言论。他们"身中清，废中权"。"身中清"就是立身符合清白的原则；"废中权"是指抛弃这一切，废掉自己在官场上的未来。

在孔子看来，以上三种"逸民"都是可以效仿的。

如果一个人认为朝廷昏乱，政治环境糟糕，就可以采用以上三种方式去表达自己的态度——或者不合作，或者守住自己的清白，或者不要随便说话。

最后，孔子说："我则异于是，无可无不可。"

这逐渐变成了中国人安身立命的非常重要的原则。

我们中国人和其他国家的人相比，总抱持一种中庸的态度。我们如此包容，如此开放，对于各种文化、各类流行时尚都能接受，不排斥，不反对。这是一种通达的、平和的、大气的态度。

"无可无不可"是一种柔软的生活态度，是孔子的处世原则之一。这种态度的核心就是中庸之道，就是通权达变，进退出处皆可。

孔子已经掌握了通权达变的原则：义之与比。只要合乎义，怎么做事都行。躲在山里可以合乎义，出来做官也可以合乎义，或者教书、编书，只要合乎义，都是有意义的。

孔子与隐士们不同的地方在于，隐士们无论是"降志辱身"，还是"言中伦，行中虑"，抑或是"身中清，废中权"，都是基于对自我的考量，是认为自己和别人不一样，要保持自己的名声。

而孔子活到了"无我"的境界，不管他选择去哪里、怎样做事，都不是为了自我，不是为了名声。我们想想看，孔子如果出去当官，对他的名声来说其实是有风险的，但是他就是要挽救这个天下滔滔的大势，就是要让黎民苍生过上更好的日子，就是要让道义可以行。至于自己，别人怎样评价不重要。

当一个人以大义为导向，认为自己的名声、地位等都不重要时，他的状态就是"我则异于是，无可无不可"。

当一个人降低自我的诉求时，生活的选择空间就大了很多。不需要非要隐逸山林、明哲保身，也不需要非得入世、出人头地。

大师挚适齐：礼崩乐坏后，文艺工作者四散流离

大师挚适齐，亚饭干适楚，三饭缭适蔡，四饭缺适秦，鼓方叔入于河，播鼗武入于汉，少师阳、击磬襄入于海。

这段话讲的是乐师们的归宿。

鲁国发生叛乱，产生了刀兵之灾。一旦打起仗来，国家混乱，受伤最重的可能就是这些手无缚鸡之力的文艺工作者，比如音乐家、儒生，他们必然会四散奔逃。

孔子曾师从郯子、师襄，精通音律，他跟此节提到的这些乐师也很熟。这里提到的这些乐师，相当于一个乐队里的成员。其中，大师挚就是《泰伯》里提到的师挚，他相当于乐队指挥，是一个大音乐家，他去了齐国。

"亚饭干""三饭缭""四饭缺"，在乐队里担任不同职务的乐师。有一种说法是，鲁公吃每顿饭都要奏音乐，他一天吃四顿饭，四个乐师分别是四顿饭的音乐负责人，所以称亚饭、三饭、四饭。很有可能太师挚就是在第一顿饭时演奏。

还有一种说法是，这个称呼代表着乐队里不同的岗位。

亚饭乐师干去了楚国，负责三饭的音乐家缭去了蔡国，负责四饭的乐师缺到了秦国，敲鼓的方叔到黄河流域去了。

"播鼗武入于汉"：负责摇小鼓的乐师武到了汉水一带。"鼗"（táo）是一种类似于拨浪鼓的乐器，两面击打。

击磬襄是孔子的老师，孔子曾经跟他学过击磬。少师阳、击磬襄入居海边了。

这段话交代了礼崩乐坏以后，乐师们四散奔逃的样子。

这段话不一定是孔子说的，我们能够看到孔子的老朋友们都流散在天下各处了，想要再组织一支这样的乐队已经很困难了。

这段话描绘了国家混乱、文艺工作者四处离散的无奈之状。

无求备于一人：领导者的用人之道

周公谓鲁公曰："君子不施其亲，不使大臣怨乎不以。故旧无大故，则不弃也。无求备于一人！"

周公跟鲁公是父子。周公分封鲁公的时候，对鲁公讲了一段话。

"君子不施其亲"：君子不要疏远自己的亲族。"施"是通假字，通"弛"。

"不使大臣怨乎不以"：君子不要让自己的大臣因不被重用而抱怨。"以"是任用的意思。

"故旧无大故，则不弃也"：如果前朝官员没有做大逆不道的事，就不要放弃他们。"故旧"指前朝的官员。当时，商朝的统治被推翻以后，殷朝的六个贵族被归于鲁国，称作故旧。"大故"就是特别大逆不道的事，比如殴打、谋杀亲人等。

"无求备于一人"：不要求全责备，不要要求每一个人都是完美的，用人用其长。这样，你身边的人才会越来越多。

这段话的背景可能是鲁公被分封到了鲁地，临行之前，周公对他交代政治的核心要素，告诉他如何用人。

这段话所论述的次第，是从自己的亲人、亲族开始，到大臣，再到故旧，一层一层地往外推。每一层都有值得任用的理由。最重要的是，不要求全责备于一人，这样才能够团结更多的人。

周有八士：周朝的著名人物

周有八士：伯达、伯适、仲突、仲忽、叔夜、叔夏、季随、季骒。

这一段讲了周朝的八个著名士人。这八个人现在很难考证，这里唯一能提及的是南宫适，伯适指的就是南宫适。

有人的解释牵强附会，说文王有八卦，所以在这儿说周有八士。

其实，这句话也不一定是孔子讲的。《论语》是后来由孔子的学生、孔子学生的学生联合编的，所以文本中存在着大量跟孔子无关的话，甚至有的不是孔子说的也写"子曰"，这可能是回忆出现了偏差。

所以，这里列出的周朝八个著名人物，我们不去一一讲解，因为大部分根本无从考证。

子张第十九

见得思义：子张对士的定义

子张曰："士见危致命，见得思义，祭思敬，丧思哀，其可已矣。"

《论语》是由孔子弟子及其再传弟子所编的。所以，子张说的话也会被他的弟子恭敬地记录下来。但子张说的话其实并没有太多创新之处，孔子曾讲的"君子九思"基本涵盖了子张在这里所表达的内容。

"见危致命"：遇到了危难的情况能够勇往直前，敢于奉献生命。这是士的非常重要的特点。子路就是典型的"见危致命"。

"见得思义"：见到了既得利益，要先分析自己该不该得。这是孔子讲的"君子九思"之一。

"祭思敬"：与"祭神如神在"同义，意思是祭祀的时候应该满怀敬意。

"丧思哀"：参加葬礼的时候，发自内心地表示哀悼。

"其可已矣"：如果做到以上四条，就可以称得上是士了。

这是子张对士的定义。

执德不弘，信道不笃，焉能为有：好的品质要彰显出来才有意义

子张曰："执德不弘，信道不笃，焉能为有？焉能为亡？"

"执德不弘"：有德行，内在的修养也足够，却不能把它发扬光大。

"信道不笃"：信奉道，却不笃定，不忠诚于道。

"焉能为有？焉能为亡"：这样的人是真的拥有德吗？是真的信道吗？是值得的，还是不值得的？

子张认为，一个人不能够只顾自己。子张的逻辑是，如果什么都不说，有好的修养而不去发扬，称不上真的有德。如果不去弘德，不让道德彰显，不去影响别人，什么都不说，别人怎么能知道你到底是有德还是无德呢？

你说你信道，但是你并不笃定，也不坚守，那么你是真的信道吗？

子张认为，任何自我标榜都不足以证明一个人有德行，或者坚守道。

可者与之：按照个性结交益友

子夏之门人问交于子张。子张曰："子夏云何？"

对曰："子夏曰：'可者与之，其不可者拒之。'"

子张曰："异乎吾所闻：君子尊贤而容众，嘉善而矜不能。我之大贤与，于人何所不容？我之不贤与，人将拒我，如之何其拒人也？"

《论语》有着草蛇灰线的手法，内容中埋着伏笔。

曾经有人问孔子，"师与商也孰贤"。"师"就是颛孙师，即子张；"商"指的是卜商，即子夏。

孔子说"师也过，商也不及"。如果一个人像子张，特别急躁、冒进，就叫"过"；子夏的特点则是有点畏缩、懒散。

孔子认为，过和不及，两种状态都不好。

后来，两人在孔子离世后，果然发生了矛盾。

子夏的门人跑来问师叔子张怎么交朋友。

子张并没有直说自己的答案。他问前来提问的人："你的老师是怎么说的？"

学生回答："我的老师子夏说：'可者与之，其不可者拒之。'"

孔子曾说"无友不如己者"，子夏所理解的意思是：可以的，你就跟他交朋友；不可以的，就拒绝掉。

子张听了说："我从夫子那儿听来的可不一样。"子张接下来说了如下一段话——

"君子尊贤而容众"：君子是喜欢厉害的人，但君子不能够只跟比自己厉害的人交朋友，君子还要能够容众。对于大部分资质平平的人，也依然要能够去交往，去维系良好的关系。

"嘉善而矜不能"：见到德行很高的人，要称赞他，与其结交，但是对于那些有欠缺的人，也要怜悯他们。

"我之大贤与，于人何所不容"：如果我是一个特别厉害的人，我的德行很高，那什么样的人容不下呢？就像苏东坡讲的"吾上可陪玉皇大帝，下可陪卑田院乞儿"，和谁都能交朋友。

"我之不贤与，人将拒我，如之何其拒人也"：假如我本身就不是贤能的人，那别人必然就不会跟我交往，我哪还有资格去拒绝别人呢？

子张认为子夏的观点不对，从子张的这段论证来讲，"可者与之"与"其不可者拒之"，在逻辑上讲不通。如果能力强，就不应该拒别人；如果能力弱，则没资格拒别人。

但实际上，这是孔子曾埋下的伏笔，因为子张和子夏二人的性格，一个"过"，一个"不及"。

子张常常问孔子一些如何从政、如何做好管理的问题，他的进取心极强，所以孔子对他的教诲是："你不能因为过于积极进取，而只跟厉害的人交朋友，这样会得罪太多人。"

而子夏的特点是懒散，可能跟谁都能聊几句，孔子教育他：交朋友要有选择，不能够没原则。

针对两个人不同的个性，孔子给他们开的药方完全不一样。但问题是，这两位把孔子的教诲当成了僵化的、刻板的知识，以为谁都可以套用。

这就糟糕了，因为人跟人不一样。

所以，只有理解孔夫子所一以贯之的"一"是什么，才能够做到因人而异，针对不同的人，根据不同的情况，给出不同的建议。

虽小道，必有可观者焉：什么是真正的"匠心精神"

子夏曰："虽小道，必有可观者焉；致远恐泥，是以君子不为也。"

轮到子夏的学生来记录子夏的话了。

什么叫"小道"？一般来讲，古人把农、圃、医、卜这类职业称作小道。

孔子说，"女为君子儒！无为小人儒"。从事小人儒，就是学一些养家糊口的手艺，这就叫小道。

子夏说，种地、种菜、看病、算命这样的小道，其实也有一定的可取之处，也一定有它的门道，也有研究的必要。但是"致远恐泥"，怕的是一个人钻进去出不来，拘泥于此。所以，君子不要去追求小道。

有人以某个手艺为生，一辈子沉迷在手艺里，不断地钻。我们看日本的纪录片《寿司之神》，有的日本人一辈子只研究怎么做寿司。日本人特别擅长把一件事情做到极致，其中肯定有他的道。如同庄子讲的道"在瓦甓"，道"在屎溺"，道无处不在。

各种行业，只要你深入地钻研，都能够摸索出自然之道。但如果你完全沉迷在其中出不来，那就不是君子该有的状态了。

一个人做厨师也好，做木匠也罢，可以带着匠心研究到极致，但还是应该经常思考关于社会的问题，要从手艺中跳出来，不要痴迷，不要一天到晚只想着这么一点小事。

无论从事什么职业，都不要忘了一个君子所要担负的责任，不要忘记弘扬仁义、弘扬礼乐。

日知其所亡，月无忘其所能：学习新知识，巩固旧知识

子夏曰："日知其所亡，月无忘其所能，可谓好学也已矣。"

子夏对学生的要求是，每天都能有所进步，能够知道自己以前所不知道的事情。

从前不知道的事，今天知道了，叫作"日知其所亡"。

"月无忘其所能"，就是每个月盘点一下，能够记起自己当月所学会的东西，千万别学了之后又忘了。

做到以上两点，就应该算作是好学了。

《认知天性》这本书中讲到，学习一个新的知识，最重要的是给大脑造成摩擦。什么叫"造成摩擦"？比如，大家看《樊登讲论语》这本书，如果每次看完，都觉得只是在看故事，第二天就忘了，那么说明大脑里没有产生过摩擦，所以记不住。

但是，假如你看完了之后，把看到的内容"放"在一边，回忆一下，看自己今天学了《论语》中的哪几句话，这些话能不能在生活中用起来。这样的回忆能够让你的大脑产生摩擦，这就是学习的过程。

子夏还提到了"遗忘周期"的概念。为什么要"月无忘其所能"？因为过了一个月，就是过了一个遗忘周期，如果不盘点，不对记忆进行整理，可能有些东西就真的忘了。所以，我们要让自己的大脑经历一个大的摩擦，每个月都要进行复盘，进行自我整理，这就是《认知天性》里所提到的学习方法。

明末清初的大学者顾炎武写过一部著作，叫《日知录》，这本书是一部经年

累月、积金琢玉撰成的学术札记。我觉得这个书名太好了，它非常直观地传达出了顾炎武撰书时锱铢积累的过程。

每天写笔记，记录自己学到的东西，也是一种特别好的学习方法。现在大部分人都用朋友圈记录生活中的点点滴滴，我们甚至可以用视频记录自己每天学到的新知，分享到各个平台上。日积月累，自然就会变得博闻强识。

不只要每天记录，还要打破遗忘周期，可以每个星期、每个月、每个季度、每半年复盘一下，看看有什么收获。

这才叫作好学。好学不仅要有态度，还要有方法。

博学而笃志：做一个"T型人才"

> 子夏曰："博学而笃志，切问而近思，仁在其中矣。"

"博学而笃志，切问而近思"，这是子夏的名言，也是复旦大学的校训。

"博学而笃志"，可以对应我们当代社会所讲的"T型人才"。T型人才的特征是一专多能，涉猎多门学科，通晓多个领域的知识，具有足够宽的视野。这样的人一般同时也具有创新精神，因为创新大都是发生在两个不同学科交叉的边缘地带。

如果一个人只学法律、只学历史、只学数学，都很难有大的创新和突破。

只有博学还不够，还要笃志。笃志就是专业方向要明确，要有远大的志向，对自己的未来有清晰的规划。

"切问而近思"："切"是恳切，"切问"就是发自内心地提出疑问，充满着好奇心。当别人给你答案之后，你不能只接受答案就够了。你要对这个答案进行思考，结合自身的体会和经验进行反思，并且在身边找到合适案例加以验证，这就叫把理论与实践相结合。

"仁在其中矣"意味着子夏并不是说这样做就叫作仁。"博学而笃志，切问而近思"其实是治学的态度。"仁在其中矣"，意思是当你用这样的方法去学习，就能离仁越来越近。

大家如果喜欢这句话，可以把它当成你的座右铭，抄写下来放在书桌旁边。

君子学以致其道：做学问不能凭空想象

子夏曰："百工居肆以成其事，君子学以致其道。"

"肆"就是工作室，"百工居肆"指各行各业的工匠，比如木匠、铁匠、金匠，手艺人的作坊。任何职业，在做事时，不能只靠自己在家里想一想就行了。所以子夏说，"百工居肆以成其事"，百工要想完成工作，必须在工作室中实实在在地操作，把产品完成好。

可以与之类比的是"君子学以致其道"。

君子如果想要去追求道，不能只凭空想，一定要不断地学习，不断地实践，要下苦功夫去钻研，如同百工在他们的作坊里不断地切磋、琢磨。

切磋、琢磨本身是玉匠最擅长的事情，所以，子夏也好，孔子也好，都喜欢用工匠来比喻求道的学者。

学者求道，不能只是坐在书房里凭空想象。

我小时候，如果有同学上课忘了带笔，老师会这样批评："解放军的武器是枪，上战场要带枪；工人叔叔去厂房，要带工具；你作为一个学生，你的武器就是笔，你竟然没有带笔！"

子夏强调，"百工居肆以成其事，君子学以致其道"。子夏的求学路径，是"时时勤拂拭，勿使惹尘埃"。任何真理，都是通过不断学习而来的，不可能一下子就突然想明白。

小人之过也必文：敢认错，才是真正的勇气

子夏曰："小人之过也必文。"

有个成语叫文过饰非，与此节同理。

子夏说，小人如果犯了错误，一定会加以掩饰。比如，说错了话，一定不肯承认，而是给自己找理由。

为什么"小人之过也必文"？朱熹给出的解释是，"小人惮于改过，而不惮于自欺"。

小人很大胆，既不害怕自欺，也敢于虚张声势，把事情糊弄过去。但是他没想过，长期地欺骗自己，其实会反噬自己的内心，真正地伤害自己。

君子的做法是，做错了事就去承认，想办法改过。君子认为，他如果掩饰错误，不改，不敢面对，从长远来看会有更大的风险。

在很多组织里，面对失败，大家常常会以睁一只眼闭一只眼的态度糊弄过去，干脆"翻篇儿"，所有人都把注意力转移到下一件事情上。但是这样一来，

同样的失败就会再次发生。

解决这个问题，有个方法可以采用，就是在组织里搞一个"失败守夜"的活动。比如，某次项目出现了大的失败，怎么办？可以尝试为这个失败开一个派对，每个人穿的衣服都要是跟这次失败有关的，大家喝着啤酒，吃着东西，一起为这个失败守夜，一起讨论这次失败的原因，以及之后如何避免类似的情况。

这是一个非常有趣，也有效果的方法。

总之，我们要勇于改过，而不要靠自欺的方式躲在舒适圈里，一路蒙混过关。

君子有三变：子夏回忆孔子

子夏曰："君子有三变：望之俨然，即之也温，听其言也厉。"

子夏可能是在跟他的学生们回忆孔子。

阅读《论语·乡党》，我们会发现孔子是一个"望之俨然，即之也温"的人。

子夏说"君子有三变"，描述的就是孔子三种不同的状态。

"望之俨然"："俨然"是庄严而有距离感的样子，别人不敢随便过去跟他勾肩搭背，不敢随便摸他的头，不能冒犯他。

"即之也温"：真的与他在一起聊天，会发现他是一个随和、亲切的人。

"听其言也厉"：他说话精准而有说服力。古人讲的"词之阙"就是"言也厉"的意思，指一个人说话准确、简练、不绕弯子。他虽然话不多，但是每一句话都能切中要害。

信而后谏： 信任是人际关系的前提

子夏曰："君子信而后劳其民；未信，则以为厉己也。信而后谏；未信，则以为谤己也。"

这里，子夏的说话对象可能是一个中产阶级，或者说是一个中层官吏、知识分子。他们对上要侍奉君主，对下要管理臣民。

"君子信而后劳其民"：要先取得百姓的信任，才能够让百姓去干活。

"未信，则以为厉己也"：如果没有取得老百姓的信任，老百姓就会认为自己是被强迫、被无故驱使的。

在日常管理当中经常会发生这样的状况。一个小组换了领导，如果新领导所做出的举措过于急躁，在双方还没有建立足够的了解和信任、在价值观层面没有达到彼此认同的时候，新领导突然提出了很多严厉的要求，员工肯定不会服气。很快就会出现各种议论：这新领导真折腾人，新领导就是来添乱的，新领导就想让老员工干不下去好换他自己的人……很多猜测就产生了。其原因就是——未信。

"信而后谏"：这句话是对上说的。跟领导沟通也需要信任，只有取得信任，才能够跟他提意见，才敢于跟他讲出不同的观点，这才叫谏。

"未信，则以为谤己也"：如果没有取得领导信任就给领导提意见，领导就会认为你在诽谤他、质疑他，在说他的坏话。

就像我曾经提到的商鞅变法的例子。商鞅先在城门立一根柱子，对大家说，谁把柱子扛到固定位置，就给一锭金子。大家当然不会相信，哪有这样的好事？

但是有人真的去尝试了，把柱子搬到了指定位置，结果真的得到了金子。商鞅为什么要用这么夸张的办法？因为他要和老百姓建立信任，让老百姓知道国家说话算数。而信任，是他推行变法的前提。

当然，必须提醒的是，当一个人取得了别人的信任时——无论是对下还是对上，都不要滥用信任，不要以为老百姓或者领导是傻子。如果你滥用信任，去做一些不符合规矩的事，也会失去最初的信任。

相应地，每一个人都可以选择信任领导，或者信任下级，但是也要具备批判性思维和独立思考的能力，不能因为一个人曾经令你信任就纵容他，认为他做什么都是对的。

批判性思维和独立思考的能力，是一个人在社会交往中需要具备的非常重要的能力。

大德不逾闲，小德出入可：分清主次，要有大局观

子夏曰："大德不逾闲，小德出入可也。"

这句话有很多争议。

子夏有一天跟学生讲"大德不逾闲"。"闲"就是栅栏，这句话的意思是，大的德行、节操一定要不逾越界限，要守住自己的底线，别成为一个残暴、邪恶的人。

"小德出入可也"：在小问题上稍微有点出入是可以接受的，谁还能不犯错呢？

从这句话中我们可以看出孔子对子夏的担心在哪里。过犹不及是子夏的特点，子夏认为，小问题上出错是可以接受的。

为什么这句话有争议？有人觉得子夏这句话说得特别妙，认为子夏得到了孔子的真传，达到了"无可无不可"的境界。

但是这句话也埋下了很多的隐患，比如有人在做坏事时会引用这句话进行自我辩解，觉得自己是"小德出入可也"。

这句话也很容易引发歧义，作为一个普通人，我们自己的修为应该是"勿以善小而不为，勿以恶小而为之"。

如果一个人对自己的要求不够严，很有可能小错误越积越多，最后酿成不可挽回的大错误。

君子之道，焉可诬也：子游和子夏的精彩辩论

子游曰："子夏之门人小子，当洒扫应对进退，则可矣，抑末也。本之则无，如之何？"

子夏闻之，曰："噫！言游过矣！君子之道，孰先传焉？孰后倦焉？譬诸草木，区以别矣。君子之道，焉可诬也？有始有卒者，其惟圣人乎！"

子游姓言，所以也被叫作言游。

有一天，子游讲子夏的"坏话"。他说，子夏教出来的学生，洒扫应对进退都没问题，能做日常的接待，也能把屋子收拾得整整齐齐。

古人在教育孩子的过程中，孩子从小到大非常重要的一门功课就叫洒扫应

对：清晨即起，把家里收拾干净；家里来了客人，要知道礼貌地接待，给客人倒茶，立刻去转告家里的大人。

子游认为，子夏的门人小子，能做到这些小事。

"抑末也"：但也就是这样一些小事而已。

"本之则无，如之何"：一个人没有学到根本，那么，拿这些人怎么办呢？

子游认为，洒扫应对进退是"末"，如同一棵树的树枝、树杈；而仁义则是树的根。没有学到根，学那些细枝末节的东西没什么用。

子夏听到这句话，反应很大。

子夏首先说"噫"。"噫"是感叹词，表达的语气是，他怎么能这样说呢？！

子夏说"言游过矣"，此处的"过"有两种理解，一种理解是错误，一种理解是过分。我个人觉得是"过分"的意思。子夏说，子游说得过分了。

"君子之道，孰先传焉？孰后倦焉"：君子的学问是谁先学的？谁先放弃的？

"譬诸草木，区以别矣"：假如我们拿草木来比喻的话，草木的根是什么？本又是什么？这是说不清楚的。

"君子之道，焉可诬也"：君子之道怎么可以随意地被歪曲，用来欺骗学生呢？

"有始有卒者，其惟圣人乎"：一个人真的能够像子游说的那样，有始有终，既懂得仁义，又能够懂得洒扫应对吗？这是一个高级的状态，能够达到这种境界的，只有圣人自己了。

我觉得子夏说的这几句话，本意可能是想说，到底哪个是根本，哪个是细枝末节，什么是君子之道，子游没有资格随意地下定义。子夏认为自己继承的是孔子的教育方法。

子夏认为，子游对子夏的门人所提的这些要求太过分了：你不能够这样轻易地评判我的学生，况且，哪个是根，哪个是本，谁都无法确定。假如你设想仁义是根本，洒扫应对是枝节，那有没有可能，一棵树生长的最后目的就是抽出枝丫、开花结果呢？从这个角度来说，你所谓的根本，反而不是最重要的了。

子夏的观点如同我们常说的，一屋不扫，何以扫天下。

也许子游和子夏都只是从孔子身上学到了片面的知识，所以产生了这样的争执。

学而优则仕：古人的上升通道

子夏曰："仕而优则学，学而优则仕。"

"学而优则仕"这句话我们都很熟悉，其实前面还有一句，"仕而优则学"。

子夏说，一个人做官做得不错，有了余力就应该去学习。

"学而优则仕"，当一个人学习很出色，出类拔萃时，就可以去考公务员，或者去做官。

这句话对于整个中国的历史有很大的影响。很多家长为孩子设定的人生道路就是"学而优则仕"。

而在我们现代社会，这句话其实已经不适用了，有太多太多的职业可以让我们为社会做出贡献。

丧致乎哀而止：任何情绪表达，都需要适度

子游曰："丧致乎哀而止。"

这段话承接了宰予和孔子的一段争论。

宰予认为，为父母守孝，一年就够了。孔子却认为，一年不够，至少要三年。

子游说这句话，与宰予和孔子的讨论未必发生在同一时期，但是我们能够明白，守孝在当时是非常重要的话题，因为每家每户总有一天要面临如何守丧的问题，这对古时候的年轻人来讲，是一个很沉重的负担。

子游讲了他的观点："丧致乎哀而止"。"居丧"的时候，只要能够充分地把自己的哀思表达出来就可以了。

实际上，这对三年之丧产生了挑战。三年确实是时间太长了，大家受不了。

"哀"和"恸"这两个词是不一样的。"哀"是忧伤的感觉，"恸"是大哭的状态。

子游认为，人能够把自己的哀伤适度地表达出来就够了，儒家并不倡导过分地悲恸。

孔子在颜回去世了以后，哭得很难过。旁边有人劝："夫子何故恸成这样？"孔子说："我不为这样的人哭，为谁哭呢？"孔子是一个至情至性的人，面对颜回的去世，他不再像以前一样控制情绪了。

其实，儒家很讲究情绪控制，提倡内敛的表达。

很多人遇到变故之后，特别伤心，这当然是很正常的。但是，如果难过得

太过分，让情绪泛滥，到了恸哭的程度，那就说明你在乎的并不是事情本身，而是对自己的同情。只有当你情绪的触发点是对自己的同情，你才会难过到极致。

吾友张也为难能也：子游评价子张

子游曰："吾友张也为难能也，然而未仁。"

子游也评论了子张。

看来子张是当时学生中的焦点人物。这也很容易理解，子张性子比较急，爱出风头，容易引发大家的讨论。

子游说："我的朋友子张，确实算是难能可贵的，他这种人已经相当难得了。但是，子张还没有达到仁的境界。"

子游为什么认为子张没有达到仁的境界，此处并没有交代。我们联系前文对子张的了解，猜测他急躁、冒进、容易得罪人，也许修养还不够，所以子游认为他"然而未仁"。

这其实不算贬低子张，因为孔子就从来没有说过谁真正达到了仁的境界，他甚至都不认为自己达到了仁。要达到仁的境界的确是很难的，所以子游的话不能算是对子张的批评和否定。

堂堂乎张也：曾子评价子张

曾子曰："堂堂乎张也，难与并为仁矣。"

曾子说，子张仪表堂堂，很有气质。

接下来还有一句评价："难与并为仁矣"。

这里存在两种解释。第一种解释是"我不可望其项背"，说"子张这个人，相貌堂堂、光明磊落、气度非凡，我根本比不上，我无法成为像他那样的一个仁者"。

这代表着曾子对子张的肯定。

第二种解释，"为仁"是动词，意思是努力学习仁，努力地学习如何成为一个仁人。"难与并为仁"是指没法跟他一块儿学习仁德，因为他把别人比下去了，跟他当同学压力很大。

在《论语》中，曾子给人的印象是特别内敛的，他很少评论别人。所以曾子能够这么直接地评论子张，说明当时大家对子张的争议已经很激烈了。

这句话的理解可褒可贬，要么是说子张很难相处，要么是夸他太厉害了，别人根本追不上。这都有可能。

人们对他人的评价，本身就是很复杂的一件事。所谓"仁者见仁，智者见智"，很多评论都是片面的，我们不用太过在意。

人未有自致者也：别过分压抑自己的情绪

曾子曰："吾闻诸夫子：人未有自致者也，必也亲丧乎！"

曾子说："我从夫子那里听到一个说法：'人未有自致者也，必也亲丧乎！'"

"自致者"指的是情绪崩溃，充分地表露自己的感情，哭得一塌糊涂。

孔子这句话的意思是，人很少会放声大哭，如果有的话，那么一定是在亲人去世的时候。儒家讲究中庸之道，讲究行为的尺度，讲究对情绪的控制，但这会给很多人带来压力。

我们每个人都在努力地控制自己的情绪，之所以这样，有三个重要的原因：

第一，我们从小被人这样要求。比如"男儿有泪不轻弹"，比如女孩子不要放声大哭，影响形象。

第二，孩子们看到周围的大人们都在控制情绪，也受到了影响。

第三，我们在影视剧、文学作品里看到的那些成功的角色，都是懂得隐忍、城府很深的人。

长期压抑自己的情绪，会给人的大脑带来极大的负担，最后有可能会引发抑郁症、焦虑症等心理疾病。

有情绪其实是很正常的，我们不需要对自己的喜怒哀乐进行过度控制。在此，推荐两本心理学的书籍：《跳出头脑，融入生活》和《幸福的陷阱》。这两本书都介绍了情绪管理的心理学疗法，希望能够帮到各位读者。

人们只有在认识到有些心理疾病本身就来自我们对自己的过度控制，只有放过自己，允许自己有负面情绪时，才能够真正地与自己和解。

孟庄子之孝：尊重父辈制定的规则

曾子曰："吾闻诸夫子：孟庄子之孝也，其他可能也；其不改父之臣与父之政，是难能也。"

这是曾子在向别人转述。

编撰《论语》的时候，孔子的弟子们都尽量出力。

曾子、子游、子夏、子张都聚集在一起，他们的学生进行记录，努力地收集更多夫子的语录。

我们能够从中看到曾子是一个很谦虚的人，他不常说"我如何如何"，他说的都是"吾闻诸夫子"——我曾经听夫子说。

夫子说，"孟庄子之孝也，其他可能也；其不改父之臣与父之政，是难能也"。

孟庄子叫仲孙速，是鲁国的贵族。孔子夸奖他，说在孝的方面，其他事情大家尚且都能够学到，最难得的是，父亲遗留下来的老臣，他都能够继续任用；父亲所制定的各项政策，他都能坚持执行。

这也印证了之前讲的"三年无改于父之道，可谓孝矣"。孔子和曾子都比较推崇这样的人。

乾隆即位之后，对待雍正曾经重用的大臣，是怎样的态度呢？他一上来就把鄂尔泰大骂一顿，逐渐地，鄂尔泰被边缘化。后来，张廷玉七八十岁了，也受到了乾隆大声的训斥。

"不改父之臣与父之政"，的确是很不容易的一件事。

哀矜而勿喜：执法者要有人文关怀精神

孟氏使阳肤为士师，问于曾子。曾子曰："上失其道，民散久矣。如得其情，则哀矜而勿喜！"

我特别喜欢曾子，就是因为曾子的这句话，他体现了曾子颇具人文关怀的精神。

孟氏是鲁国的大夫。孟氏让"阳肤为士师"，就是让阳肤担任掌管刑罚的职务。

阳肤是曾子的学生。上任之前，他问曾子："我现在要去做典狱长了，请问老师有什么要交代的吗？"

曾子说："在上位的人，已经丧失正道太久了，民心离散也已经太久了，已经没有原来的精气神了。现在，能够混口饭吃就已经很不容易了。"

一个案子，查清来龙去脉后就一定会有人要被定罪。这时候，"则哀矜而勿喜"，要感到悲哀，而不是喜悦。

通常来说，作为一名警察，抓到了罪犯，履行了自己的职责，为民除害，内心自然会感到喜悦。

如果是太平盛世，老百姓生活安乐，警察抓到坏人感到喜悦是理所应当的，这说明工作做得很好。

但问题是，当下是"邦无道"的时期，天下混乱，老百姓生存已然不易。这时候，作为一个执法者，你还是可以秉公执法，但是每当你查明了一个案子，心中要能够有一丝悲悯。

"哀矜"就是悲哀、怜悯的意思。能够怀着悲悯之心去判案，这是一种大爱。

　　我们从中能够感受到，曾子的内心是多么细腻啊。他非常实际，并没有要求作为士师的学生在查案之后，把罪犯放掉，这是不合理的要求。但是执法归执法，人心还应该有柔软的部分，能够理解当时那个"天下无道"的时代本身的悲剧，能够看到每一个案子背后的无奈。

　　最典型的反面案例是《悲惨世界》中警长沙威的态度。沙威自从见到假释的冉·阿让后，便对其穷追不舍，还在星空下发誓永不放弃追捕。他坚守着自己所理解的法律的正义。

　　冉·阿让说："我姐姐的儿子都快饿死了，我给他偷了一块面包，为此你判了我十九年。"

　　沙威说："你要是不逃狱，也判不了十九年，而且你以后还会挨饿。除非你知道法律的意义。"

　　沙威只忠于法律本身，而没有怜悯之心。所以当他后来被冉·阿让所救，感受到信念产生动摇的时候，选择了自杀。

　　曾子所生活的年代，是真正的"悲惨世界"，绝对不会比法国大革命时期稳定。人民颠沛流离，饿殍遍野。所以曾子跟他即将担任执法官员的学生说："如果你真的侦破了案件，我希望你能够有一点哀矜，有一点难过，而不要太高兴。你要是因为这件事高兴，那就是踩着别人的痛苦往上爬。"

君子恶居下流： 别让自己处于不利境地

子贡曰："纣之不善，不如是之甚也。是以君子恶居下流，天下之恶皆归焉。"

子贡是一个敢说真话的人。

子贡读古书，琢磨来琢磨去，发现纣王没有那么坏。

人们每每描绘末代皇帝的时候，都容易将其形容得非常糟糕。每个末代皇帝，从最早的夏桀，到商纣，到隋炀帝，到刘后主、李后主、崇祯皇帝等，都被后人描写得极度不堪。因为末代皇帝属于"失败者"，而前朝历史都是下一个朝代写就的，自然会把他们写得很坏。

子贡是一个具有批判性思维的人。他说，纣似乎没有那么坏，没有大家说的那么糟糕。

子贡的反思是，"是以君子恶居下流，天下之恶皆归焉"。

"下流"不是通俗意义上理解的下流，此处的"下流"是说，君子不要居于下风。倘若君子在斗争中失败，那么所有的脏水全都会泼到君子身上。这是子贡的感慨。

《道德经》里说，"上善若水。水善利万物而不争，处众人之所恶，故几于道"。

老子认为，水对万物都有好处，跟谁都不争。水总是待在最脏、最恶的地方，所有的东西都沿着河往下流淌，水在最低处承接着，那才是接近于道的部分。

因此，有一句话叫"居下流者纳百川"，能够待在最低处，能够接住所有脏的事物，才称得上是"海纳百川，有容乃大"。道家的追求，跟子贡所说的"君子恶居下流"是正好相反的。

子贡读书很喜欢反思，而且敢于提出批判性的意见。可惜，《子张》这一篇里所有的讨论，夫子都没有参与，因为夫子此时已经去世了。

子贡的结论是，人最好不要处在一个不利的境地。如果你身处不利的境地，那么必然有口难辩，根本就没有话语权。

至于纣到底是什么样的人，谁又能给出切实的证据呢？我们也都是从演义、后人的叙述中得知的。

君子之过也，如日月之食焉：从错误中学习并修炼自身

子贡曰："君子之过也，如日月之食焉：过也，人皆见之；更也，人皆仰之。"

子贡说，君子的过失，就像日食和月食一样。

日食和月食的特点是，天上的一个黑影缓缓移动过来，挡住了太阳和月亮。每次出现日食和月食，大家都看得见。

君子知名度高，所以大家都非常关注君子。一旦君子犯了错误，那就像日食、月食一样，大家都能看见。

"更也，人皆仰之"，意思是如果他改正了，人们都会仰望他，为他能够改正这个错误而赞叹。

子贡说这段话，一定是因为在孔子死后，有很多关于孔子的争论。

本篇从此节开始，都是关于孔子的争论。很多人认为孔子没有那么好，不像他的弟子们传说的那么值得敬仰，还列出了孔子存在的很多问题。

子贡为孔子辩论，不是说孔子没有犯过错，而是说，孔子肯定有错，因为是人都会犯错。但孔子是个君子，他能改正，他知错能改，这使得他的人格更伟大。

从错误当中不断地学习，修炼自身，这才是君子之道。

子贡的见解很有深度，我们今天的每个人也都能从中受到启发。每个人都会犯错，即使像孔子这样的人也会犯错，所以我们不要害怕犯错，不必文过饰非，要敢于承认错误，然后改正。

夫子焉不学：好学的人没有固定的老师

卫公孙朝问于子贡曰："仲尼焉学？"子贡曰："文武之道，未坠于地，在人。贤者识其大者，不贤者识其小者。莫不有文武之道焉。夫子焉不学？而亦何常师之有？"

质疑孔子的人来了！

卫国的一个大夫叫公孙朝。公孙朝问子贡，孔子的学问哪儿来的呀，没听说他上过什么大学呀，他有啥学历啊。

子贡说，"文武之道，未坠于地，在人"。

"文武之道"指的是文王、武王之道。

他们学的都是周朝的文王、武王之道，这是五百年前的事。公孙朝的疑问就是，五百年前的事，孔子凭什么说自己知道呢，有什么证据证明他真的知道。

子贡说，文王、武王之道，虽然是五百年前的，但是它并没有失传，它一代一代地影响在人的身上。

"贤者识其大者，不贤者识其小者"：运气好，碰到厉害的老师，比如老子这样的老师，跟他求教，就能学到大道。如果遇到了师襄子，能够向他学习击磬，学一点小手艺。所以，遇到大人物，学大道，遇到小人物，学小道。孔子最大的特点是好学、爱学。

"莫不有文武之道焉。夫子焉不学"：这些大人物、小人物身上所传承的，不都是从文武之道而来的吗，夫子为什么不能学？

"而亦何常师之有"：为什么非要有一个固定的老师呢？《师说》里就提到"圣人无常师"。

孔子开风气之先，他没有固定的老师，他是各处问教，谁能给他启发，谁就是他的老师。"子入太庙，每事问"，连进太庙这样的事情，他都能变成学习的机会。

孔子为什么能把五百年前的文化传承下来？因为虽然已经过了五百年，但是人们的困惑没有变，问题没变，正道自然也就没有变。

能够解决问题的正道是亘古不变的，天不变，道亦不变。孔子和周文王、周武王时期所面临的苦恼是一致的。他通过对传统文化和礼仪的学习，通过自己的思考，通过向他人求教，总结出一条能够让华夏文明继续延续下去的"道"。

夫子之墙数仞： 子贡为孔子辩解

叔孙武叔语大夫于朝曰："子贡贤于仲尼。"

子服景伯以告子贡。

子贡曰："譬之宫墙，赐之墙也及肩，窥见室家之好。夫子之墙数仞，不得其门而入，不见宗庙之美，百官之富。得其门者或寡矣。夫子之云，不亦宜乎！"

"叔孙武叔"是鲁国司马，也叫叔孙州仇，此人特别喜欢质疑孔子。

他在朝廷之上对其他大夫说："子贡贤于仲尼。"子贡名声很大，又富可敌国，还善于外交，大家就认为子贡的地位应该比孔子更高，学问比孔子更大。

子服景伯很崇拜孔子，就把叔孙武叔的话转告给了子贡。

子贡听到有人说自己比老师还强，就反驳道："咱们就拿建筑的院墙来做比喻吧。我端木赐的院墙不高，不过到肩膀，有人路过，一探头就能看见我的房子有多么富丽堂皇，院子里的花木有多么丰茂漂亮。而夫子的院墙高得望不着墙头。路过者如果不由门进入院内，不登堂入室，就不知道这房子里的物品是多么丰富，装修是多么精美。"

"夫子之墙数仞"，"仞"是古代长度单位，"数仞"形容很高。

"官"同"馆"，房间的意思。人被高墙挡住，就不能走进来，意味着很多人没有机会跟着夫子好好学习，更没有机会跟着夫子周游列国。

"得其门者或寡矣"：能够找着门路进来的人太少了。

"夫子之云，不亦宜乎"：叔孙武叔说的话也很正常，有这种误解也是能够理解的。

我很喜欢这一段。子贡太会说话了，特别善于用贴切而形象的比喻维护自己的老师，表达自己的谦虚——你之所以觉得我好，觉得我有学问，是因为我讲得简单。

我想，子贡的感觉同我有些类似。很多人说"樊老师，你讲的东西真好"。

我会回复他们："我只是把那些复杂的、深邃的道理，用简单的方式表达出来而已。这就像子贡说的，院墙低大家探头就能够看见里面。其实真正厉害的，是我所介绍的那些书的作者，那些学者、教授。他们是'院墙高'，很少有人能看到院内的景色，很少有人能进门。我是幸运地进去了，看见了，然后想办法把院墙变矮，把里面的好东西搬出来给大家欣赏。"

我特别能够理解子贡的感受。子贡觉得自己的所学都是从夫子那儿来的，而且只学到了夫子学问的一鳞半爪，这些学问浅显一些，容易被人看到。

大家看到了子贡的财富，看到了他处理人际关系的能力，所以认为他学问好，甚至超过孔子。但是孔子的高妙之境界，用颜回的话来说，是"仰之弥高，钻之弥坚。瞻之在前，忽焉在后"。

这一段比喻，对于今天的每一个人来讲，都是很好的告诫和鞭策：如果别人知道你好，你要反思一下，是不是你的墙不够高。

同时，对自己不懂的事不要轻易下论断。有时候我们不知道一个人的内在是怎样的，看着别人骂，我们也跟着骂，这是不负责任的。我们需要观察和分析，对方有哪些值得学习的地方——别人得到的名声，一定不是白来的。

仲尼不可毁也： 子贡回应他人对孔子的诋毁

叔孙武叔毁仲尼。子贡曰："无以为也！仲尼不可毁也。他人之贤者，丘陵也，犹可逾也；仲尼，日月也，无得而逾焉。人虽欲自绝，其何伤于日月乎？多见其不知量也。"

叔孙武叔还不罢休。之前是捧子贡，贬仲尼。这一次，叔孙武叔直接毁仲尼，说孔子的坏话。

子贡这次是真的生气了，他说："这事你绝对不能做！你不能够骂仲尼，不能诋毁他，你也不可能把他推倒。也许其他厉害的人如同丘陵，你可以翻过去，可以超越他，可以把他踩在脚下，但仲尼不是丘陵，也不是山脉，他是日月。他悬在高空中，跟你不是一个层面的，你无法超越他，无法从他身上跨过去。虽然有的人很狂妄，要自绝于日月，对日月说'我要毁掉你'，但这样的话能伤害到日月吗？这只不过是显示出他不自量力而已。"

这一次，子贡的辩驳之词相对激烈了，他对于叔孙武叔毁仲尼这件事，表达了坚决的反对，并且告诉他，"你要是敢毁仲尼，最后受伤害的人只能是你自己"。

很多伟大的人都充满了争议。比如牛顿、爱因斯坦，有人说牛顿性格有问题，有人说爱因斯坦生活作风有问题，等等，但这些都动摇不了他们为人类科学进步所做出的伟大贡献，他们在历史上的地位是有目共睹、无可替代的，他们的高度是难以逾越的。

人们可以指出他们有缺点，如同看到太阳和月亮也会经历日食、月食。但是，日食和月食过去之后，我们还是要把目光投向他们为世界带来的光明。

言不可不慎： 说话要有理有据

陈子禽谓子贡曰："子为恭也，仲尼岂贤于子乎？"

子贡曰："君子一言以为知，一言以为不知，言不可不慎也。夫子之不可及也，犹天之不可阶而升也。夫子之得邦家者，所谓立之斯立，道之斯行，绥之斯来，动之斯和。其生也荣，其死也哀，如之何其可及也？"

陈子禽就是陈亢，他不是孔子的坚定追随者，总是怀疑孔子。他好奇心很重，每次提出的问题都比较奇特。

比如他问伯鱼，其父孔子私底下有没有教过他别的东西；问子贡，为什么孔子不论走到哪里，都能受到礼遇，这是靠什么方法获得的。

陈子禽可能跟子贡比较亲近，来跟子贡说："你也太谦虚了，推崇孔子是因为敬重他吧，难道孔子还能比你更贤能？"

子贡的回答很不客气："一个人聪明不聪明，一句话就显示出来了。你问的这个问题非常无知，今后不能说这样不谨慎的话。夫子的境界，我们不可触及，就如同不能踩着台阶升上天穹一样。我们追随夫子，都应该知道夫子的贤能。夫子治理国家，想树立礼乐，就必然能树立起来；只要他愿意引导，百姓就会听从他的指挥；他要安抚远处的百姓，他们就会过来；他一旦动员百姓，人们都能跟着他齐心协力地做事。他活着的时候，荣耀于世；他死的时候，令天下哀恸。这样的人，怎么能有人比得上呢？"

我觉得子贡言简而意深。子贡简明扼要地总结了孔子治理天下的才能，以及生前的荣耀和身后的影响，并且铿锵有力地说了出来。赞扬孔子的话不需要太多，言有尽时，意无穷处。

我不喜欢陈子禽问的问题，总是以小人之心度君子之腹。子贡也应该很不喜欢，看得出来他很激动，批评陈子禽不留情面，赞扬孔子则不遗余力。

尧曰第二十

《尧曰》一共只有三节，但是文字比较晦涩难懂。另外，有人认为这几节不是孔子说的话，所以常常忽视此篇，一般人读《论语》，到这儿虎头蛇尾就结束了。

《樊登讲论语》应该有始有终，把每一篇、每一节都讲明白。

接下来我们读这最后一篇。

允执其中：团队运转依靠制度保障

尧曰："咨！尔舜！天之历数在尔躬，允执其中。四海困穷，天禄永终。"

舜亦以命禹。

曰："予小子履敢用玄牡，敢昭告于皇皇后帝：有罪不敢赦。帝臣不蔽，简在帝心。朕躬有罪，无以万方；万方有罪，罪在朕躬。"

周有大赉，善人是富。"虽有周亲，不如仁人。百姓有过，在予一人。"

谨权量，审法度，修废官，四方之政行焉。兴灭国，继绝世，举逸民，天下之民归心焉。

所重：民、食、丧、祭。

宽则得众，信则民任焉，敏则有功，公则说。

这段《尧曰》是从不同的书里摘录内容而拼凑在一起的，肯定不是孔子说的，也不是孔子的学生说的。

"尧曰"就是尧说。尧说的话不可能有人记录，历史上没有找到证据。尧说"咨"，这是象声词，音为"zī"。"尔舜"，这是尧传位给舜时说的话。大家知道

"尧舜禹禅让"的故事。

"天之历数在尔躬，允执其中"：天命按照次序排列，现在轮到你继承，你要真诚公允地执守中正之道。"尔躬"就是在你身上。"允执其中"，这是很重要的一个天平的形象，拿着中间、两头摆平。

"四海困穷，天禄永终"：如果你统治之下，天下的百姓过不上好日子，灾难降临，天命赋予你的禄位也将会终结。

"舜亦以命禹"：舜跟禹也这样交代。

接下来的一段话是商汤说的。"曰"后边说"予小子履"，商汤的名字叫履。

这一段来自《汤誓》，就是商汤发表讲话。

"予小子履敢用玄牡，敢昭告于皇皇后帝"："玄牡"是黑色的公牛，用黑色的公牛祭祀，肃穆而庄严；"皇皇"，光明、伟大的样子。商汤说，我小子履，用玄牡庄严地祭祀，光明正大地昭告天帝。

"有罪不敢赦。帝臣不蔽，简在帝心"：对于有罪的人，不敢要求赦免。在上天面前，无以遮掩逃避，我不能欺瞒您，您心里一清二楚。

"朕躬有罪，无以万方；万方有罪，罪在朕躬"：我自己做错事，跟其他人没有关系，不要影响黎民百姓，您就责怪于我。只要是我治下的臣民犯的错，都是我的错。这句经常出现在历代皇帝的"罪己诏"中。皇帝看到日食，或者看到洪水泛滥，可能就会写个"罪己诏"，意思是一切都是他的过失，与黎民百姓无关。

"周有大赉，善人是富"：周朝有大量的封赏，善人逐渐变得大富大贵。这说的是周朝的事情，显然继商汤之后，下面是周武王的话，它来自《尚书·武成》。

"虽有周亲，不如仁人"：就算是周文王、周武王的亲戚，也不如仁人重要。我们能看得出来，贤明的君主不任人唯亲，而是希望任人唯贤。

"百姓有过，在予一人"：如果百姓有过错，都在我一个人身上。

以上分别是尧、舜、禹、商汤，还有周武王的言语，表现的是三位圣王以及夏商周时代的治国思想。中国文化自古以来的薪火相传，从这一节里可管中窥豹，从尧、舜、禹、汤到文、武、周公，思想理念就这样传下来。

以上结束，后面就变成了孔子时代的文风。

"谨权量，审法度，修废官，四方之政行焉"：君王要想把国家治理好，需要谨慎地去研究、制定度量衡，比如称重、度长、计时；需要有严格、审慎的法律；还需要完善组织制度，处理好任命与罢免官员等工作。这些都做好后，国家的政权才能够运转顺畅。

做这些依然不够，还需要做什么呢？"兴灭国，继绝世，举逸民，天下之民归心焉"。

"兴灭国，继绝世"：周亡商以后，并不会把前朝贵族遗民灭绝。古人讲究"兴灭国，继绝世"，虽然取得了政权，但也需要好好地安置前朝遗族。

有些观点认为，商朝灭亡后，很多失去封地的人为了获取资源，在社会生活中进行交换贸易，这是把做生意的人称商人的一个重要原因。

"举逸民"：把隐居的贤能之人选拔出来，为国家做事情。

"天下之民归心焉"：（把那些事情做好了）自然民心所向，四海臣服，国泰民安。

接下来，又讲到国君治理国家比较核心的事情："民、食、丧、祭"。

重"民"，得重视人口，重视民生，国家才会兴盛。重"食"，民以食为天，社会的粮食安全与否，人民是否能吃饱穿暖，这是百姓安居乐业的基础。重"丧"，对待丧礼是否认真，人死了以后有没有人安葬。重"祭"，要重视祭祀的礼制与要求，其代表着对上天与鬼神的态度。

除了这些，国家治理还应该"宽、信、敏、公"。

"宽则得众，信则民任焉，敏则有功，公则说"：这是从孔子说过的话里摘出来的。孔子跟子张说仁，"恭则不侮，宽则得众，信则人任焉，敏则有功，惠则足以使人"。子张问仁，是个人角度，这里的立足点是国家仁政，所以又有所区别。"宽则得众"，国君待臣民宽厚，就能够得到臣民拥戴；"信则民任"，国君与臣民相互信任，臣民就愿意承担社会责任；"敏则有功"，国君政令得当，臣民就容易做出成绩；"公则说"，国君赏罚分明，分配公允，臣民便会心悦诚服。

《尧曰》很长。孔子学生编撰《论语》的目的，在此表现得淋漓尽致。就是为了教化贵族与士子，让贵族、士大夫、诸侯或者国君知道，怎样去治理国家。

五美四恶：应该有所为，有所不为

子张问于孔子曰："何如斯可以从政矣？"

子曰："尊五美，屏四恶，斯可以从政矣。"

子张曰："何谓五美？"

子曰："君子惠而不费，劳而不怨，欲而不贪，泰而不骄，威而不猛。"

子张曰："何谓惠而不费？"

子曰："因民之所利而利之，斯不亦惠而不费乎？择可劳而劳之，又谁怨？欲仁而得仁，又焉贪？君子无众寡，无小大，无敢慢，斯不亦泰而不骄乎？君子正其衣冠，尊其瞻视，俨然人望而畏之，斯不亦威而不猛乎？"

子张曰："何谓四恶？"

子曰："不教而杀谓之虐；不戒视成谓之暴；慢令致期谓之贼；犹之与人也，出纳之吝谓之有司。"

本篇第一节是讲君王治国之道，第二节则讲臣民从政之方。为官者应该怎么做事情，在这《尧曰》第二节，用子张的问话开启。

子张问孔子说，怎么做才能够从政，当一个合格的官员？

孔子说，"尊五美，屏四恶"——你要尽力做到五美，远离四恶。"尊"就是尊重、遵守，"屏"是摒弃。

子张问什么是"五美"。

孔子说，"君子惠而不费"。"惠"是给社会带去效益，君子能够给社会带来很多好处，又不浪费、损害社会资源。

有些人可能不能理解，给大家带来好处，不是发放财物吗，怎么能没有花费呢？

孔子后面具体解释了，"因民之所利而利之，斯不亦惠而不费乎"。给民众宽松的政策，创造良好的社会环境；改善社会治安，让民众安心工作；兴修水利，减少赋税，激发民众的工作积极性等，做这些有利于民众的事情。民众生活改善，社会繁荣，国家财政便会丰盈起来。这样就会形成一个良性、共赢的社会发展体系，国富民强，便是惠而不费。比如现在，我们国家发展迅速，日新月异，靠的不就是政通人和吗？可不是靠给民众发钱来实现的。

"劳而不怨"，让民众努力工作，但他们并不抱怨。秦王朝为什么那么快被推翻？因为其修长城、修陵墓，劳民伤财，而且根本不顾民众耕种事宜，不管民众死活，导致他们怨气冲天，揭竿而起。

让民众做事而心无抱怨，非常不容易。那么怎么能做到劳而不怨？孔子说，"择可劳而劳之，又谁怨"，就是使民以时。

《论语·学而》里就讲过"使民以时"，让民众去干活要选择恰当的时间，让他们做该做的事情，这样才能劳而不怨。

"欲而不贪"，有欲望、有追求，想要得到一些东西，但不贪心。

那怎么做到"欲而不贪"？"欲仁而得仁，又焉贪"。这个问题，要看一个人在追求什么。一个人如果追求奢华的物质享受，比如盯着谁家有跑车，谁的钱多，谁穿的什么名牌衣服，他一定会变得贪婪。若是控制不了贪婪的欲望，做事就可能会罔顾法律道德，铤而走险。"欲而不贪"的核心是"求仁"。当人们追求的是精神财富，追求的是做于社会有意义的事情时，又怕什么贪呢？人越重视精神方面的追求，境界就越高。

"泰而不骄"，就是待人随和自然，不怠慢轻视他人。孔子讲"君子泰而不骄，小人骄而不泰"。怎么才能够做到"泰而不骄"？"君子无众寡，无小大，无敢慢"。不管人多人少、男女老幼，或者势力大还是势力小，都不要怠慢，这就是"泰而不骄"的表现。如果看人下菜碟，遇到强势的人恭敬，遇到老实的人就轻慢，这是小人行径，必然不能公平公正地做事。

怎么做到"威而不猛"？夫子解释，"君子正其衣冠"，穿衣戴帽要端正，仪表堂堂；"尊其瞻视"，目不斜视。孔子驾车时，站立于车上，手扶着车前的杆，双眼从不往两边看。这就是"尊其瞻视"的样子。"俨然人望而畏之"，庄严的样子令别人看到就会敬畏三分。这样的形态气质，不就是"威而不猛"的状态吗？

孔子通过这些解释，生动形象地为子张讲解何为"五美"。

我个人觉得，"惠而不费""劳而不怨""欲而不贪"的理念对当今最有影响力。社会倡导什么，人民追求什么，如何使民众踏实工作，依然需要不停地探索。

子张又问，什么是"四恶"。

第一恶，"不教而杀谓之虐"。有很多公司创业之初，都急于挖人，而不培养人。觉得外来的和尚好念经，觉得别的公司的员工很好，就费尽心思挖过来。挖来人后也不做好培训沟通工作，直接就安排干活，最后发现挖来的人并不适合，转头就开除了。公司根本没教过他，挖来觉得不是自己想要的就开除，这不是害人吗？这就是"不教而杀"。今天"不教而杀"的例子多出现在职场，而在孔子那个时代多出现在战场。没有训练的新兵，直接就安排其上战场，那就是将其当弃子用。

"不教而杀谓之虐"，还可以理解为，一个人没有机会得到教化，结果犯了罪，就把他抓来砍头。不管他有没有得过教化，惩治罪犯都是符合法律的，但可以归类为虐杀。因为没有给民众提供足够的教育资源，没有让他们明理知法。法律都没有普及，无意触犯而被杀，这难道不叫作虐吗？

《阿Q正传》中，阿Q在被砍头之前，根本不知道发生了什么，别人让他干吗他就干吗。签字画押的时候，他不认识字，就让他画一个圆圈。他还觉得圈画得不够圆，后来就稀里糊涂地掉了脑袋。这难道不是虐杀吗？

第二恶，"不戒视成谓之暴"。"不戒"跟"不教"类似。没有教导劝勉，就强求别人拿出成绩来，坐享其成，这样的行为就是"暴"。比如在战争中，要求没有训练过的士兵坚守城池，最后把退败的人全部处死，这就是残暴。

第三恶，"慢令致期谓之贼"。"慢令"就是懈怠，将不太紧急的事情一拖再拖，到最后急慢到着急，然后又要求按期限完成，这种现象就被称为"贼"。

这个问题多发于官僚体系。官僚主义者，不看实际情况做事，只看流程，只看上级的脸色，只看上级给的压力大不大。有官僚思想的领导，通常事情不紧迫不会处理，一旦领导关注或者事情变得紧急了，就着急催下面的人，让其做出成绩来。

第四恶，"犹之与人也，出纳之吝谓之有司"。"有司"就是有关部门，这里可以理解为官僚思想。比如一个负责管理账务的人，在出纳工作中非常吝啬，这儿卡一下，那儿拿捏一下，这种就叫作有司，也就是官僚作风。这样的人，往往为了显示自己的权力，为了刷存在感，而给团队带来极大的困扰，影响团队工作效率，增加运营成本。

孔子给子张阐述分析的这四种状况，是从政者要远离的"四恶"。我觉得四恶之说最有价值，是非常重要的告诫。我就经常引用"不教而杀谓之虐"。

总的来说，如果你要做一个好的职业经理人，想做一个好的管理者，要学会"尊五美，屏四恶"。

君子三知：做个与世界和谐相处的人

孔子曰："不知命，无以为君子也；不知礼，无以立也；不知言，无以知人也。"

这一句是《论语》的收官之言，说知命、知礼、知言，人们总结为"君子三知"。简简单单，没有长篇大论，也没有华丽辞藻。有人给这一节赋予了很多光环，无可无不可。

孔子说，作为一个君子，要知道如下三点：

第一知命，"不知命，无以为君子"。知命是君子之道的根本，可以说是基本要求。有个成语叫"乐天知命"，"乐天"与"知命"并提，可见知命对一个人的快乐很重要。如果一个人不知命，意味着不知道边界，不尊重自然，不相信随机性。

没有随机性认知的人，总觉得一切东西都是自己努力的结果，坚信"我命由我不由天"。但是世界太大，社会也很复杂，一个人非常渺小，得不到的东西多了。很多东西不是靠努力就能得到的，不相信生活的随机性，就会活得特别累，无法乐天地生活。

要想活得开心快乐，就要把人生包袱放下来，尽人事，安天命，以开放的、放松的、自然的态度来对待人和事，明悟做事本身才是最重要的。

人生中，随机性往往占据很大的分量，如同"黑天鹅"的出现。人的大脑在回溯过去的时候，常常不由自主地总结经验：第一条、第二条、第三条……

很多人问我："樊老师，'樊登读书'是怎么做起来的，能不能传递一下经验？"

这个经验存在很多的运气成分。也就是说，我创业过程中的任何一个环节运气不佳，出了问题，"樊登读书"可能都做不到现在的样子。但是如果我对别人说，我创业成功主要靠运气，对方必然难以接受。

我们就总结了很多条经验。虽然条目越来越多，让人觉得压力很大，但人们还是觉得这个答案比运气容易接受。因为很多人会觉得，只要照着做，只要努力，似乎就可以成功。如果真是这样，人人都能创业成功。

我们做事情的时候，要学会与自己和解，让内心变得不纠结，轻装上阵，做自己该做的事、快乐的事。至于最终能够得到什么，要用弹性的眼光来看待。这就是"君子居易以俟命"。而"小人行险以徼幸"。不知命者希望"行险以徼幸"，只要搏一把，铤而走险，就能够成功，忘了人人都逃不开随机性的影响。

第二知礼，"不知礼，无以立也"。"立"就是立身处世。知命是与自己和解，知礼是与他人和解。人在社会交往中，知礼才能立身处世，不知礼则会被孤立。

人在这个社会上，需要跟其他人合作，不是把自己搞定了，就可以解决所有的问题。在与他人合作的过程中，了解他人的边界和自己的边界，需要以礼节之，有所为有所不为，才是君子处世之道。

第三知言，"不知言，无以知人也"。如果不能够分辨言语，不知道别人说的话是什么意思，听不懂弦外之音，那你就没法了解对方。

与人结交，要分辨对方是好人还是坏人，是不是志同道合，值不值得交往，要通过语言沟通来实现。因为我们要学习文化知识和法理、情理、道理，不断地精进，才能够达到知言知人的这个境界，这是一种文化和人生境界上的追求。

总的来说，《论语》这最后一节，讲了三个主题：第一个是与自己和解，第二个是与他人和解，第三个是要有文化和人生境界上的追求。内心不纠结，跟世界和谐相处，同时不断提升自己，这是孔子所希望达到的人生境界，这也是《论语》编撰者所提倡达到的人生境界。

这一节放在了整部《论语》二十篇的最后，和《论语》的第一节遥相呼应。

第一节有言："子曰：'学而时习之，不亦说乎？有朋自远方来，不亦乐乎？人不知而不愠，不亦君子乎？'"这两节一对照我们就会发现，对于孔子来说，学习永远是一个非常重要的主题。

　　人生当中为什么学习那么重要？无论是圣人君子之道，还是社会美德，都是无形无相的，不断变化的，不能刚性化。在追求真理的过程中，没有一个终极的状态，进无止境。只有处于不断地学习和探索的状态，才是我们应该有的且需一直保持的对的状态。

写在最后

在最后，想说几句。

《樊登讲论语》二十个篇章，我逐字逐句，把所有自己喜欢的、不喜欢的，好读的、不好读的，都讲给大家听。我更希望大家能够有自己的想法和见解，结合自身经验，对比我讲的批判地学习，切问而近思，把《论语》经常地应用在生活当中。这样《论语》就活了下来，就能够跟我们每一个人血脉相连，成为华夏子孙传承的精神信仰，成为传承不息的文化遗产。这是我讲《论语》最重要的目的和意义。

希望大家能够喜欢《樊登讲论语》，更希望这本书能够给大家的生活带来帮助。

[1]杨伯峻.论语译注：简体字本[M].北京：中华书局，2006.

[2]南怀瑾.论语别裁[M].上海：复旦大学出版社，2002.

[3]李零.丧家狗：我读《论语》[M].太原：山西人民出版社，2007.

[4]钱穆.论语新解[M].北京：生活·读书·新知三联书店，2002.

[5]晓雅.非暴力沟通：疗愈关系的正向沟通法[M].北京：北京时代华文书局，2019.

[6]阿图·葛文德.最好的告别：关于衰老与死亡，你必须知道的常识[M].彭小华，译.杭州：浙江人民出版社，2015.

[7]约翰·刘易斯·加迪斯.论大战略[M].臧博，崔传刚，译.北京：中信出版社，2019.

[8]埃利泽·斯滕伯格.神经的逻辑[M].高天羽，译.桂林：广西师范大学出版社，2018.

[9]马蒂·奥尔森·兰妮.内向孩子的潜在优势[M].赵曦，刘洋，译.上海：上海社会科学院出版社，2017.

[10]史蒂文·霍夫曼.穿越寒冬：创业者的融资策略与独角兽思维[M].周海云，译.北京：中信出版社，2019.

[11]姜得祺.销售就是要玩转情商：沟通技巧版[M].南昌：百花洲文艺出版

社，2017.

[12]哈里·J.弗里德曼.销售洗脑[M].施轶，译.北京：中信出版社，2016.

[13]理查德·保罗，琳达·埃尔德.思辨与立场：生活中无处不在的批判性思维工具[M].李小平，译.北京：中国人民大学出版社，2016.

[14]盖瑞·马库斯.怪诞脑科学：战胜焦虑、混乱、拖延的自控术[M].陈友勋，译.北京：中信出版社，2018.

[15]王蒙.天下归仁[M].北京：北京联合出版公司，2015.

[16]键山秀三郎.扫除道[M].陈晓丽，译.北京：企业管理出版社，2018.

[17]列纳德·蒙洛迪诺.弹性[M].张玥，张媚，译.北京：中信出版社，2019.

[18]彼得·弗兰科潘.丝绸之路：一部全新的世界史[M].邵旭东，孙芳，译.杭州：浙江大学出版社，2016.

[19]史蒂芬·柯维.第3选择[M].李莉，石继志，译.北京：中信出版社，2013.

[20]杰克·韦尔奇，苏茜·韦尔奇.商业的本质[M].蒋宗强，译.北京：中信出版社，2016.

[21]克里斯多福·孟.亲密关系：通往灵魂的桥梁[M].余蕙玲，张德芬，译.上海：上海文化出版社，2012.

[22]亨利·克劳德.他人的力量：如何寻求受益一生的人际关系[M].邹东，译.北京：机械工业出版社，2017.

[23]罗伯特·史蒂文·卡普兰.哈佛商学院最受欢迎的领导课[M].蔡惠仔，译.北京：中信出版社，2018.

[24]迈克尔·格伯.突破瓶颈[M].王甜甜，译.北京：中信出版社，2007.

[25]本田直之.少即是多：北欧自由生活意见[M].李雨潭，译.重庆：重庆出版社，2015.

[26]迈克尔·沃特金斯.创始人：新管理者如何度过第一个90天[M].徐卓，译.北京：中信出版社，2016.

[27]斯蒂芬·平克.人性中的善良天使：暴力为什么会减少[M].安雯，译.北京：中信出版社，2015.

[28]萨利姆·伊斯梅尔，迈克尔·马隆，尤里·范吉斯特.指数型组织：打造独角兽公司的11个最强属性[M].苏健，译.杭州：浙江人民出版社，2015.

[29]彼得·蒂尔，布莱克·马斯特斯.从0到1：开启商业与未来的秘密[M].高玉芳，译.北京：中信出版社，2015.

[30]费孝通.乡土中国[M].上海：上海人民出版社，2007.

[31]阿尔弗雷德·阿德勒.自卑与超越[M].李心明，译.北京：光明日报出版社，2006.

[32]吕坤.呻吟语[M].长沙：岳麓书社，2015.

[33]丹尼尔·卡尼曼.思考，快与慢[M].胡晓姣，李爱民，何梦莹，译.北京：中信出版社，2012.

[34]梁漱溟.梁漱溟先生讲孔孟[M].上海：上海三联书店，2008.

[35]罗伯特·M.波西格.禅与摩托车维修艺术[M].张国辰，译.重庆：重庆出版社，2011.

[36]阿比吉特·班纳吉，埃斯特·迪弗洛.贫穷的本质：如何逃离贫穷陷阱[M].景芳，译.北京：中信出版社，2013.

[37]帕蒂·麦考德.奈飞文化手册[M].范珂，译.杭州：浙江教育出版社，2018.

[38]顾颉刚，童书业.国史讲话·春秋[M].上海：上海人民出版社，2015.

[39]里德·霍夫曼，本·卡斯诺查，克里斯·叶.联盟：互联网时代的人才变革[M].路蒙佳，译.北京：中信出版社，2015.

[40]路斯·哈里斯.幸福的陷阱[M].邓竹箐，祝卓宏，译.北京：机械工业出版社，2018.

[41]马尔科姆·格拉德威尔.陌生人效应[M].朱晓斌，译.北京：中信出版社，2020.

[42]一行禅师.正念的奇迹[M].北京：中央编译出版社，2010.

[43]纳西姆·尼古拉斯·塔勒布.反脆弱[M].雨珂，译.北京：中信出版社，2014.

[44]科里·帕特森等.关键对话：如何高效能沟通：原书第2版[M].毕崇毅，译.北京：机械工业出版社，2012.

[45]约翰·惠特默.高绩效教练[M].林菲，徐中，译.北京：机械工业出版社，2012.

[46]谢尔登·所罗门，杰夫·格林伯格，汤姆·匹茨辛斯基.怕死：人类行为的驱动力[M].陈芳芳，译.北京：机械工业出版社，2016.

[47]戴夫·帕特奈克，彼得·莫特森.谁说商业直觉是天生的[M].马慧，译.沈阳：万卷出版公司，2010.

[48]古斯塔夫·勒庞.乌合之众：大众心理研究[M].冯克利，译.桂林：广西师范大学出版社，2007.

[49]倪培民.孔子：人能弘道[M].李子华，译.上海：上海人民出版社，2012.

[50]詹姆斯·卡斯.有限与无限的游戏：一个哲学家眼中的竞技世界[M].马小悟，余倩，译.北京：电子工业出版社，2013.

[51]阿图·葛文德.清单革命：经典版[M].王佳艺，译.北京：北京联合出版公司，2017.

[52]纳西姆·尼古拉斯·塔勒布.黑天鹅[M].万丹，刘宁，译.北京：中信出版社，2011.

[53]克里斯托弗·查布里斯，丹尼尔·西蒙斯.看不见的大猩猩：无处不在的6大错觉：经典版[M].段然，译.北京：北京联合出版公司，2016.

[54]克莱顿·克里斯坦森等.你要如何衡量你的人生：舒适阅读版[M].丁晓辉，译.北京：北京联合出版公司，2018.

[55]安德斯·艾利克森，罗伯特·普尔.刻意练习：如何从新手到大师[M].王正林，译.北京：机械工业出版社，2016.

[56]希阿荣博堪布.透过佛法看世界：给寻找答案的人[M].北京：中信出版社，2014.

[57]赫斯特·欧森，玛格丽特·哈根.工作需要仪式感[M].李心怡，译.北京：人民邮电出版社，2020.

[58]大卫·克里斯蒂安，辛西娅·斯托克斯·布朗，克雷格·本杰明.大历史[M].刘耀辉，译.北京：北京联合出版公司，2016.

[59]大卫·克里斯蒂安.起源：万物大历史[M].孙岳，译.北京：中信出版社，2019.

[60]威廉·斯蒂克斯鲁德，奈德·约翰逊.自驱型成长：如何科学有效地培养孩子的自律[M].叶壮，译.北京：机械工业出版社，2020.

[61]彼得·C.布朗，亨利·L.罗迪格三世，马克·A.麦克丹尼尔.认知天性：让学习轻而易举的心理学规律[M].邓峰，译.北京：中信出版社，2018.

[62]史蒂文·C.海斯，斯宾斯·史密斯.跳出头脑，融入生活：心理健康新概念ACT[M].曾早垒，译.重庆：重庆大学出版社，2019.

[63]鲍鹏山.孔子传[M].北京：中国青年出版社，2012.

附录一：孔子时代各国形势图

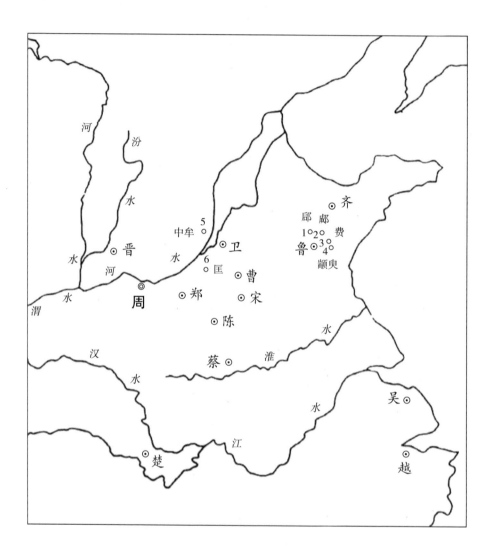

附录二：孔子生平年表

公元前551年（鲁襄公二十二年） 阳历9月28日孔子生于鲁国昌平乡陬邑（今山东曲阜市南辛镇鲁源村）。

公元前549年（鲁襄公二十四年） 孔子3岁。父亲叔梁纥去世。

公元前537年（鲁昭公五年） 孔子15岁。后自谓"吾十有五志于学"。

公元前535年（鲁昭公七年） 孔子17岁。母亲颜徵在去世。孔子合葬父母。穿丧服赴鲁国大夫季孙氏宴，被其家臣阳货拒之门外。

公元前533年（鲁昭公九年） 孔子19岁。服丧期满后前往宋国。在宋娶亓官氏为妻。

公元前532年（鲁昭公十年） 孔子20岁。回鲁，生子孔鲤，因鲁昭公贺以鲤鱼，故名，字伯鱼。出任季孙氏家委吏之职，管理仓库。

公元前531年（鲁昭公十一年） 孔子21岁，任季孙氏家乘田之职，管理畜牧。

公元前525年（鲁昭公十七年） 孔子27岁。郯国国君郯子访鲁。孔子前往求教，学古官名。

公元前522年（鲁昭公二十年） 孔子30岁。后自谓"三十而立"。齐国国君齐景公、名臣晏婴访鲁，参与接见；辞季孙氏家职务，授徒设教，创办私学。

公元前518年（鲁昭公二十四年） 孔子34岁。获鲁昭公支持，往周朝国都洛邑，问学于老子。

公元前517年（鲁昭公二十五年） 孔子35岁，回国。鲁国发生"八佾舞于庭"事件，昭公在与鲁三家权力之争中失败，流亡齐国。孔子亦赴齐。过泰山，感慨"苛政猛于虎"。齐景公问政于孔子。

公元前515年（鲁昭公二十七年） 孔子37岁。返鲁。自此直至51岁出仕前，致力于私学，有教无类。史称孔子弟子三千，贤者七十二（或七十七）。

公元前512年（鲁昭公三十年） 孔子40岁。后自谓"四十不惑"。

公元前505年（鲁定公五年） 孔子47岁。阳货通过控制季孙氏进而掌控鲁国大权。孔子路遇阳货，婉拒其出仕要求。

公元前502年（鲁定公八年） 孔子50岁。后自谓"五十而知天命"。鲁三家攻阳货，阳货失势，奔齐奔晋。

公元前501年（鲁定公九年） 孔子51岁。出仕，任鲁国中都宰，政绩显著。

公元前500年（鲁定公十年） 孔子52岁。由鲁国中都宰升任小司空。再升任大司寇。行摄相事。相鲁定公赴齐鲁夹谷之会。

公元前498年（鲁定公十二年） 孔子54岁。"堕三都"以强公室。堕郈，堕费，继又堕成弗克，中途而废。

公元前497年（鲁定公十三年） 孔子55岁。齐国赠鲁国美女良马。孔子辞官，去鲁适卫，开始长达14年的周游列国。先后辗转于卫、曹、宋、郑、陈、蔡、楚七国。

公元前496年（鲁定公十四年） 孔子56岁。仕卫，卫灵公"致粟六万"。见卫灵公夫人南子。

公元前492年（鲁哀公三年） 孔子60岁。在陈，后自谓"六十而耳顺"。过宋，遇司马桓魋欲杀之险，微服去。季孙氏召孔子弟子冉求返鲁。

公元前489年（鲁哀公六年） 孔子63岁。适楚，途经陈、蔡间，与弟子被围困于荒野，绝粮七日。

公元前484年（鲁哀公十一年） 孔子68岁。鲁季康子召孔子，结束周游列国，返鲁。之前，孔子妻亓官氏已卒。此后，进入其晚年教育生涯，并致力古代文献的整理和研究。

公元前482年（鲁哀公十三年） 孔子70岁。自谓"七十而从心所欲，不逾矩"。是年，孔子之子孔鲤卒。

公元前481年（鲁哀公十四年） 孔子71岁。弟子颜回病卒。是年，鲁西狩获麟，孔子《春秋》绝笔。

公元前480年（鲁哀公十五年） 孔子72岁。弟子子路战死于卫。

公元前479年（鲁哀公十六年） 孔子73岁，卒。弟子为孔子服丧三年，子贡为其守墓六年。

说明：附录一、附录二均引用自鲍鹏山老师的《孔子传》。

图书在版编目（CIP）数据

樊登讲论语.先进 / 樊登著.—北京：北京联合
出版公司，2021.9
ISBN 978-7-5596-5284-3

Ⅰ.①樊… Ⅱ.①樊… Ⅲ.①儒家②《论语》—通俗
读物 Ⅳ.①B222.2-49

中国版本图书馆CIP数据核字（2021）第083040号

樊登讲论语：先进

作　　者：樊　登
出 品 人：赵红仕
责任编辑：龚　将

北京联合出版公司出版
（北京市西城区德外大街83号楼9层　100088）
嘉业印刷（天津）有限公司印刷　新华书店经销
字数410千字　700毫米×980毫米　1/16　印张28.75
2021年9月第1版　　2021年9月第1次印刷
ISBN 978-7-5596-5284-3
定价：88.00元